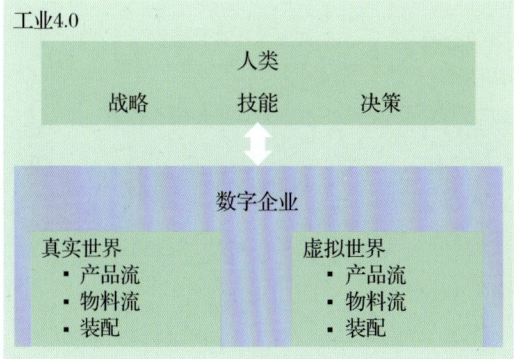

图 3-2　工业 4.0：人对数字企业设备的控制

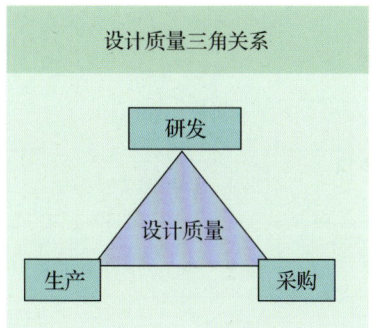

图 3-5　产品研发设计质量三角关系

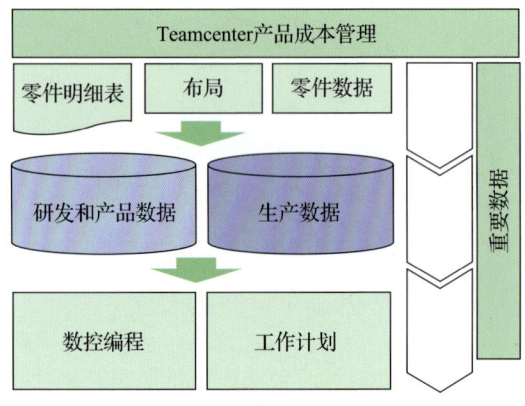

图 3-6 从产品研发、发展、加工到客户整个过程的信息技术

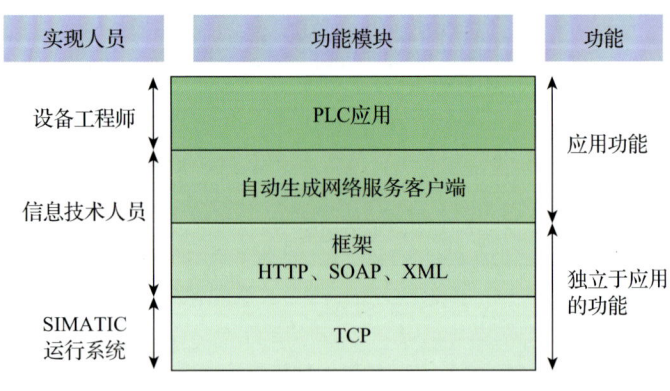

图 3-13 Comesco 标准的示意图结构

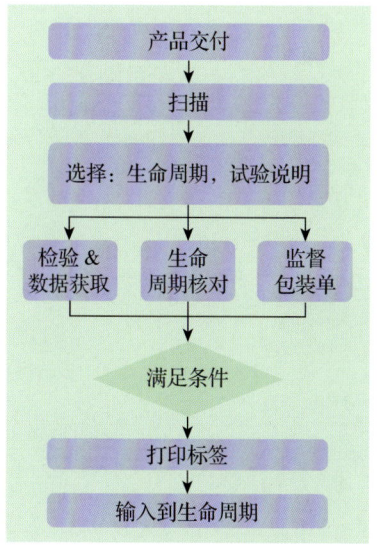

图 3-19 自动化工作站的过程图

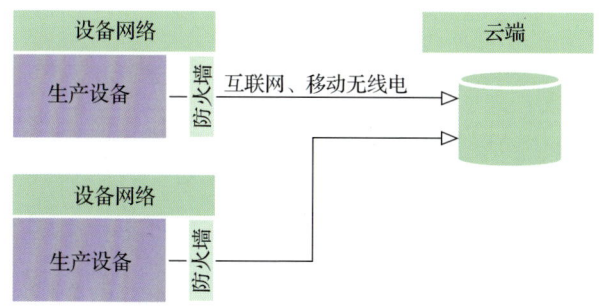

图 8-1 生产设备数据在云端的存储

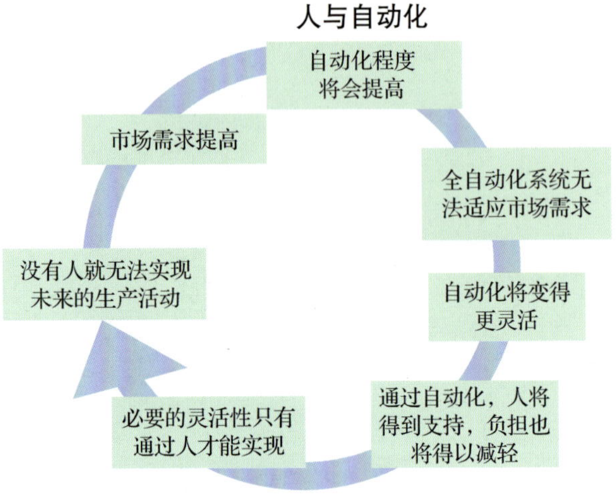

人与自动化

- 自动化程度将会提高
- 全自动化系统无法适应市场需求
- 自动化将变得更灵活
- 通过自动化,人将得到支持,负担也将得以减轻
- 必要的灵活性只有通过人才能实现
- 没有人就无法实现未来的生产活动
- 市场需求提高

图 9-3 未来的生产:人在总系统中作为一个主要的要素以确保必要的灵活性

(来源:德国弗劳恩霍夫劳动经济和组织研究所"未来的生产工作研究——工业 4.0")

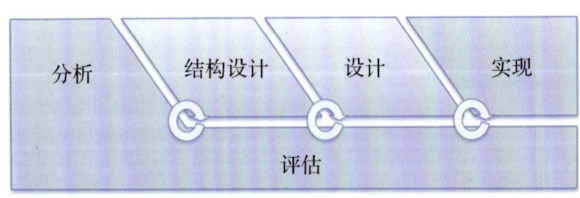

图 11-9 具有 4 个阶段的 Useware 研发过程

德国工业4.0大全

技术应用

（原书第2版）

[德] 比吉特·沃格尔-霍伊泽尔（Birgit Vogel-Heuser）
托马斯·保尔汉森（Thomas Bauernhansl） 编
迈克尔·腾·洪佩尔（Michael ten Hompel）

林松 房殿军 邢元 等译

第4卷

HANDBUCH INDUSTRIE 4.0 （BD.4）
Allgemeine Grundlagen, 2.Auflage

图书在版编目（CIP）数据

德国工业4.0大全 第4卷：技术应用（原书第2版）/（德）比吉特·沃格尔-霍伊泽尔（Birgit Vogel-Heuser）等编；林松等译.—北京：机械工业出版社，2019.3（2021.12重印）

（工业控制与智能制造丛书）

书名原文：Handbuch Industrie 4.0 (Bd.4): Allgemeine Grundlagen, 2.Auflage

ISBN 978-7-111-62358-8

I.德… II.①比… ②林… III.智能制造系统-制造工业-研究-德国 IV.F451.664

中国版本图书馆CIP数据核字（2019）第057455号

本书版权登记号：图字 01-2018-1378

Translation from the German language edition:
Handbuch Industrie 4.0 (Bd.4): Allgemeine Grundlagen, 2.Auflage
edited by Birgit Vogel-Heuser, Thomas Bauernhansl and Michael ten Hompel
Copyright © Springer-Verlag GmbH Deutschland 2017
This Springer imprint is published by Springer Nature
The registered company is Springer-Verlag GmbH Germany
All Rights Reserved

本书中文简体字版由Springer授权机械工业出版社独家出版。未经出版者书面许可，不得以任何方式复制或抄袭本书内容。

德国工业4.0大全 第4卷：技术应用（原书第2版）

出版发行：机械工业出版社（北京市西城区百万庄大街22号 邮政编码：100037）
责任编辑：陈佳媛 张梦玲
责任校对：殷 虹
印　　刷：三河市宏图印务有限公司
版　　次：2021年12月第1版第4次印刷
开　　本：147mm×210mm 1/32
印　　张：9.25（含0.125印张彩插）
书　　号：ISBN 978-7-111-62358-8
定　　价：79.00元

凡购本书，如有缺页、倒页、脱页，由本社发行部调换
客服热线：(010) 88379426 88361066　　投稿热线：(010) 88379604
购书热线：(010) 68326294　　　　　　　读者信箱：hzit@hzbook.com

版权所有·侵权必究
封底无防伪标均为盗版　　本书法律顾问：北京大成律师事务所 韩光/邹晓东

译者序

为了抓住历史机遇,应对全球现代化工业技术发展的挑战,我国在 2015 年提出了实施中国制造强国战略的第一个十年行动纲领:中国制造 2025(Made in China 2025)。为了便于从未来愿景、战略目标、发展理念、科研创新、核心技术以及工业应用等方面与德国工业 4.0 对标,受德国同事、原书作者的指定,由中德工业技术研究院组织翻译了这套"德国工业 4.0 大全 第 1~4 卷",希望对实施中国制造 2025 提供"他山之石",这也是原书作者对我们的极大信任和期待。

这套"德国工业 4.0 大全 第 1~4 卷"分为"智能生产技术""自动化技术""智能物流技术"和"技术应用",系统和详细地介绍了德国工业 4.0 的最新成果和进展。本书为第 4 卷,详细介绍了在工业 4.0 框架下,数字化、集成化、数据挖掘和分析、虚拟物理系统、人机交互等技术在生产、自动化和物流等方面的应用,这些研究成果对工业 4.0 的实施具有极大的指导意义。

本书的翻译是在中德工业技术研究院和中德智能技术博士研究院的鼎力支持下,由同济大学中德学院机械学部德国 CONTACT 基金教席(开发方法与产品可靠性)林松教授、德国 JUNGHEINRICH

基金教席（技术物流）房殿军教授和天津大学机械工程学院邢元副教授承担。参加本书初稿翻译的人员（按姓氏拼音字母排序）还有宋泽芸、杨怀志、袁佩瑶、叶婷婷。在此对翻译组全体人员的辛勤劳动和不懈努力表示衷心感谢。

  本书的德文原书中使用了大量的新概念，尽管译者与原作者在语义上做了大量的沟通，但由于目前尚无对应的中文专业术语，本书中难免出现中文术语不够精准之处，再加之时间仓促，在行文流畅方面还存在一定的不足，敬请广大读者谅解。

林松教授　同济大学中德学院

房殿军教授　同济大学中德学院

邢元副教授　天津大学机械工业学院

2019 年 3 月

前　言

2014年本套"德国工业4.0大全　第1~4卷"的第1版出版，名为《Industrie 4.0 in Produktion，Automatisierung und Logistik》（Bauernhansl，ten Hompel，Vogel-Heuser），在工业4.0领域的专业文献上迈出了重要的一步。但是，我们清楚地认识到，一本一直保持不变的书不能符合当前技术快速发展的要求。因此，我们决定从第2版开始把第1版分为4卷，以建立一个德国工业4.0的框架。工业4.0如今在世界范围内被广泛讨论并付诸实践。本套书由一篇篇独立的关于工业4.0在生产、物流和自动化领域中的课题文献组成。

第2版不仅对第1版的文献进行了修订，还在以下方面增加了许多新的文献：
- 价值生成的数字化
- 工业4.0中的自动化应用场景
- 信息物理系统的运行
- 工业4.0中的工程应用
- 自动化中的纵向和横向集成
- 工业4.0中的数据挖掘和数据分析及其法律问题
- 工业4.0中的人与机器之间的相互作用

- ❏ 作为信息物理系统一部分的智能电荷载体
- ❏ 工业 4.0 中的物料搬运技术
- ❏ 具有工业 4.0 功能的工业卡车
- ❏ 工业 4.0 系统中的混合服务
- ❏ 工业 4.0 中的物流系统的传感器和执行器
- ❏ 工业 4.0 中的物流系统的管理

  为了实现内容上的全面扩展，我们组织了来自科学界和工业界的众多专家作为撰写团队，从科研和实践的角度来准备主题内容，就像第 1 版所做的那样。只有从这两个角度阐述、讨论和解决问题，才能得出我们的观点，展现出迈向工业 4.0 愿景的迁移路径。随着科学技术的发展，已涌现出许多成功的应用案例。从这个意义上讲，本书是一本可以作为研究人员、制造业从业人员和学生的参考书，而对于所有想从事这些令人兴奋的课题的读者，本书也会有所帮助。

  我们感谢所有的作者、出版商、编辑团队和所有为此书做出贡献的人。特别感谢 Springer 出版社的 Sigrid Cuneus 以及我们的同事 Andreas Bildstein 和 Sascha Feldhorst，他们坚持不懈的组织和协调工作，奠定了将浩繁的技术积累转化为本书的基础。

Birgit Vogel-Heuser

Thomas Bauernhansl

MichaeltenHompel

2016 年 4 月

目 录

译者序

前言

第1章 第四次工业革命 …… 1

1.1 工业竞争加剧及生产日趋复杂的原因 …… 1
1.2 从分形的复杂性介绍产生智能工厂 …… 10
1.3 信息物理系统改变工厂规划和运转方式 …… 15
1.4 实时服务和一切皆服务是新生产关键的原因 …… 22
1.5 第四次工业革命中市场推动迁移的成功 …… 28
1.6 总结 …… 31
1.7 参考文献 …… 31

第2章 信息技术和自动化技术所面临的挑战和需求 …… 34

2.1 引言 …… 34
2.2 CPS为"工业4.0"带来了哪些可能 …… 35
2.3 信息物理系统必须为"工业4.0"做些什么 …… 37
2.4 参考文献 …… 45

第 3 章 工业 4.0 生产案例 …… 47

3.1 安贝格电子工厂（EWA）…… 47

3.2 生产自动化 …… 53

3.3 人机交互 …… 59

3.4 生产中工作站的自动信息流 …… 62

3.5 数据挖掘 …… 64

3.6 吸取教训继续前进 …… 66

第 4 章 实现工业 4.0 …… 69

4.1 摘要 …… 69

4.2 制造业中工业 4.0 的基础 …… 69

4.3 应用场景"工艺流程中的数据综合" …… 72

4.4 设备制造商的观点 …… 73

4.5 技术和解决方案 …… 76

4.6 参考文献 …… 82

第 5 章 从无人驾驶运输系统到智能移动自动化平台 …… 83

5.1 摘要 …… 83

5.2 当今的无人驾驶运输系统 …… 84

5.3 工业 4.0 背景下无人驾驶运输系统面临的挑战 …… 87

5.4 移动自动化平台的最新进展 …… 90

5.5 移动性——自动化系统的新潜力 …… 94

5.6 参考文献 …… 96

第 6 章 自适应物流系统作为工业 4.0 的先行者 …… 98

6.1 自适应物流之路 …… 98

6.2 未来物流的创新技术 …… 99

6.3 人作为信息物理物流系统的参与者 …… 112

6.4 工业 4.0 下的物流——人与机器的智能合作 …… 124

6.5 参考文献 …… 125

第 7 章 价值链在半导体行业中的横向整合 …… 128

7.1 半导体行业价值网络的特性 …… 128

7.2 一体化价值创造网络的实现 …… 131

7.3 横向整合的机遇与挑战 …… 134

7.4 总结与展望 …… 136

7.5 参考文献 …… 136

第 8 章 信息技术的安全和云计算 …… 137

8.1 引言 …… 137

8.2 对云系统的要求 …… 144

8.3 解决方案和研究需求 …… 156

8.4 总结与展望 …… 166

8.5 参考文献 …… 168

第 9 章 智能生产、智能工厂中的人机通信 …… 171

9.1 人在未来生产中的角色 …… 171

9.2 来自一个智能工厂的示例场景 …… 181

9.3 在生产中为功能性载体提供信息 …… 186

9.4 不同机械装置中的生产信息集成 …… 191

9.5 参考文献 …… 204

第 10 章 人机交互 …… 205

10.1 引言 …… 205

10.2 人机交互技术的现状 …… 206

10.3 技术需求和尚未解决的研究问题 …… **209**

10.4 当前的研究方法 …… **215**

10.5 新应用场合 …… **218**

10.6 参考文献 …… **220**

第 11 章 "工业 4.0"时代的人机交互 …… **222**

11.1 引言 …… **222**

11.2 信息物理世界的表现形式 …… **225**

11.3 信息物理世界的互动形式 …… **227**

11.4 移动的、对环境敏感的用户界面 …… **229**

11.5 适应性的、学习型的辅助系统 …… **233**

11.6 "工业 4.0"用户界面的研发范例 …… **236**

11.7 跨生产商和平台的用户界面的开发 …… **237**

11.8 总结 …… **240**

11.9 参考文献 …… **240**

第 12 章 把握工业 4.0 的机遇 …… **242**

12.1 引言 …… **242**

12.2 第四次工业革命 …… **243**

12.3 德国经济地位的机遇 …… **246**

12.4 智慧数据及智能服务 …… **248**

12.5 挑战:可接受性 …… **250**

12.6 结论 …… **252**

12.7 参考文献 …… **253**

第 13 章 物流 4.0 …… **255**

13.1 引言 …… **255**

13.2 物联网在物流领域的愿景 …… **255**

13.3 规划 4.0 及领导决策层和执行决策层的分离 …… **257**

13.4 供应链管理 4.0 或标准化未来的困境 …… **259**

13.5 工业管理 4.0——从自我控制到自我设计（即自我组织）…… **262**

13.6 人与物流 4.0——工业 4.0 后的"社交网络化工厂"的愿景 …… **265**

13.7 参考文献 …… **266**

第 14 章 工业 4.0 的原动力、前景、方法 …… **267**

参考文献 …… **278**

第 1 章

第四次工业革命

创造价值的生产示范之路

Birgit Vogel-Heuser

1.1 工业竞争加剧及生产日趋复杂的原因

我们在谈及工业 4.0 时总是会联想到第四次工业革命，因此有必要首先将目光投向三次工业革命，分析三次工业革命不同阶段发生了什么，以及它们是如何相互关联的。

1.1.1 过去 260 年来的工业革命

第一次工业革命始于 18 世纪 60 年代，蒸汽机的发明推动了工业进步。工作机和动力机使工业化成为可能，并为当时的工业化国家消除结构型饥荒做出了重大贡献。这次工业革命引发了一次人口爆炸。一方面，由于交通运输系统（轮船、铁路）的改善，人们得到充足的衣物和粮食供给。另一方面，基本生活物质生产率也得到了显著提高，如农业领域[1]。

当然，这些革命也会对社会产生影响。传统手工业和农业的劳动密集度急剧下降，出现了两个新的阶层：工厂工人阶层和工厂业主阶层。

一些人在工业价值创造中获得了巨额财富，而工厂里的工人却在工业化初期就开始被剥削了。那时，4岁的童工就已经在工厂中干活，承受着超出他们年龄的工作强度。尽管当时的工作条件如此恶劣，但仍有越来越多的人迁往城市，结果造成了19世纪欧洲的结构性贫困化[2]。

这一发展的结果引发了一场资产阶级革命。社会民众逐渐意识到，不能再剥削工人，而应该给他们提供福利，以缓和社会矛盾，人口持续增长。这一时期是第一次工业革命到第二次工业革命过渡的时期。

第二次工业革命的标志是电力的广泛应用，最具代表性的发明是电动机和内燃机。尤其是电气驱动系统使分散式驱动成为可能，即工作机不再由中央动力机驱动，而是分散式驱动。此外，石油作为化工原料及交通系统的新燃料——尤其是汽车的燃料，变得越来越重要[3]。第二次工业革命是一次生产技术和产业结构推动的变革，这使人联想到Henry Ford提出的流水线，以及Frederic W. Taylor提出的科学管理。这些具有规模效应的工业化大批量生产能制造出非常廉价的产品，工会的重要性急剧增加，社会民主也应运而生并出现了相应制度。第二次工业革命的大批量生产推动了化工、电子工业、机械制造业和汽车工业的发展。

20世纪60年代，被两次世界大战终结的工业化进程继续发展，德国步入"经济奇迹"时期。信息技术和通信技术的巨大进步实现了生产过程的自动化，这标志着第三次工业革命的到来。生产过程越来越合理化，不同种类的单件小批量生产逐渐成为可能。

近260年来的工业革命及其驱动和变化如图1-1所示。

第1章 第四次工业革命

- ~1960 第三次工业革命：信息技术和通信技术的巨大进步实现了生产过程的自动化驱动
  - 全球竞争中卖方市场向买方市场转变
  - 多变量批量生产机电化一体系统
  - （社会）市场经济，知识爆炸，债务，发达经济体，全球化

- ~1870 第二次工业革命：通过基于电力的分工批量生产获取大量财富
  - 人口增长和财富需求
  - 电气、化工、汽车工业的大规模批量生产
  - 工会越来越重要，出现了社会民主和繁荣社会

- ~1750 第一次工业革命：机器设备实现工业化并且避免饥荒
  - 人口爆炸
  - 集中、分工、半机械化的纺织和钢铁工业体系
  - 工人阶级形成，出现剥削、贫困、城市化和内战

图 1-1 近 260 年来的工业革命及其驱动和变化（© 弗劳恩霍夫制造技术和自动化研究所）

图片来源：AUDI automediennetportal.net, DFKI, bahnbilder.de.

从"经济奇迹"到 20 世纪 80 年代的过渡期，社会的基本需求都已得到满足，市场基本处于饱和状态。同时，卖方市场也逐渐向买方市场转型。因此，不再仅仅是生产，生产出来的产品也要销售出去。客户变得越来越不同，他们的需求变得更加个性化，并越来越注重产品的质量和差异性。因此，单件小批量生产直至大规模定制变得越来越有前景。

与此同时，市场经济进一步发展，特别是德国的社会市场经济。信息技术、通信技术以及互联网更是推动了知识在全球范围内的应用。此外，工业化社会逐渐开始入不敷出。早在 20 世纪 70 年代和 20 世纪 80 年代，就已经奠定了经济债务的根基。冷战时期的铁幕落下后，全球化不断向前推进，全球范围内的分工越来越多。

在第三次工业革命过程中,工业价值创造在国内生产总值所占的比例越来越小。由此,经济学家认为,发达的国民经济将向着服务业发展,同时,工业将与农业一样,逐渐失去重要性,并且在生产总值中所占的比例将下降到10%。在法国、英国和美国,这种发展趋势极为明显,而德国却是一个例外。自20世纪90年代德国统一以来,德国的工业比例一直保持在一个稳定的数值[4]。除了金融危机时期下滑到20%以下,其他时间一直在25%上下浮动。而金融危机过后,德国经济复苏很快,在此期间,其工业产值比例甚至达到了国民经济总量的25%以上[5]。

为此,德国被嘲笑了很长时间。十年前,人们还经常听说,德国是欧洲的"病夫"[6]。尤其是,向服务型社会发展的盎格鲁撒克逊经济体,批判德国没有向知识社会和服务社会转型。在当时看来,德国的结构与现代经济并不相符。德国的工业产值比例较高,其储蓄银行和人民银行、财政管理方式、中小型企业结构以及法律上相对固定的社会福利,都受到诟病。但是,由于2007~2008年金融危机的影响,许多经济学家都重新审视了各自的经济模型,并改变了对德国的看法。

1.1.2 工业对国民经济繁荣做出的贡献

现在,人们认识到,发达经济体也需要很高的工业比例来实现繁荣发展。主要有三个原因:生产力、创新与出口[7]。

1) 生产力的贡献

2000~2010年间,德国的工业生产力增长30%,大约为服务领域的2倍[8]。

工业生产的合理化可以很好地解释上述现象。服务产生于人与人之间的合作,而工业生产则产生于人与机器之间的合作,能产生更高的生产力增益。这种生产力的贡献表现在国民经济的增长上。

2)创新的贡献

大部分对创新领域的投资来自于工业。2010年,85%的总研发经费(约500亿欧元)来自于工业[8]。如果一个国家的工业产值份额较低,则该国在创新领域的经费就比较缺乏,以至于国民经济的革新无法像高度工业化国家一样顺利进行。

3)出口的贡献

2010年,德国93.4%的出口产品来自于工业[8]。较高出口率会有利于贸易差额平衡,但像上述德国的情况,会出现贸易顺差,而这一现象一直伴随着资本过剩。由此,低工业产值比例和低出口贡献的国民经济往往会有贸易逆差,而这也会相应地在债务方面体现出来[9]。工业保障增长和就业对国民经济的资金供给做出了决定性的贡献,这一认知同样也适用于服务行业。美国已经意识到需要更多的工业产值比重,并设立了一个小目标,即,将工业产值比例再次提高到国民生产总值的20%。

这首先要通过极低的能源成本(页岩气和页岩油)来实现。第一,要吸引能源密集型企业,这一举措已展现出相应的效果;第二,建立贸易机制,如反倾销法;第三,依靠低利率,即利用货币贬值以增加出口;第四,大力推进以应用为导向的研究。现在,美国将大量的资金投资到以生产为导向的应用型研究结构和组织建设中[10]。

在欧洲,人们也越来越意识到工业生产可以带来巨大的优势。在这方面,德国已经成为典范。英国正在实行一个庞大的再工业化项目。高价值的制造业将成为英国再工业化的基础。现在,整个欧洲的工业产值比重为16%,到2020年,预期工业产值能增加到国民生产总值的20%[5]。人们非常重视资源效率和复杂产品的生产。同时，人们建立了间接贸易机制（如REACH、ROhS）或安全条例（如CE）。欧洲央行也把利率控制在低值，并且，欧洲也大力投资应用型研究。其中，名为"地平线2020"计划的新项目就与工业紧密相关。

亚洲，尤其中国正大力推进制企业发展。这些国家刚刚经历第二次和第三次工业革命的快速发展，需要高度工业化，继续创造财富。近些年，中国由于收入的增加导致了生产力不足，目前正弥补这一缺陷。另一方面，亚洲有许多宝贵的资源，如稀土。此外，人们也做了很多确保工业生产的尝试，例如，中国在某些领域大大加强了政府补贴（如光伏领域），并在科研和教育方面投入了大量资金，现在，已经有数百亿的资金用于建设相应的机构。

在此期间，工业生产的重要性已经得到所有国民经济体的承认。在未来，人们将不会再把价值创造转移到其他国家。相反，人们将价值创造更多地带回国内。例如，苹果目前正在美国建立自己的工厂。因此，全球价值创造的竞争将愈加激烈，而德国将必须为保持其工业核心地位而奋斗。

1.1.3 增长的需求面

未来，我们的增长将不会受到需求不足的威胁。虽然，各经济体之间的竞争将会增加，但全球仍有足够的需求来扩大生产。

从世界人口发展的角度来看，全球人口已从1950年的25亿增长到如今的超过70亿（2013年：72亿），预计2025年将达到79亿[7]。重要的是，全球人口中的消费者将在未来几年大幅增长。1990年，每日可支配收入超过10美元的消费者仅有

12亿，20年后则翻了一倍。根据Kinsey教授的研究[7]，2025年将会有42亿消费人口。换言之，未来为全球消费增长做出贡献的人口数量将急剧增加。

上述增长将主要发生在发展中国家。从2010年～2025年，发达国家的全球消费将从26千兆美元增长到34千兆美元，发展中国家则将从12千兆美元增长到30千兆美元，即翻了3倍[11]（见图1-2）。

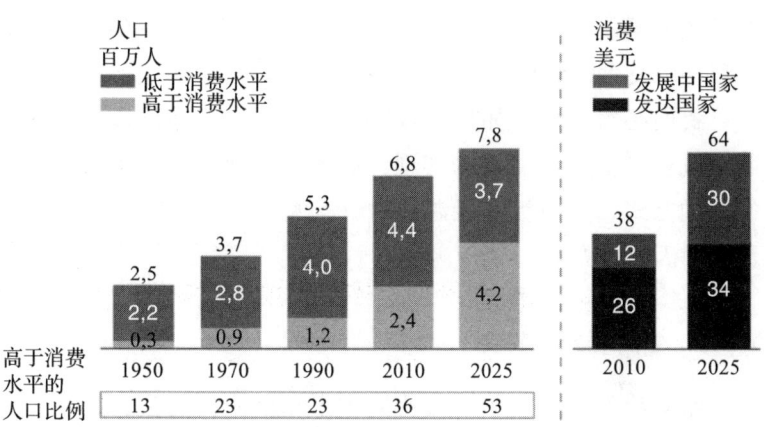

图1-2 全球消费的发展（© 弗劳恩霍夫制造技术和自动化研究所）

同时，人口增长将产生巨大的影响。到2050年，人口平均年龄将增长10岁。全球也将继续城市化，60%～70%的总人口将居住在城市里[12]。人们的需求仍将持续存在，但消费形式将发生巨大变化。因此，发达国家必须生产高度个性化的产品，即根据消费者个人的需求来定制产品。

综上所述，需求正朝着个性化的方向发展，而在发展中国家，我们必须提供高度区域化的产品，这些产品的功能、设计和成本都以市场需求为导向。除了亚洲和南美洲，非洲也将在这方面发挥重要的作用[13]。

1.1.4 增长的供应面

然而,供应面的增长问题仍极有可能会出现。凭借目前的价值创造系统,即实施和组织价值创造的方式,我们将无法完成所需的供给增长,因为这种方式将会耗尽必需的资源[14]。

自然界需要 100 万年才能形成我们每年消耗的化石燃料数量[15]。换言之,人们必须考虑如何摆脱化工燃料,因为无论是在短时间或长时间内,它们都将无法满足需求。如果不能解决能源效率问题,那么,到 2050 年,能源需求将会翻倍。这将威胁到环境及生物多样性,并且会改变气候[16]。

我们必须考虑,如何从实际价值创造中创造价值。而这只能通过生产要素的转变来实现。因此,必须彻底改变我们创造价值的方式,这将涉及能源、材料、人力资源(知识)、资本以及预期因素等方面。

1.1.5 生产要素的转变

如果我们想在未来持续协调需求和供应,那么,在第四次工业革命进程中,我们就需要完成所有生产要素的转变[17]。

在德国,能源转换早已被广泛讨论。究其根本,能源转换就是摆脱化工燃料,转而关注可再生能源和能源效率。而比能源转换更重要的是材料转换,由此产生的问题是:如何使所有材料保持在生产周期,即关闭回收周期?如何在相应生产中应用可再生能源?首先,不是不再产生废物或有害气体,而是把这些废料及废气视为新产品或者大自然的原材料,并将它们重新整合到价值创造中[18]。

发达国家以及部分发展中国家都存在着人口转换,即人口变化和专业人才缺失。这不仅是德国的问题,更是全球的问题[19]。换言之,我们现在必须考虑,应如何应对生产过程中的浪费——也包括人力资源的浪费。但是,又必须创造这样的工作环境,即在其中员工能够充分发挥自己的能力,长时间保持积极性和工作效率。

从根本上说,在资本转换方面,人们必须根据金融市场危机来考虑国民经济和企业融资方法。同时,需要深思金融经济与实体经济分离的方式。之前,人们已经在这方面做了很多工作,使这两种经济更紧密地重新连接。因此,金融市场必须再次发挥其核心作用,即为创新、投资和消费融资。同时,我们组织工厂和构建管理系统的方式,以及经济因素,也都必须改变。生产要素的转换使得德国和欧洲可以通过创造绿色价值链来满足需求方,而不会陷入供应方面的问题。

生产要素转换的推动力是信息技术和通信技术。这两个领域形成了许多必要的创新。这早已在能源转换领域出现,例如,智能电网就是实现这一转变的基础。

在许多领域,主要技术和设计都将被取代。以汽车工业为例,在过去的一百多年里,汽车车身主要是由钢材料来制造并配备发动机,因此,汽车产品往往非常相似。随着电动化、轻量化、个性化以及区域化生产的改变,产品多样性需求急剧增加,而汽车设计模型和设计变量的数量下降,导致了市场复杂性的急剧增加。图1-3为汽车生产的历史现在的新的生产范式,必须实现可持续价值创造,并要同时满足个性化、区域化和全球化的要求。由此产生不断降低的透明度和不断增加的活力,将会极大地扩展许多企业的必要能力。

因此,生产正处于从复杂性到综合性的转变,很难准确地描述所有产品及其生产过程;我们将陷入难以描述以及预测的综合领域。因此,企业必须加强灵活性和转换性能力,以便迅速并经济地适应变化。

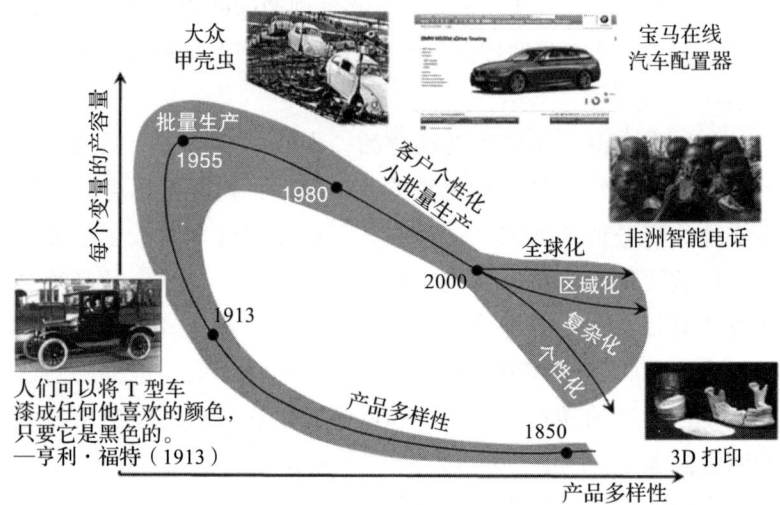

图 1-3 汽车生产的历史

1.2 从分形的复杂性介绍产生智能工厂

图 1-4 说明了企业困境，那就是外部市场的复杂性不断增加，绩效系统的功能及其多样性、供应力以及可用性也急剧增加。而且，产品的价格弹性、兼容性和可靠性也导致了复杂性的增加。同时，企业必须越来越灵活，以便将不同产品以及极端情况下的个性化产品推向市场。由于在数量方面不存在可靠的预测，而生产者也必须高度灵活，同时，客户希望能尽快得到他们的产品。这就意味着，期限的灵活性也非常重要。

危机总会出现。一方面，危机会导致严重的衰退；另一方面，衰退之后会引发经济强劲增长。这种危机灵活性和增长灵活性进一步增加了企业的外部复杂性。

与此同时，价值创造的竞争将越来越激烈，亚洲、南美洲和非洲已经成为新生力量。

在该市场中，几乎所有的企业都必须进行相应调整，以适应外部复杂性。依据 Ashby 理论，只有复杂性才能应对复杂性[21]。换言之，如果企业认为自身可以通过简单的系统，也就是较低的内部复杂性来达到适合外部的绩效复杂性，这是不可能的。如果这么做，那么它们不可能有很高的效率并且会失去市场份额，无法创造增长，以致最终陷入危机。

但是，如果企业的架构太过夸张复杂，从而产生了很高的复杂性成本，那么它们也不会有很高的效率，以致不能获得足够的利润，因此，同样减弱了企业实力。

外部复杂性与内部复杂性的比较如图 1-4 所示。

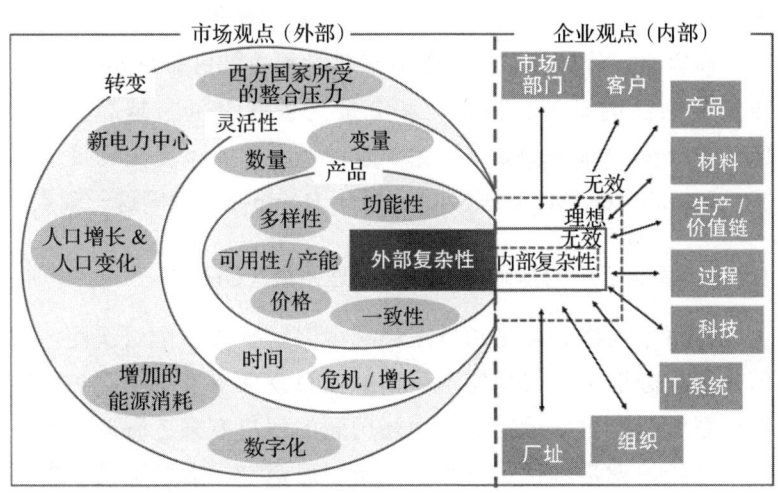

图 1-4 外部复杂性与内部复杂性的比较（© 弗劳恩霍夫制造技术和自动化研究所）

1.2.1 价值创造网中的复杂领域

许多因素都会增加内部的复杂性，如产品、顾客、供应商、使用和加工材料的数量、高度分散的产品价值链、不同的工艺技术、信息系统、管理相应知识而必需的多层次组织、方位多样性以及其他许多因素。现在，企业面临的挑战是如何平衡内部和外部的复杂性，并在各种不同的变化情况下仍然保持平衡。

如何才能实现上述目标？从系统的观点来看，只有通过分散的自主智能协同结构来实现。换言之，分散、委托责任及建立自主的单位是绝对必要的。依据 Hans-Jürgen Warneckes 的分形工厂[22]，建立起自我相似、自我组织并且自我优化的生产分形，这些分形相互之间可以进行通信，并且建立在复杂性驱动的基础上。这些分形必须做到自我相似，这样，这些分散结构之间才能产生协同作用，以便利用规模效应来促进企业在市场上的成功。

换言之，价值创造网中的分形化是解决其日益复杂的方法。随着复杂性的增加，自主化和分散的程度也越来越高。不仅 Hans-Jürgen Warnecke 意识到了这一点，弗劳恩霍夫物流研究院（Fraunhofer IML）的 Michael ten Hompel 也赞同这一观点。

1.2.2 智能工厂的基础——信息物理系统（CPS）

如何才能将分散化和自主化继续向前推进一个层次呢？如何才能从分形工厂成功实现所谓的信息物理生产系统呢？信息物理系统概念里早已隐藏着上述问题的解决方案：所谓的信息物理系统，就是包括了对象、设备、建筑物、运输工具、生产设备以及物流部件等的嵌入式系统。这些系统通过互联网进行通信并使用互联网服务。信息物理系统可以通过传感器直接感受周围环境，并通过全球通用的数据和服务对环境进行判断、存储，还可以借助执行器与真实的物理世界进行交互。

人们通过人机接口与信息物理系统建立连接，并通过不同

第1章 第四次工业革命

方式，如语音或触控来进行控制。未来，人们甚至可以使用手势来控制。

这些信息物理系统可以联网并建立自动、分散的网络——也就是完全与自相似生产分形一致，并进行自我优化。它们可以与人合作，并独立地解决问题。

因此智能工厂通过信息物理系统可实时地进行自我组织。从工厂实时获得数据是它的重要特性。通过这些实时数据，可以将现实世界和虚拟世界融合在一起；并在实时数据的帮助下，持续更新现实世界的虚拟图像。这样一来，就有可能产生全新的商业模式。

信息物理系统平台形成了不同"互联网"相互之间连接的基础：社交网络、物联网和网络服务。网络连接了人们的社交，还连接了机器设备和智能通信对象，并以服务为导向。人们借助信息物理系统平台的数据以及软件工具，来分散、快速、实时地在不同领域解决问题。

通过信息物理系统平台，将现实、虚拟、网络联系起来，构成了智能设备的基础，如智能电网、智能家居、智能建筑以及智能汽车。信息物理系统仍将经历许多开发阶段。第一阶段仍将是被动的。RFID芯片只提供清晰的识别，但系统智能只能通过中心服务提供。系统尚未智能化，并没有任何内存或评估功能。第二阶段主要向有源传感器和执行器发展，它们需要精确的定义和相对较小的功能范围（见图1-5）。

现在，我们将进入第三阶段：具有高智能网络系统。这些系统由多个执行器和传感器组成，通过适当接口实现人工智能，并且可以自发地与其他系统建立连接。这就引导着我们进入第四阶段，也就是系统的系统。在这一阶段，信息物理系统可以自发地、智能地将它的单项能力组合起来。这样一来，信息物理系统就可以开发新技能并提供自助服务。当然，目前我们距离这个阶段还是比较遥远的，但是它将是最终的扩展阶段，在这一阶段，利用系统的自我配置和即插即用的可行性，从而最终实现分散地自主发展和自我形成。

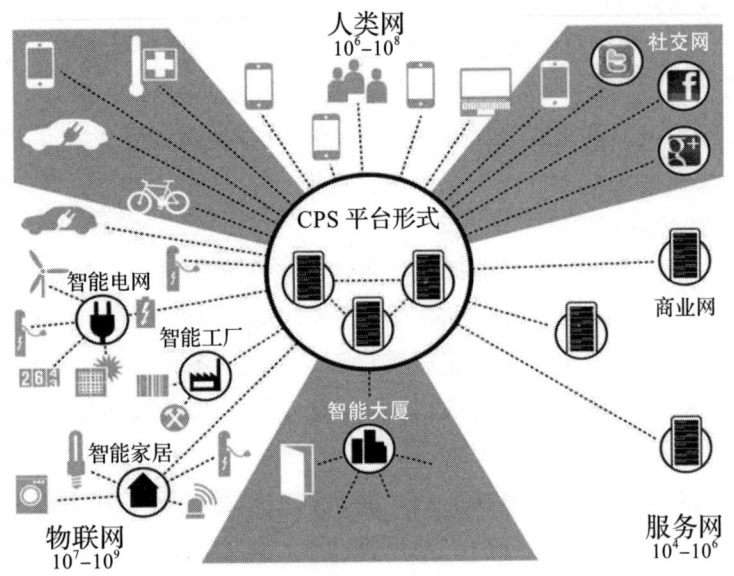

图 1-5　物联网和服务（© 博世股份有限公司）

1.2.3　智能工厂理念取得成功的原因

信息物理系统促进了信息的进一步分散。如上所述，不断增加的复杂性核心是系统的自主化和分散化。现在，通过信息物理生产系统（CPPS）的帮助可以实现整体的分散化，即，不仅可以分散机构，而且可以分散工厂的服务、软件和对象。它们之间可以相互连接，从而使得系统的分散化和自主化达到一个新的高度。分散化的间隔，即分散单位的大小，最终取决于环境的复杂性。同时，Metcalfe 概念阐明了通信系统的使用量与使用者数量的平方成正比关系。上述概念所指的是通信系统，但信息物理生产系统（CPPS）的内涵并不局限于此。换言之，人们相互之间的联网以及企业之间的联网越多，则价值创造网联网的价值就越高。这在价值创造网的竞争方面表现得非常明显。与此同时，摩尔定律在此也适用：计算机的计算能力每18个月翻一番[25]。因此，在不久的将来，由于信息物理系统的联系，现在过于昂贵的技术方案将变得越来越实惠。

日益提升的性能、联网的价值以及复杂性的分散化和自主化，这三个驱动力直接推动了基于信息物理系统的第四次工业革命，物联网的产生与人们一起使用服务，并提供了所有的实时信息。系统随着运行而不断改变。在各个层面上都能看到以服务为中心的网络，机器设备提供服务，人们也可以提供服务，就连软件的解决方案也是面向服务的。因此，尽管有很高的复杂性、分散化和自主化，价值创造的透明度仍将急剧上升，并同时提供不断创新的知识。这种高透明性和可用性的知识使得智能工厂实现的可行性显著提高。

工业将实现小批量生产（甚至是单件小批量），生产高度个性化的产品，并提高资源的利用效率及生产速度，这些都将成为智能工厂成功的因素。

1.3 信息物理系统改变工厂规划和运转方式

信息物理系统不仅在生产过程中展现出基于分散化、自主化和完全不同的操作行为，它们在未来也必须规划完全不同的方式。

1.3.1 规划

规划和实施将融合成一个能够实时学习的优化循环和调节

循环。今后，规划将始终以显示模型为基础，不断优化。未来将出现数字人类模型，可能是虚拟人类。借助这些模型，在数字工厂可以进行时间管理、人机工程学以及虚拟规划相互之间的融合。根据真实数据进行快速而准确的规划，以此可以加快规划本身的速度。在提升产能阶段，生产速度会得到提升。与此同时，工业4.0系统将有助于更快地提高产能。未来，作为完整工厂的准备过程，提升产能将会成为常态。在增强现实的帮助下，通过培训将服务知识传授给员工。虚拟现实也将会实时地融合到提升产能阶段中，以便能够更快地进行优化。

在未来的运行中，持续改善将在精益生产领域扮演着重要的角色。由于分散网络的可能性，将会存在非常接近车间操作的调节循环。同时，借助于功能范围较小的软件工具，我们可以提供云端优化应用程序。此外，信息物理生产系统（CPPS）也将根据精益思想来设计。

经典的丰田生产系统和工业4.0之间并不存在矛盾。工业4.0将使得这些生产系统向着联网和服务的优化维度进行扩展。虽然，生产设计中将会出现新的原则，但是智能工厂建立在经典的完整的丰田生产系统的基础上。

在运行过程中，始终存在一个实时跟踪的进程，可在规划模型和实际生产过程中提供反馈信息。因此，现实认知将被用于虚拟模型，并进行持续改进。在不久的将来，人们可以对模型进行实时维护，使模型不断地根据现实进行调整，并使用这些模型进行非实时工作。事实上，人们想做的一切，都将预先通过模型进行模拟，以提高实际生产效率（见图1-6）。

现有一些案例已经展示了一体化结构和流程。通过相互合作规划，例如规划表，将车间连接在一起。然而，旧规划中的知识基础往往是静态的，没有与现实变化结合，规划结果在实际执行过程中不符合质量要求。未来,将会有数字化并且自我优化的控制模型,弗劳恩霍夫制造技术和自动化研究所已经在这个方向上进行研究[26]。实时数据也将作为持续改进的规划基础,并借助于所有学科的联网,通过云端服务器非常简便地融入规划过程和各种工程系统中。

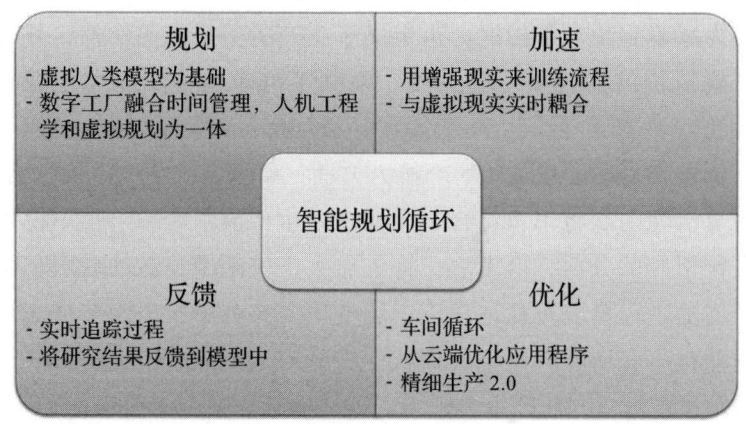

图1-6 智能规划循环(© 弗劳恩霍夫制造技术和自动化研究所)

下面是一个智能优化的例子:通过创新工具扫描员工的操作流程,并向他们提供信息,使他们知道自己的操作是否符合规范。通过这些工具的帮助,员工还可以获得相关的培训并持续获得反馈,一方面,使员工知道自己是否符合人体工程学,另一方面,使员工知道自己是否符合规划,或是否可以更有效地工作。

智能反馈的基础就是所谓的操作捕捉技术。在这方面,存在许多不同的方法。戴姆森公司正在用三维模式测量员工的操作,并从实际的操作中创建虚拟数字模型。然后,利用这些虚拟模型,在规划中优化生产过程,并为员工提供合适的反馈建议。

1.3.2 价值创造结构

近年来，汽车工业在优化生产率和车型多样性方面取得了较大发展。但在过去的一百年里，价值创造结构几乎没有改变。我们仍然按照泰勒原则分工合作：生产线和生产节拍是核心，是价值创造金字塔的脉搏。然而，这在未来是行不通的。因为在确定生产节拍时，也定义了生产的数量和灵活性，并通过创造价值的各个步骤连接，限制了汽车型号数量和型号灵活性。

未来，这种横向（生产能力方面）和纵向（生产容量方面）的灵活性限制将不再符合市场要求。生产流水线和节拍不得不进行相应的分离，换言之，将依靠生产空间中灵活的联网和可扩展的过程模块灵活地适应市场变化。弗劳恩霍夫制造技术和自动化研究所与其研究合作伙伴在 ARENA2036 研究院中共同开发了合适的方法应用于研究工厂[27]。

这种方法的目的是创建过程模块和信息物理生产分形，它们可与灵活运输系统联网。因此，每个变量在生产空间中可以采取一条不同的路径，不同变量可以采取完全不同的过程模块。这些过程模块也可以有不同的节拍。根据这些模块一周被使用的频率，可以缩短或延长节拍。而延长节拍可能意味着要提高过程模块中人工工作的比例。

通过可扩展自动化，可以实现生产节拍的缩短。这些过程模块大小取决于生产任务的复杂性，有的差异很大。个性化的模块非常小，在极端情况下可能只包括一个过程步骤。而在具有较少变量的生产类型中，这些过程模块也可能非常大，并且在这些过程模块中，可能还有很多单个流程的并行或连接。

生产过程中难点在于为生产任务找到合适的系统粒度，并将过程模块灵活联网。在此情况下，汽车被选作信息物理系统中的灵活连接运输工具，装上四个轮子，获得驱动力，预计将来还会依靠电力驱动，并且独立地在过程模块之间移动。当车辆还不能自行前进时，将由无人驾驶的运输系统来控制和寻找路线。

这些过程模块也集成了根据客户要求定制的生产步骤，例如产品颜色选涂。在装配开始前才会进行定制的生产步骤，以使定制所产生的差异尽可能晚地出现在流程中，从而降低生产的复杂性和库存量。

上述目的还在于使用大数据来识别成功模式，比如按照生产计划，在生产空间中成功地安排生产模块。在这方面，大数据算法能够帮助优化排列，同时，在过程模块中也会出现无障碍的人机合作。

我们将拥有自主的运输系统——智能装载机。在一定程度上，还可以从云端控制器直接控制机器和信息物理系统，并实现即插即生产的能力。

员工将成为"扩充操作员"，成为创造价值的指挥者。在这些模块中，员工将得到技术协助系统的支持，并从执行者转变为评价决策者。

1.3.3 实施案例

下面描述的是目前已经在开发和实施的一些实例。其中，弗劳恩霍夫物流研究院的物流群体智慧令人印象深刻（见图1-7），这种车辆能够自主地运输装载机。

它们能够独立地寻找目标仓库、仓储区和相应装配地点的最优路径，通过云端服务器相互连接，甚至利用蚁群算法相互学习和借鉴。这种车辆完全可以取代传统的指挥技术和运输技术，可极大地优化物流路径。

图 1-7　物流群体智慧（© 弗劳恩霍夫物流研究院）

当然，信息物理系统（CPS）至少能够执行上一系统所能完成的任务。伍尔特公司的周转箱看起来和传统的周转箱一样，但是它安装了一个摄像头，能够拍摄周转箱里的内容，并通过云端服务器来判断盒子里到底是什么东西。这些信息能够直接通过网络进行应用。

弗劳恩霍夫物流研究院也开发了许多信息物理系统，如为内部物流开发的移动助手。它是一个能拿起装载机并将其运送到装配地点的移动机器人，配置相对简单并能够探测周围的 3D 环境和抓取物品，它还设有装载空间和全方向操作臂（见图 1-8）。因此，该机器人是生产中非常灵活的助手。

如上所述，信息物理生产分形这个特征体现了总是能够依据一定原则相互连接的优势，比如 U 型原则连接，由 ARENA2036 研究所提出。图 1-9 显示了汽车装配流水线上帮助工人装配的机器人。在装配时，机器人可以穿过 5 个组合工作站。经过最后一个工作站后，机器人将会回到装载工作站，然后根据不同的型号，灵活地移动到下一个对应的过程模块。

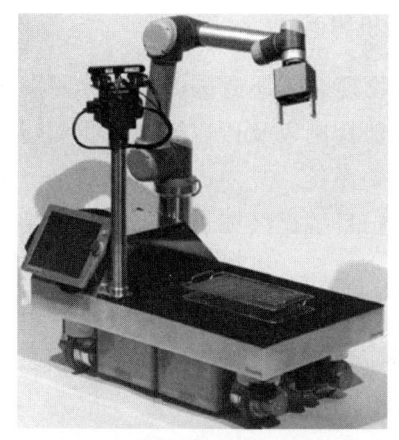

图 1-8　内部物流的移动助手（© 弗劳恩霍夫制造技术和自动化研究所）

图 1-9　流水线上帮助工人装配的机器人（© 弗劳恩霍夫制造技术和自动化研究所）

员工也能从信息物理系统获益。目前，起重辅助装置和机器人外骨骼已经开发完成。这些装置能够帮助员工，使他们的动作更加符合人体工程学要求，并确保他们不会在运动中受伤或产生不必要的损耗。这种起重辅助装置能通过网络配置和应用程序来满足个别员工的需求。它们还有学习能力，能够和员工共同协作，提高工作效率。

1.3.4 多模态人机界面

此外,信息物理系统还会提供交互界面和物理界面,可实现视觉控制、手势控制以及语言控制。我们还将研究头戴式显示器和触觉力反馈系统。其中,谷歌眼镜是一个令人印象深刻的例子。现在,护目镜已经在生产中广泛使用。这意味着,为这些眼镜装配上麦克风、摄像头和头戴显示器可以增强工作人员的感官体验。当然,这些助力装置不能导致信息的泛滥。它们的目的是促进工作,有选择地提供必要信息,并使这些信息适应员工的需求和能力。

1.4 实时服务和一切皆服务是新生产关键的原因

现今,工业生产的特点以四个生命周期为主,即产品生命周期、技术生命周期、工厂生命周期和订单生命周期。

1.4.1 生产的四个生命周期

产品需要经过规划、开发、制造、原型、优化、评估、生产、使用、维护、维修并最终报废和回收等阶段。通常,产品以平台技术为基础,或以适当的生产技术和材料技术来生产(见图 1-10)。

这些技术也要进行规划、开发、建造、投产、使用、维护和优化。生产技术最终会进行现代化,或者被回收和废弃。

这种生命周期也贯穿于工厂生产,这些工厂也有自己的生命周期。工厂还需要规划、设计和建造,以实现生产、维持运行和优化,并最终进行现代化、重建、拆除……

只有实现前三个生产周期,才能处理订单。这些订单则要进行配置和订购,在有些情况下,还必须进行设计,再进行相应的处理、规划和生产。最后,订单必须进行挑选,发货直到最终交付。上述即订单生命周期。

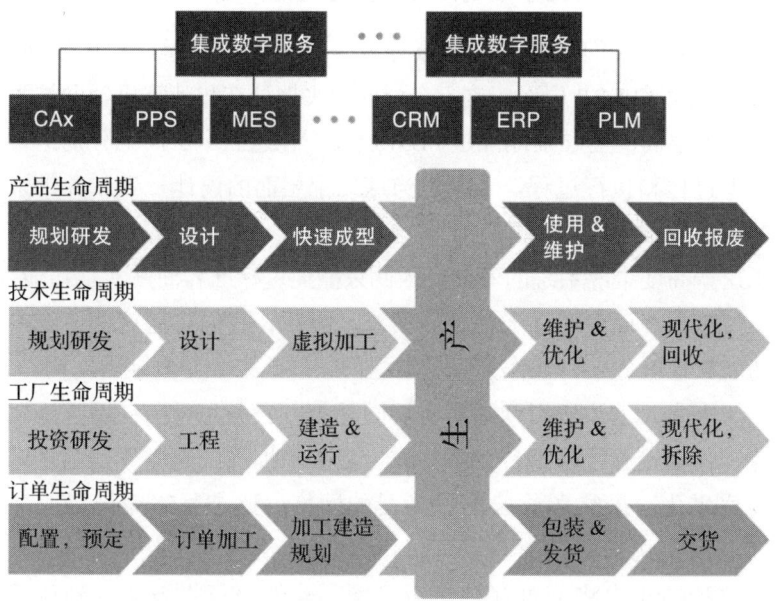

图 1-10　生产的四个生命周期(© 弗劳恩霍夫制造技术和自动化研究所/Dimer,惠普)

这四个生产生命周期的长度是不一样的。在极端情况下,订单的生命周期只有几分钟。相比之下,工厂的周期可达 50 年甚至 100 年。因此,同步这些生命周期也是一个巨大的挑战。同时,将各种 IT 系统或用来支持生命周期过程的数字服务相互之间连接起来,则是另一个挑战。如今,这些系统往往无法进行通信。如果人们想要在这方面有所加强,就要选择集成系统的方法。人们需要购置大型产品生命周期管理系统(PML)、企业资源计划系统(EPR)和制造执行系统(MES)。这些系统早已采用集成方法提供广泛的功能,但是,这些系统相互之间至今并不能完全进行通信。

1.4.2 从自动化金字塔到以服务为导向的网络

如今，人们将自动化大致分成三个层面：实际自动化层面、MES 层面和 ERP 层面。这三个层面水平地处在和计算机辅助技术相同的层面，更准确地说是 PLM 层面。在这三个层面上分别进行规划过程和执行过程。当然，当这三个层面的设计一致，并带来实时纵向和横向的信息流时，这对企业是非常有益的。然而，由于这些高度集成系统的不同，因此只能通过标准界面来实现功能，不过这些界面现在还无法达到要求。因此，我们将把这些系统的功能放入服务中，并作为服务来提供，以此来改变金字塔结构。

未来，上述所提到的所有层面都将以服务为导向：不管是软件、基础设施还是平台，都将作为服务来提供。这导致了金字塔的扁平化，最终形成云端服务器的网络。这个网络同样以服务为导向架构，如图 1-11 所示。因此，将出现去等级化的发展，在这种形式中将不再存在等级层面。软件服务将被整合到应用程序中，然后这些应用程序包含特定的功能范围和功能元素。人们可以非常灵活地应用这些应用程序来支持价值创造过程。上述一切的基础是开放的标准化。通过标准化，人们能够提升云端架构的效率优势，并能专注于描述中的实际信息和语义。

1.4.3 虚拟诺克斯堡

现今，虚拟诺克斯堡这一概念正在斯图加特落地实施。人们在虚拟诺克斯堡项目中成功实现了相应的云架构。这个架构基于"一切皆服务"来实现。通过所谓的"集成服务"，这种云架构能够将信息物理系统和云端服务器连接在一起。这可能是设备，或者是我们描述过的物流对象。通过这些集成服务，人们能够提供相应的信息,以供信息物理系统使用。这些信息能够通过网络传到云端服务器,并借助所谓的制造服务总线得到加工处理。在这个总线上运行着相应的软件服务,比如评估服务或存储服务,而这些服务可以汇集成集合服务。

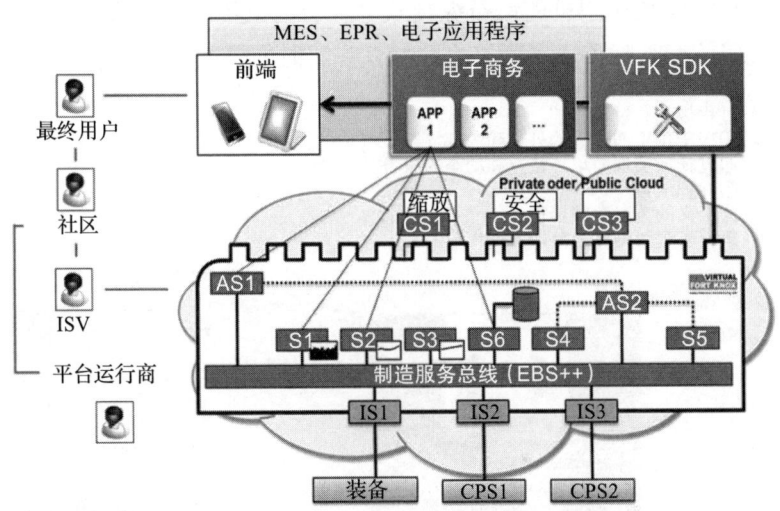

图1-11 以服务为导向架构的云端网络(© 弗劳恩霍夫制造技术和自动化研究所)

这方面的一个例子是设备综合效率(CEE)的评估。这种评估需要过程数据、可用性数据和质量数据。人们可以访问不同的数据和服务,将其聚集在一起,以便评估设备综合效率。这将是设备综合效率评估的集成服务。最终,这些服务将在服务总线上运行,而服务总线则在后台使用云端服务器。

图1-12展示了关键绩效指标的应用程序,图右边是信息物理系统,如车床、铣床等,左边是关键绩效指标,该指标的基础是数据库,而数据库会通过云端服务器接口以服务的形式供给这些机器使用。这些数据是可描述并且是可评估的,如次品、

库存、通过时间……

下面展示的是设备综合效率的评估。整个过程的基础是拖放原则。也就是说,人们可以从右边选择资源并将其拖到中间窗口,从左边将核心数据拖入窗口中,结果可以实时呈现,图1-12所示的就是切割机的设备综合效率。切割机可以生成实时过程,人们就能得到关于车间核心数据直观实时的概况。

- 过程规划与过程监控
- 积极干预生产过程的外部和内部控制
- 通过托放实现简单、快速和动态的服务
- 指标图配置
- 为定义的情况存储模板
- 集成多个数据库与分散数据传输

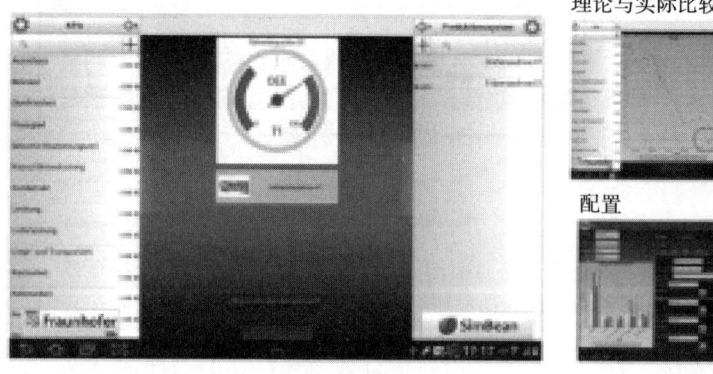

图1-12　工业4.0案例 – 关键绩效指标应用程序 – 核心数据

由弗劳恩霍夫制造技术和自动化研究所研发的另一个应用,即所谓的持续改进应用,如图1-13所示。

因此,人们可以简单快捷地使用智能手机的功能。如果在生产中检测到问题,人们可以通过这个应用程序拍照或扫描条形码,应用程序就可以自动识别相关的订单,并进行相应的注释:"出现了什么问题?"然后,发送这个问题。这些问题会被收集起来,在生产讨论中进行评估或者直接提供给相关负责人。

这样，就可以实现高水平的问题描述，并使得问题快速集中地得到处理（见图1-14）。

看板应用程序

图1-13 工业4.0案例–持续改进应用程序

现在：	未来：
■ 集成式	■ 分散式（CPS，Cloud）
■ 软件	■ 应用程序
■ 集成	■ 通信
■ 单一标准	■ 联网中开发的标准
■ 成本	■ 实时信息
■ 许可证成本	■ 使用支付

图1-14 信息技术和通信技术的示例转变

在增强现实领域，弗劳恩霍夫制造设计和自动化研究所也研发出了多种解决方案。当然，其他机构也有许多不同的解决方案。这些方案中会加入与主题相关的其他信息，并在维护方面尤其有用，例如故障搜索：在这种情况下，附加信息会以可视化的形式展示在显示板上。当然，这也可以支持学习过程中的机床工人。柏林工业大学工业生产管理研究所的 Günther Seliger 称其为"学习机器"[29]。基于此类应用的程序的增强现实,可以将普通机器变成学习机器,从而直接支持价值创造中的学习,并带来更大的灵活性。

1.4.4 小结

从工厂的角度看,这种架构变化实现了信息技术和通信技术中的示例变化,将不再存在集中的系统,而是基于云计算的分散系统,并连接到信息服务系统;也将不再存在传统软件套件,而一切都将基于应用程序,并以软件即服务的形式提供;也将不再存在高度集成的系统,集成将被通信所取代。如今,系统往往以自己的标准为基础,是非常单一的。未来,我们将有更好的开放性。因此,将不再存在许多由单一软件供应商提供的服务网和物联网,取而代之的是唯一的服务网和物联网。非常重要的是:我们将不会使用来自数据库中延迟的现实数据映像来规划流程,而是使用实时数据,因为上述做法至今还存在很大问题。信息物理系统技术使上述成为可能,并能降低成本。因此,将不需再支付高额的授权费用,计费方式改成了计时方式。一切皆服务,而只有使用的服务才需要付费。同时,软件的定制成本也会相应下降,因为基于这些应用程序的更高粒度才能使用户更灵活地做出调整。

1.5 第四次工业革命中市场推动迁移的成功

在工业 4.0 背景下,将技术和信息物理系统引入工业领域,会极大推动技术发展。工业是以需求为导向的,即动态管理的过程,也就是实现对"大脑"——理性层面和"腹部"——感性层面的应用。然而,在市场及现实商业模式中出现的应用,必然会催生有关市场和潜在需求。这样,可以使参与到市场中的企业变得透明,而在这种变化中进行投资是有意义的。这不仅是对新技术的投资,也是对新商业模式、新组织形式以及员工的投资。这一步应当预先考虑,同时也必须采取相应的准备。这也是这里提出对需求进行评估的原因,以及清晰地说明通过工业4.0可以挖掘的潜力。

1.5.1 潜在成本的评估

图1-15展示了不同的成本类别(库存成本、制造成本等),不同成本下的效果和相应潜力。显然,在几乎所有的领域,特别是在间接领域,存在着巨大的潜力。例如,库存成本可以减少30%~40%,因为人们在实时信息的基础上能最大限度地减少安全库存,尤其能够降低供应链中的牛鞭效应和伯比奇效应。

成本	影响	潜力
■ 库存成本	■ 减少安全库存 ■ 避免牛鞭效应和伯比奇效应	−30%~−40%
■ 生产成本	■ 提高设备综合效率 ■ 过程调节循环 ■ 改善纵向和横向人员灵活性	−10%~−20%
■ 物流成本	■ 提高自动化水平	−10%~−20%
■ 复杂性成本	■ 扩大功率范围 ■ 减少故障排除	−60%~−70%
■ 质量成本	■ 实时质量数据循环	−10%~−20%
■ 维护成本	■ 优化库存备件 ■ 基于状态的维护 ■ 动态优先级	−20%~−30%

图1-15 潜在成本的第一次评估

我们认为,生产成本也会明显下降,因为基于实时信息为基础的过程调节循环,机器的设备综合效率会进一步提高。

此外，还可以灵活优化各人员的工作安排，以此节省10%～20%的成本。同时，通过更高的自动化水平（自主运输系统等）可以降低物流成本，仓储成本也将相应下降。据保守估计，可能会节省10%～20%成本。

在复杂性成本中，我们看到了最大的潜能，工业4.0也立足于此。通常，复杂性成本产生于间接领域，并提高这些领域的生产率，避免大量浪费[30]。

例如，通过减少故障排除或扩展功率间隔，即雇用更多编外员工，可以节省60%～70%的成本，因为该群体是自我组织的。此外，在质量成本方面，也有节省的潜力。我们可以实时访问质量数据或跨公司交换质量数据，也可以建立实时调节循环，通过这种方式降低不同机构中的重复测试等。总而言之，可以使质量成本降低10%～20%。

此外，维护成本方面也存在巨大潜力。通过向以状态为导向的维护转换，备件的仓储管理也能够被优化，并提供信息物理系统作为服务。应用程序有助于区分维护区域的优先次序，首先为重要机器服务。当然，通过人们更好地准备以及增强现实更快地处理问题，也有助于缩短维护时间和费用[29]。因此，系统的修缮能更容易和更快地实现。所以，这方面存在着巨大的应用前景。

许多工业专家已经开始在企业里全面或部分实施工业4.0。他们证实，根据生产案例的复杂性，应用工业4.0方法和概念，企业生产率增长高达50%。

1.5.2 企业应对策略

工业4.0在企业当中的潜力评估最有效的是运用"应用案例"。首先，要整体考虑哪些应用案例对于企业应用情况是有意义的，并且能够通过工业4.0技术实现。应用案例应当分散给价值创造负责人来制定和实施，借助管理人员的高度责任感逐步应用。这与整体生产系统的引进有很大相似之处。

然而，企业现在该怎样具体地引进工业 4.0 呢？弗劳恩霍夫制造技术和自动化研究所开发了由七个步骤组成的过程，使企业能接近这一主题，同时将工业 4.0 技术运用在价值创造活动中，尤其是其生产系统当中。

1.6　总结

第四次工业革命的到来，引发了新的商业模式，我们正处于转变时期，许多行业也因此发生了巨大变化。对德国而言，这是德国保持制造业优势和扩大工业生产的大好机会。至今，机电系统（如机器、汽车……）等复杂产品仍是主要的工业领域。未来，我们需要更复杂产品来满足全球市场对于可持续、个性化和区域化方面的需求，同时能在全球竞争中创造价值。作为产品和生产手段，信息物理系统实现了对必要复杂性的创建和管理。在工业 4.0 环境下，系统分散性和自主性是实现生产率最大化的关键。信息物理系统将侧重于有价值的和关键的要素，并在实时数据联网和基于云计算的软件服务的帮助下，实现协同效应和规模效应。所有工业化经济体和跨国企业都在从事第四次工业革命的研究和实施工作。现在，未来生产系统的竞争已经开始了。

1.7　参考文献

[1] Diamond, J. 2005. Der Kollaps - Warum Gesellschaften überleben oder untergehen. Frankfurt: S. Fischer

[2] 1969. Sachwörterbuch der Geschichte Deutschlands und der deutschen Arbeiterbewegung. Berlin: Dietz

[3] Hahn, H.-W. 2005. Die industrielle Revolution in Deutschland. München: Oldenbourg

[4] Erber, G.; Hagemann, H. 2012. Deutschlands Wachstums- und Investitionsdynamik nach der globalen Finanzkrise. DIW Wochenbericht (46), S. 12-22
[5] VDMA (Hrsg.): Unsere Zukunft im Blick. Forschungspolitische Positionen. Frankfurt, 2012
[6] Sinn, H.- W. 2003. Der kranke Mann Europas. Rede am 15.11.2003, Stiftung Schloss Neuhardenberg
[7] McKinsey Global Institute (Ed.) 2012. Manufacturing the future: The next era of global growth and innovation. New York
[8] Statistisches Bundesamt, Wiesbaden 2012
[9] Konrad, K.A.; Zschäpitz, H. 2010. Schulden ohne Sühne. Warum der Absturz der Staatsfinanzen uns alle trifft, München, Beck
[10] McCormack, R. A. 2012. Obama Will Unveil $1-Billion National Manufacturing Innovation Network Initiative Based On Germany's Fraunhofer Institute. In: Manufacturing & Technology News 19 (32) http://www.manufacturingnews.com/news/national-network-for-manufacturing-innovation-228112.html (27.1.2014)
[11] Karas, H., Maddison, A. 2012. City Scope 2.0. Zitiert nach: Mc Kinsey Global Institute (Hrsg.:): Manufacturing the future: The next era of global growth and innovation. New York, 2012
[12] United Nations, Department of Economic and Social Affairs, Population Division 2012. World Urbanization Prospects: The 2011 Revision. CD-ROM Edition
[13] OECD 2013. African Outlook. ISBN: 9789264200531. http://www.oecd.org/berlin/publikationen/african-economic-outlook.htm (27.1.2014)
[14] Bardi, U. 2012. Plundering the Planet. The 33rd Report to the Club of Rome. Winterthur. http://www.clubofrome.org (27.1.2014)
[15] Pimm, S. 2001. The World According to Pimm. A Scientist Audits the Earth. Columbus, OH: McGraw-Hill
[16] Zhang, G.J.; Cai, M.; Hu, A.2013. Energy consumption and the unexplained winter warming over northern Asia and North America. Nature Climate Change 3, pp 466–470
[17] Bauernhansl, T. 2012. Wie der Wandel gelingt - Nachhaltigkeit als Treiber der Markt- und Ressourcenstrategie. In: Stuttgarter Impulse - Produktionstechnik für den Wandel FtK 2012. Vorträge zum Fertigungstechnischen Kolloquium am 25. und 26. September 2012 in Stuttgart. Stuttgart, S. 271-294
[18] Braungart, M.; Donough, W. 2008. Die nächste industrielle Revolution. Die Cradle to Cradle Community. Hamburg: Europäische Verlagsanstalt
[19] Manpower Group. 2013: Talent Shortage Survey. Düsseldorf http://www.manpowergroup.de/fileadmin/manpower.de/Download/MPG_TSS_2013.pdf (27.1.2014)
[20] Koren, Y. 2010. The Global Manufacturing Revolution. Product-Process-Business-Integration and reconfigurable Systems. Hoboken: Wiley
[21] Ashby, W.R.1956. An introduction to Cybernetics. New York: Wiley
[22] Warnecke, H.-J. (Hrsg.) 1995. Aufbruch zum Fraktalen Unternehmen: Praxisbeispiele für neues Denken und Handeln. Berlin: Springer
[23] tun Hompel, M. 2013. Software in der Logistik - Prozesse steuern mit Apps. München: Huss-. ISBN: 978-3-944281-04-9
[24] Metcalfesches Gesetz. 2013. Wikipedia, 27.3.2013. http://de.wikipedia.org/wiki/Metcalfesches_Gesetz (27.1.2014)

[25] Moore'sches Gesetz. 2013. Wikipedia, 27.3.2013.
http://de.wikipedia.org/wiki/Mooresches_Gesetz
[26] Ramasamy, E.; Dorow, B.; Dennerlein, F.; Blab, F.; Starker, F.; Schneider, U.; Röhrle, O., 2013. Simulationsgestützte Entwicklungsumgebung für Prothesenfüße. In: 8. Jahrestagung der Deutschen Gesellschaft für Biomechanik (DGfB),15.-17. Mai 2013, Neu-Ulm. Abstractband. Ulm. S. 126. URN urn:nbn:de:0011-n-2524307
[27] Bauernhansl, T. 2013. ARENA2036: Automotive production minus conveyor belt and takt time - A research factory for functionally integrated lightweight design. In: Agility in the Body Shop 2013: Strategic ramp-up management for a competitive advantage. Automotive Circle International, 10-11 July 2013, Berlin, Germany. Conference Proceedings. Hannover: Vincentz, S. 59--96
[28] Holtewert, P.; Wutzke, R.; Seidelmann, J.; Bauernhansl, T. 2013. Virtual Fort Knox - Federative, Secure and Cloud-based Platform for Manufacturing. Procedia CIRP 7 , S. 527-532
[29] Seliger, G. 2010. Globale Wertschöpfung nachhaltig gestalten. CKI-Fachkonferenz. From Green Technologies to Sustainable Solutions. TU Berlin, Berlin, 8. Juni 2010
[30] Bauernhansl, T. 2014 Advanced Complexity Management: Dealing with complexity in socio-technical systems. CIRP Annals Manufacturing Technology 63(8). Accepted

第 2 章

信息技术和自动化技术所面临的挑战和需求

Birgit Vogel-Heuser

2.1 引言

工业 4.0 的一个重要特征就是在工程及其实施中对数据进行聚集,这一过程一般都由不同项目、设施及其运行组成。为了说明它们之间的关系,在对网络物理系统(CPS)作了简短的概念解释后(其中 CPS 为生产自动化"工业 4.0"的基础),我们列出了 CPS 的一些特征,这些特征对"工业 4.0"的实现是必要的:

- 结构模型;
- 工程学和运行时间内的通信和数据普遍性;
- 智能产品和生产系统;
- 对于人的数据集成和数据处理。

结构模型和通信是智能生产系统的前提条件。在智能生产系统中,现有的大量数据必须为工程师和操作人员提供有效帮助,这样,这些数据才是有意义的,并且有助于设备的使用。

下面我们通过一个例子来深入讲解这四个特征,并构建起本书不同章节之间的关系。

2.2 CPS 为"工业 4.0"带来了哪些可能

2012 年，德国国家与工程院名为"信息物理系统议程"的研究（Vogel-Heuser 等人，2012）将信息物理系统（即"工业 4.0"的基础）定义为嵌入式系统，其特征如下：
- 借助传感器直接检测物理数据，并借助执行器作用于物理过程；
- 数据分析和存储，并在此基础上，主动或被动地与物理和数字世界相互作用；
- 通过数字网相互连接，既可以是无线连接，也可以是有线连接，既可以是局域网，也可以是全球网络；
- 利用全球可用的数据和服务；
- 具有一系列多模的人机界面，并为通信和控制提供不同的和专业的可能性，例如语言和手势。

人们通常将 CPS 理解为通过异构且来源于消费市场的随意硬件或软件单元（Delsing，2012），代替典型结构和自动化设备。这种设备整合方式生命周期短，不遵循自动化技术原则，为现有设备整合提出了很大的挑战（特别是在要求边界条件的情况下）。例如：在设备运行期间进行整合；保障设备安全运行几十年。

几十年来，"自动化金字塔"被看作自动化技术的信息模型。这种以平面为导向的"自动化金字塔"已经被"自动化空竹"所代替（见图 2-1，右）。在"自动化空竹"中，自动化技术平面已经被废除了，而这些平面通过信息模型和制造执行系统层连接。"自动化空竹"与以平面为导向的 CPS 模型（见图 2-1，左)的比较清楚地说明了两个模型的区别。

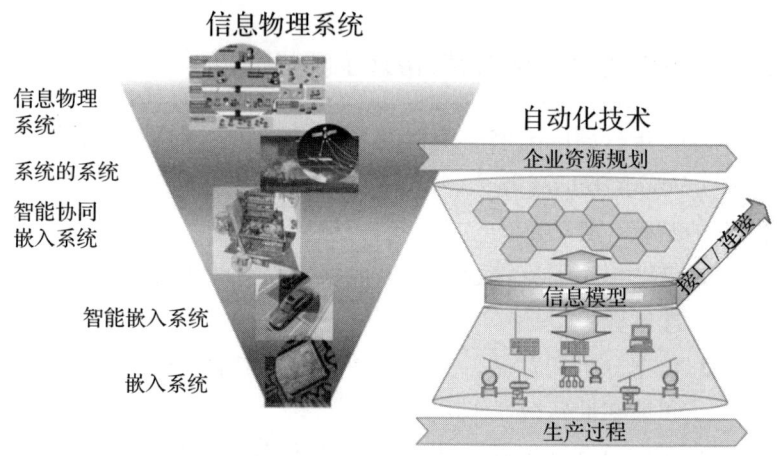

图 2-1　信息物理系统层（左）和自动化空竹（右）的对比（Vogel-Heuser、Diedrich、Broy，2013）

当自动化技术包含技术流程和流程动态时，信息物理系统通常从传感器和执行器开始，也就是说，传感器和执行器的数据形成信息流，并以当前离散的二进制数据形式存在。

信息物理系统层不仅延伸到了企业资源计划层上，而且还通过互联网或内联网，将不同制造商和运营商的各种各样的系统整合起来。

然而，目前在自动化技术空竹和制造执行系统最高层面的自动化技术领域，广泛联网这一步几乎还没有实现。在一些大公司中，数以百计的信息系统依旧并立存在，这些系统只有在一定的条件下才会相互连接，而且即使连接了，也会由于不同的语义，而经常无法实现数据整合。

在基于模型的自动化产品和设备的设计与运行方面，自动化技术具有多年的经验，包括技术流程和技术经验，并且能够识别这些系统抽象的限制。因此，以信息学为导向的信息物理系统方式，会在信息物理系统作为"工业4.0"的基础实现时而获益。

信息学方法已经运用到自动化技术中。在信息物理系统渗透的过程中，它的投入会发生改变或者进一步扩大。为了使信息学方法能够成功地应用到自动化技术中，它在这一技术上的适应性是一个先决条件。在不同的章节中我们会对这些信息学方法的案列进行讨论。

2.3 信息物理系统必须为"工业4.0"做些什么

在德国国家科学与工程院对信息物理系统研究制定的框架内，对生产自动化进行了一个详细的需求分析，并且确定了信息物理系统的技术特征，也就是现在所谓的信息物理生产系统（见图2-2）。

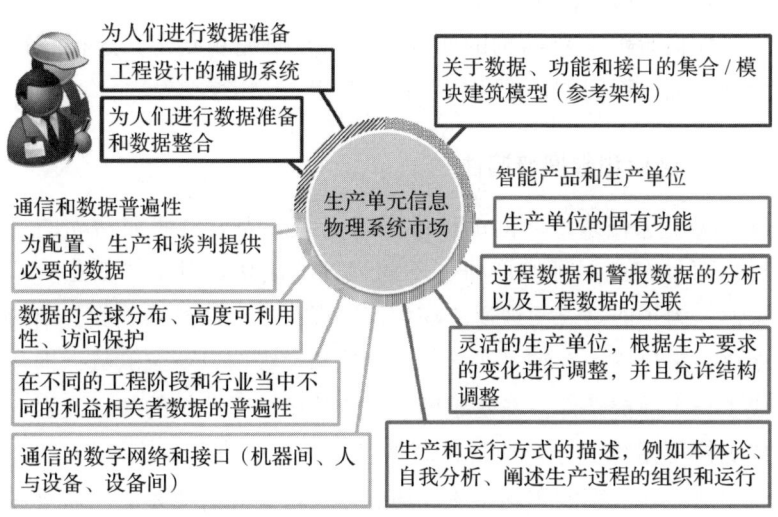

图2-2 信息物理系统生产自动化的技术特征（借鉴Vogel-Heuser等，2012）

作为生产自动化和为生产而建立的 CPS 市场中 CPS 主要技术特征、结构模型、通信和数据普遍性以及在此基础上建立的智能产品，智能生产单元和个人的数据准备，这些都要被识别。接下来将会详细讨论这四个特征。

2.3.1 结构模型（参考模型）

为了能够在要求的边界条件下（上文已经阐明过）使用不同结构的异构设备，还要进行额外的操作。这种可以通过代理交换信息、以服务为导向的结构所合适的解决方式，只需要最低的标准化。设备组件和机器的能力可以通过代理表现出来，对于不同机器或设备，这些能力可以为其专门地设计并生效，对于面向代理云平台，它们也可以封装并提供服务和机器或提供设备特征。就像 3.4 节所要求的，对接收订单的询问是通过信息完成的。因此，在不同供应商平台（机器、设备）上接口的实现，以及迁移概念可以轻而易举地完成。

异构系统参考结构的研发目前正在研究和制定，这样在很大程度上，不同的标准化方法被代替了。

2.3.2 通信和数据普遍性

实现工程系统之间的标准接口已经成为大量研究活动的目标，而且在应用领域取得了不同程度的成功。对于"工业 4.0"来说，为了能够灵活地反应在生产过程以及在信息系统代替中的变化，来自工程系统、运行时间系统和上级信息系统的数据耦合成了一个前提条件。在基于模型的方法中，新系统的每一次引入或更换不用重启一个项目，而是通过所有的信息系统和生产线，一次建立要观察的车间系统。通过建立定义好的业务流程以及对模型的调整，可以记录下持续的变化。这样，在实际运行之前，可以模拟不同的流程（Vogel-Heuser，2013）。

这些模型不仅包括生产基础设施的结构，还包括相关信息系统及其接口的连接。当更换系统的时候，根据透明的数据结构和功能（这些是由通用和特定的模型完成的），在写入代码之前就可以找到一个替代策略。为了划分不同的企业层面（MES，ERP，PLM）之间的"界限"，这种模型同样可以用于保障其相互之间的操作性。

由于全球队伍和分工，使得数据分布在全球，因此有必要实现具有明确权限的多用户操作、更高的可用性和安全保障。后者在许多情况下还在发展和实施。现在数字网络（无线）在一定程度上是自动化设备集成的成本问题。集成在传感器和执行器中的无线数据通信功能会产生一定的安全问题。人机通信无线设备的可用性使得在工作上依赖于固定地点的个人支持成为可能（见 2.3.4 节）。

2.3.3 智能产品和适应性智能生产单元

我们很容易提出对产品和生产单元智能化的要求，但有时候这些要求很难实现。在英语中，智能产品被描述为 smart products，它们知道自己所有的特征，例如知道如何被加工，或者它们和哪些其他产品（机器部件、设备）怎样连接。这也被称为它们内在的能力。对智能产品的描述是通过预先确定的属性以及产品自身来实现的。

模块化制造和通常基于模型的工程（MDE）被视为智能产品的先决条件（Wannagat，2010）。为了生产这些智能产品并对波动变化的生产要求做出反应，生产单元应当是灵活的，并在运营时间内具有适应性。在生产要求变化时，它们也应能够做出结构性的变化。这似乎是不可能的。一个简单的实例就能说明这样的要求：在生产带巧克力球的酸奶时，根据相关的市场调研，除了带有黑色微苦巧克力的巧克力球，现在还要生产带有白色巧克力的巧克力球。因此，在机器建造结构相同的第二站，加入了第二个生产步骤"填装2"。

现有的生产单元知道自己的能力。当需要一个新的能力"填充白巧克力球"时，就要对不同的生产单元提出要求：是否能够提供此项功能，是否还有余力。这些要求是通过信息发生的，且这些信息是在信息目录中定义的。凭借对所提供和需要的设备功能的比较，根据所选择的标准，如价格、交货时间、节约资源等，可以选择合适的设备或者合适的设备部件。设备特性的比较是依据其本身的特征进行的。

在当前的场景中（见图2-3），新站已经成为设备的一部分，并且之前同样填充黑巧克力球。因为球的直径和属性是一样的，第二站可以直接填充白巧克力球，并完成订单。为了这种新酸奶，工作站必须依次运来酸奶杯。如果白巧克力球在分离的过程中需要改变气压或者另一个直径，那么就要改变参数或者改变巧克力球分拣单元的结构。在这一概念中，代理要承受哪些任务呢？这些设备组件是建立在不同的互不兼容的控制上，且其控制只通过互联网/内联网相互连接，而不是通过共同的总线系统。这些填充巧克力球的站台将由代理负责，它了解设备的能力，并且能够根据要求决定设备是否能够并希望生产这个订单。因此，许多信息存放在云端，有不同的、可访问的站点，以及可使用的服务和通信允许的信息。代理构建了从设备或部分设备到代理网络的接口。该方法以很好的方式支持迁移计划，因为现有的设备能够以已安装的方式存在。接口（即代理）能在任何平台上安装，且设备提供的能力和服务必须能够进行通信。而设备本身要保持独立。

第 2 章 信息技术和自动化技术所面临的挑战和需求

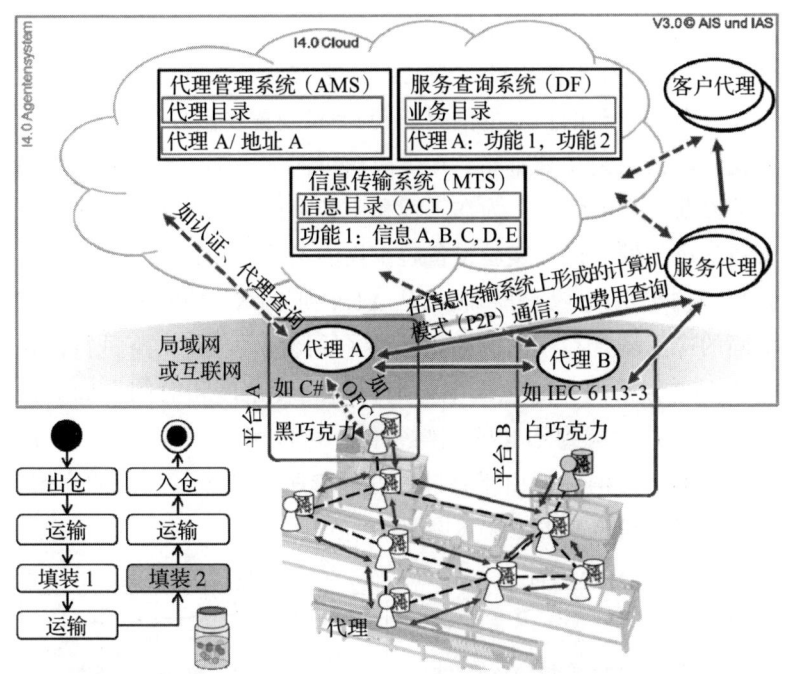

图 2-3 酸奶生产设备通过代理的自适应

智能产品和智能生产单元还具备自我监测的能力，也就是说，如果必要的话，会自我诊断质量波动、测量误差等，并且做出相应的补偿。关于生产单元，即机械零件、机器或设备，有必要将运行期间的过程、警报和操作数据记录下来，理想情况下，在运行中进行评估，并直接用于运行的提高。这种和工程数据的结合，如数据表或者测量、控制和调节点之间的联系，使人们能够及早地识别危急情况，如有必要可以避免（Folmer，2013），并为操作者提供替代措施。人们可以将"自我修复机器"理解为：识别危险状态，并为操作者提供应对措施或者措施建议，进而避免机器的危急情况和故障。

这些都是基于数据挖掘的方法，用当今的术语概括为"大数据"。在消息存档的内部，借助统计学方法（如重复报警顺序的频率分布和与时间相关的因果原则），找到重复出现的消息顺序，以找到出错原因及其影响。在供应商机器的内部，对机器群和模块群诊断信息的评估，为在工程和服务上模块的改善提供了一个有趣的可能性。这在实验设备起重机的实例中非常明显，即将不同型号的起重机（型号和版本从 A1.x 到 G1.x）的旋转运动，在不同的应用场合和不同的应用条件（如湿度和温度）下进行比较是必要的。根据对起重机电力消耗与旋转角度和时间之间关系的评估，并考虑到不同的气候条件，可以确定一种相关性。产生较高的电力消耗是由于各部件间的膨胀而产生了较高的摩擦，以及传感器和电机的老化（见图 2-4 左下）。

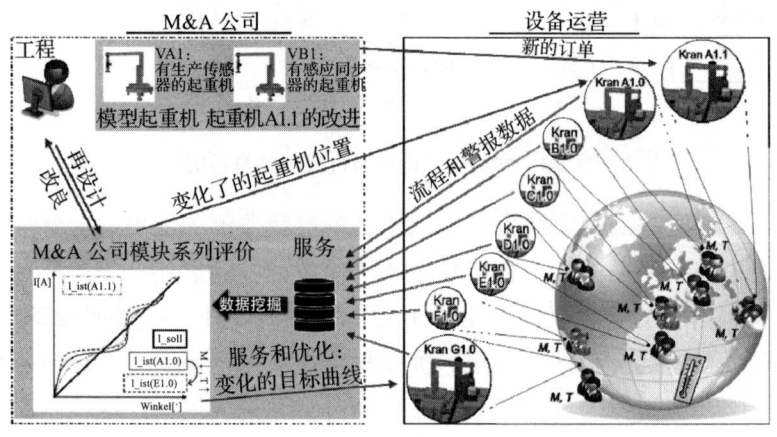

图 2-4　机器群的进化和分析

对起重机不同工作场地的数据分析，一方面为服务提供了可能性，即为不同安装位置的控制软件设置不同的电力理论值，另一方面，也为设备改建时改变起重机的配置提供了可能，而且对于新型号起重机（D1.1）的布局可以使用所有的数据。

2.3.4 人员的信息收集与准备

当前即使整合了所有的数据，主要的挑战仍然是，将数据以合适的形式提供给人们使用。这不仅适用于通过辅助系统的工程支持，同样还可以为在一个生产单元或运行设备内的操作人员、维修人员或运行人员提供大量的数据。因此，不仅要显示当前所有的数据，而且要确立它们之间的关系。这些数据应当被过滤、收集，并在其相互关系内描述为信息。这些信息应当为人们提供合适的互动形式，用于在信息中搜索，并由此得出合适的结论或者根据这些信息进行下一步处理。这些数据取决于人们刚刚完成的任务、人们在其中扮演的角色，以及要处理和呈现的环境和边缘信息，即考虑人们的个性化需求。个性化设置可能是不同年龄段的描述和互动概念，同样取决于对移动设备的经验或接受程度。其中根据谢里丹的观点，不仅要设计自适应系统，而且要使之成为自适应系统（Sheridan，2011）。为了清楚地说明可能的信息整合，人们对维修场景进行了观察。

下面是一个机械师的信息，他作为值班班长，主要负责设备维护工作，他有弱视、红绿色盲，并且厌恶移动设备。这个例子很典型地解释了个人与环境和角色相关的工程数据的整合（见图 2-5）。

这个人是机械师和值班班长，作为班长，他必须为在其办公室上班的员工准备计划，为此他必须制定设备维护计划，以及可以由他安排的员工人事规划。如果必要的话，他可以根据员工病假情况或者设备故障，重新调整计划。当他在控制室内日常监管时，发现了一个流程数据的错误，他自己要进行这个维修任务：尽管加热阀开到了最大而且运行温度也足够高了，但是设备运行的温度还是没有达到预定值。首先，他进行了故障识别，通过前后测试加热阀，确定了压力差过小。接着他检测了加热阀的运行时间以及其他相同型号加热阀的故障率,但结果并不明显。因此,他必须亲自去设备现场,获得第一手资料。首先,根据计算机上的工程数据、执行器计划和设备布局,查明了加热阀的安装位置。在设备外面,他进行了目视检测,然后检测了加热阀前面的过滤器的污染情况,并确定过滤器被堵塞了。他和设备操作者一起检测了在更换过滤器时,短时间内没有加热电路,设备是否还能继续运行。加热电路被切断了,阀门也被清洗干净。在准备更换过滤器时,移动设备上的维修手册可以供他参考使用,还可以利用流程数据(温度、阀门的前后压力)辅助工作。

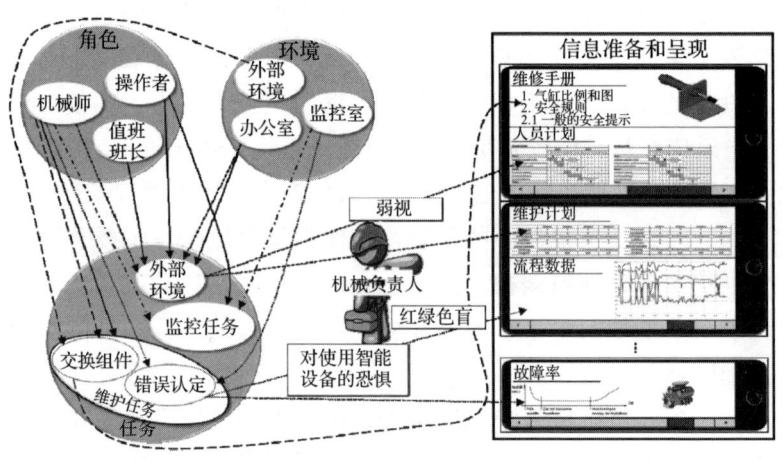

图 2-5　特定使用环境的信息聚合

由于他弱视,显示器要使用更大的字体,并且不使用红色或绿色(自动的颜色调整)。由于他害怕使用敏感的移动设备会犯一些错误,所以在做出改变之前,都要求他对要执行的行动进行确认。因此,在进行外部阀门的开关动作时,他必须确认每一个动作,以获得更加精确的执行,但操作时间变长了。此外，员工可以选择自行设置，并根据自己的意愿调整设备和软件。

2.4 参考文献

acatech (Hrsg.): Cyber-Physical Systems - Innovationsmotor für Mobilität, Gesundheit, Energie und Produktion. In: acatech POSITION, Springer Verlag 2011 – Band 11.

Allen L V, Tilbury D M (2012) Anomaly Detection Using Model Generation for Event-Based Systems without a Preexisting Formal Model. IEEE Transactions on Systems, Man and Cybernetics, Part A: Systems and Humans 42(3):654-668. doi:10.1109/TSMCA.2011.2170418

AutomationML: https://www.automationml.org/o.red.c/home.html

Broy M (2010) Cyber-Physical Systems. Innovation durch-Software-Intensive Eingebettete Systeme. In: Broy M (Hrsg) acatech diskutiert, Springer-Verlag, Berlin, Heidelberg

CAEX. https://www.automationml.org/o.red/uploads/dateien/1375858464-AutomationML%20Whitepaper%20Part%201%20%20AutomationML%20Architecture%20V2.2.pdf. Zugegriffen 09. Januar 2014

Delsing J, Rosenqvist F, Carlsson O, Colombo A W, Bangemann T (2012) Migration of Industrial Process Control Systems into Service Oriented Architecture. IECON 2012-38th Annual Conference on IEEE Industrial Electronics Society: 5786-5792. doi:10.1109/IECON.2012.6389039

Döbrich U, Heidel R (2013) Modell zur Beschreibung cyber-physischer Systeme: Modellierung mit Merkmalen unterstützt Industrie 4.0. atp edition 55(12): 38-45

Folmer J, Vogel-Heuser B (2013) Computing Dependent Industrial Alarms for Alarm Flood Reduction. In: Transactions on Systems, Signals and Devices (TSSD) 8(1): 1-20, Shaker Verlag, München

Mahulea C, Seatzu C, Cabasino M P, Silva M (2012) Fault Diagnosis of Discrete-Event Systems Using Continuous Petri Nets. IEEE Transactions On Systems, Man and Cybernetic, Part A: Systems and Humans 42(4):970-984. doi:10.1109/TSMCA.2012.2183358

Nagl M, Marquardt W (Hrsg) (2008) Collaborative and Distributed Chemical Engineering. From Understanding to Substantial Design Process Support: Results of the IMPROVE Project (Vol. 4970). Springer

Sheridan T B (2011) Adaptive Automation, Level of Automation, Allocation Authority, Supervisory Control, and Adaptive Control: Distinctions and Modes of Adaptation. IEEE Transactions on Systems, Man and Cybernetics, Part A: Systems and Humans 41(4):662-667. doi:10.1109/TSMCA.2010.2093888

Vogel-Heuser B, Bayrak G, Frank U (2012) Forschungsfragen in „Produktionsautomatisierung der Zukunft". In: acatech MATERIALIEN, München. http://www.acatech.de/fileadmin/user_upload/Baumstruktur_nach_Website/Acatech/root/de/Publikationen/Materialien/acatech_Materialband_Nr15_WEB.pdf.

Vogel-Heuser B, Diedrich C, Broy M (2013) Anforderungen an CPS aus Sicht der Automatisierungstechnik. Automatisierungstechnik (at) 61(10): 669–676.

doi:10.1524/auto.2013.0061

Vogel-Heuser B, Feiz-Marzoughi B (2013) Datenkopplung mittels UML-Modellen - Engineering- und IT-Systeme für Industrie 4.0 vernetzen. atp edition 55(12):26-37

Vogel-Heuser B, Kegel G, Bender K, Wucherer K (2009) Global Information Architecture for Industrial Automation. Automatisierungstechnische Praxis (atp) 51(1): 108-115, Oldenbourg-Verlag, München

Vogel-Heuser B, Legat C, Folmer J (2014) Researching Evolution in Industrial Plant Automation: Scenarios and Documentation of the Pick and Place Unit. Technischer Bericht. TUM-AIS-TR-01-14-02

Wannagat A (2010) Entwicklung und Evaluation agentenorientierter Automatisierungssysteme zur Erhöhung der Flexibilität und Zuverlässigkeit von Produktionsanlagen. Dissertation, Technische Universität München

第 3 章

工业 4.0 生产案例
西门子 Amberg 电气工厂

Karl-Heinz Büttner

Ulrich Brück

3.1 安贝格电子工厂（EWA）

Simatic 是西门子自动化系列产品品牌的统称，涵盖了自动化技术、控制技术和制造执行系统（MES）领域，并将最初的可编程逻辑控制器（SPS）扩展成综合自动化系统。自动化设备和人机接口实现了从控制到生产控制，包括衍生工艺软件的全集成自动化（TIA）。凭借自动化技术，每年大约 1000 个工人在约为 10000 平方米的生产车间就能制造出 30 亿个机械零件。以下数据展示了西门子安贝格电子工厂的生产力：工艺质量达标率高达 99.99%；只需 24 小时就为全球 60000 客户提供 1000 多种产品；2013 年引进 3 大系列新产品；平均每年更新 20% 的生产设备。

3.1.1 愿景和战略

随着全球自动化程度的不断提高，产品技术和生产技术的创新性解决方案将面临更大的挑战,其中一个挑战是产品多样性和个性化定制需求不断增加。为了更好地迎接挑战,在与客户及合作伙伴的沟通中阐述愿景和战略,并在今后的讨论和报告中不断提及,使战略和愿景存在于工厂的各个角落,以此来激励和指引员工。其所述如下:为客户创造完美的产品。

图 3-1　自动化控制示例:西门子 Simatic 系列 PLC 和 HMI 软件

战略:
- ❏ 质量第一
- ❏ 供货期短
- ❏ 创新、可持续和企业文化

所有员工都应该知道,我们力争为客户做到完美,并为 Simatic 控制系统推导出对应战略,以形成高质量、供货迅捷、创新力强、可持续性好的企业文化。这些战略因素只有通过每个员工的努力才能实现,企业文化标志,如工厂为员工设置符合人体学优化设计的工作过程和工作岗位,或是寻求解决方案而不是追究责任,这些都与长远的战略细节息息相关。

企业的核心竞争力体现在以下所有过程:持续改进产品质量和工艺质量、缩短供货期,不断创新产品和技术。同时,目标协议和战略性项目来源于企业愿景和策略。

3.1.2　工业 4.0 提供的挑战解决方案

工业 4.0 关键领域是与合作伙伴、供应商以及客户的横向数

第3章 工业4.0生产案例

据一致性,以及组织内部从研发到产品的纵向数据一致性。而各个操作领域是在生产中创建信息物理系统。这意味着物理对象会得到一个标识(尽管会受到限制)。例如,RFID芯片或迷你计算机通过实时传输和储存的数据生成条形码,被标识的对象包括工厂里的集装箱、储物箱、产品和机器等。因此,我们建立了自主活动和角色决策的基础,以及环境与人们之间的相互联系。工业4.0的优势在于,识别和通信的技术基础不断改善。因此,在实践中,需要简单和快速地引入信息物理系统的综合基础设施。我们追求的战略是:满足客户需求并做到完美。

对企业来说,工业4.0连同上述领域是其所要面临的挑战,尤其是在各个层面上不断增加的通信成本。在工业4.0的基础上寻求解决问题的方案。

数字企业中工业4.0的解决办法是,从生产的角度,将虚拟世界与现实世界融为一体。这意味着,一方面,物理对象不断变化,这些对象的所有变化都被实时记录,并将这些所需要的数据,如订单、技术规格和质量保证上传到网上;另一方面,生成的操作数据是根据实时事件实时完成的,例如,步骤(n)操作数据快速地提供给步骤(n+1),来确保前置任务的工作步骤已达到所要求的质量水平。因此,完成通信路线和取得自我组织能力的主要任务可用工业4.0标准来解决。这一点可以从已经实现的基于网络标准的在机连接、编码和识别系统、人机交互等对话表层中看出。因此,需要扩大现有的标识和通信结构,并辅以自主管理系统。工业环境中的"舞台",如产品、材料和机器,通过配备小型和微型计算机可以彼此通信并自主决策,它们在未来将变得越来越"智能"。通过物体相互之间以及主计算机之间日益增强的通信能力,融合度、过程设计及职位设计的自由度也将不断增加。

面向不同层次的通信解决方案越来越多。现今，算法仍主要取决于计算机层面。部分算法和待下的决策会分散到各个微型计算机上，因此，增加的通信量仅停留在较低的层面，这些可以在微型计算机中更加方便快捷地完成，这样，只有更少的参数传递到各个级别，减轻了主控制系统的压力。例如，在自动产品运输中，"运输控制"可以完全依靠最低层面完成，而不需要主控制系统的参与。

工业 4.0 的另一解决方案是快速获得信息，从而促进合作文化，以此激励每个员工重视工作整体性，因为定义横向和纵向集成标准是通过跨进程团队和工作流使用相同数据和统一术语来达成的，所以产品营销、研发、生产、销售和产品知识反馈之间能持续有效地沟通。在纵向集成方面，西门子使用了 Teamcenter 软件作为支撑，结合基于网络的对话和低级别的服务接口。无论是在流程开发还是流程执行中，员工可以通过快速获取的信息更快地做出相应决策。通过操作的高度透明化（如订单、资源、质量状态），工业 4.0 极大地补充了员工（如程序、产品、技术等方面）的基本知识。

因此，我们使用相应的战略来达到"为客户做到完美"的目标，并享受工业 4.0 及其制定的标准带给我们的好处。

3.1.3 人是万物的尺度（普罗泰戈拉）

工作环境越符合人体工程学，人们的工作效率就越高。只有与人有机结合，技术和工艺才能不断发展。数字企业需要将上述需求落实到不同的层面。

因此，企业需要优化各个阶层的工作环境。

在装配现场、设备操作和物流工作现场，机械自动化和信息自动化可以使人们从物理的重负中解脱出来，从而将精力放在了解如何将零部件归类、操作 NC 编程和下指令上。

对于工厂管理层，工业 4.0 能为其提供全面并且实时准确的信息，例如产品引进、技术引进、质量、设备利用率、人员规划等。对于不同的工厂管理阶层，电脑和手机已经在很大程度上取代了螺旋扳手。计算机应用于广泛的通信沟通，阅读报告，深入研究，拨打热线电话，充当条形码阅读器，甚至用来修复上述任务。

对于工程层面，为发展工艺、提高创新、实施创造力，需要通过符合人体工程学的现代通信工具来提供支持。工艺和信息的联网促进了规划和决策能力。工程已经实现了自动化工作流、网络服务、实时会议、看门狗等，并通过有效信息流提高了生产能力。

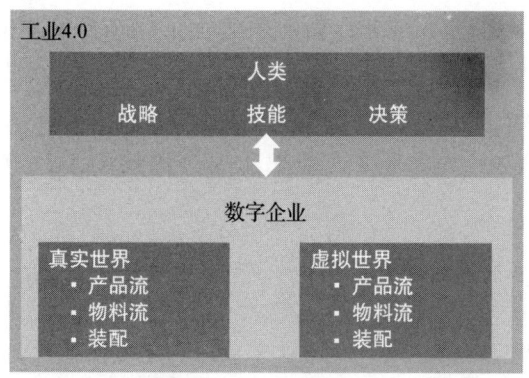

图 3-2　工业 4.0：人对数字企业设备的控制

对于所有层面，工业 4.0 能力如下：以工业 4.0 的能力模型为基础进行专业技能训练，包括对技术主题和数字化企业的全面理解、高度的个人责任感和动力。技术主题包括自主使用现有的各种网络功能来管理质量，设备综合效率（OEE）和订单，掌握通信方法和工具，从最新信息中得到具体措施来进行自主决策。

3.1.4 质量第一

我们有责任保证提供给客户的产品功能和质量。因此,质量在我们的战略中处于核心地位,而战略逐渐成为一种目标协议。为保证质量需要商定具体的目标,如产品质量和工艺质量,更具体地说,即装配质量、焊接质量和组件质量。这些主要都是在自动测试系统上测量的,在线传输并报告给 Dpm-A(焊接接口每百万的缺陷率),如图 3-3 所示。此外,还有一些与质量相关的对象,如供应商、产品研发等。上述报告有助于发现漏洞并确定相关措施。措施可以是技术或产品的优化,或者与供应商共同协商的结果。这样,不同阶层的每个员工都能跨部门,以工艺和产品为导向不断改进工作质量,从而改善现有的质量文化。通过质量能力培训,员工能够评估自己的工作成果质量。此外,为支持这项训练,我们还建立了详细的实时质量体系,其质量记录覆盖超过 1000 个测量点,并为工作人员提供了所需信息的在线访问。2013 年,我们的产品和工艺质量的 Dpm-A 已经达到 12,也就是说,装配和焊接的缺陷率只有百万分之十二。

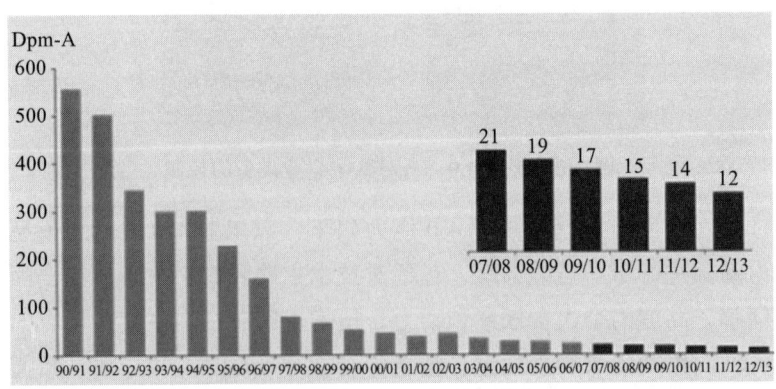

图 3-3　产品质量过程和工艺质量:质量保持 25 年每年增长 10%

随着战略、目标、质量文化依次推进，改善高工艺质量、高产品质量的影响因素，共同彰显"质量第一"理念。

3.2 生产自动化

3.2.1 自动化起点

产品自动化设计的基础是自动的、生产率和工业4.0。因此，如图3-4所示，科技研发创新、客户需求创新以及供应商的创新这三个重要信息流从一开始就汇聚在一起，它们的合作有效避免了由于信息滞后造成的事后返工。

我们的目标是：在满足客户要求、使用创新且经济的生产技术及使用创新且耐久性好的零部件的基础上，实现产品的整体优化。在产品定义阶段，与主要客户的产品研发合作伙伴关系确定了我们的研发是以客户为导向的。作为产品设计的一部分，质量第一的过程要素包括材料的联合风险分析和材料质量计划的创建。在研发过程中，材料质量计划不断地反馈生产经验，确保设计符合可制造性和可测性设计准则。图3-5展示了产品研发时应考虑的一大准则，即设计质量三角关系。

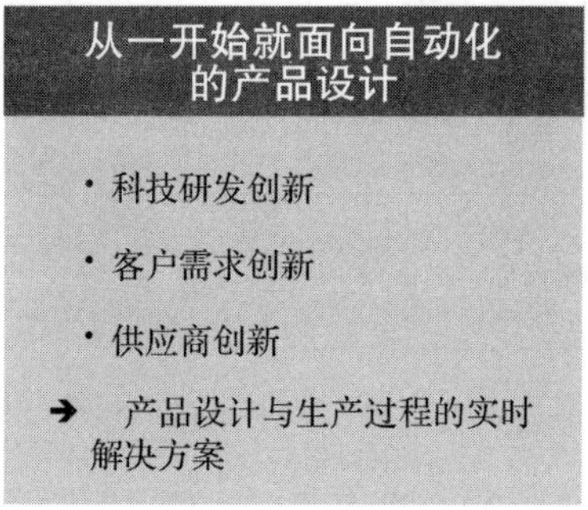

图 3-4　产品研发原则

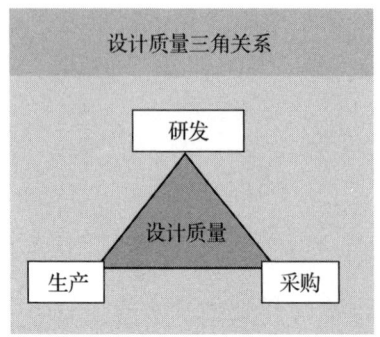

图 3-5　产品研发设计质量三角关系

3.2.2　纵向集成

纵向集成的主要部分涵盖了从产品研发、发展、加工到客户这一完整过程的信息技术（见图 3-6）。参与产品研发和生产过程的员工需要使用统一的术语数据库，因此，在研发和生产过程中应使用统一的语言进行沟通。

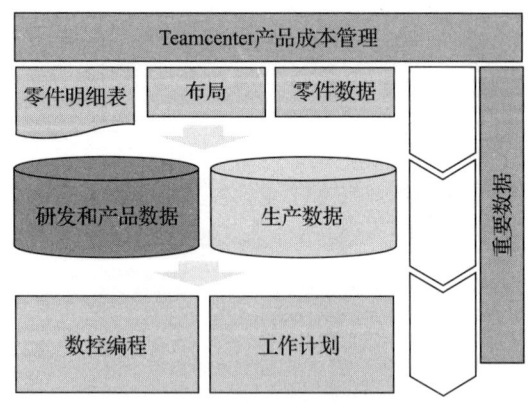

图 3-6　从产品研发、发展、加工到客户整个过程的信息技术

来自计算机辅助制造系统（CAM）与制造执行系统（MES）

第3章 工业4.0生产案例

的生产设计数据可以自动传输。MES和后续系统使用触发器为控制层面生成数据:零批量工作流,用于组装、测试、光学检测程序、激光标记、标签数据、自动工作计划生成、统一零件清单等数控程序。后续系统中的各种服务接口均基于网络,因此,能高度灵活地适用于各个用户。

数据传输的数量结构:

❏ 每天大约50个新的数控程序。

用于新产品、产品升级以及所有技术;用于网络服务表层的数据加工;用于所有过程步骤的术语统一。

在连续基础设施的基础上,程序自动生成(见图3-7)。

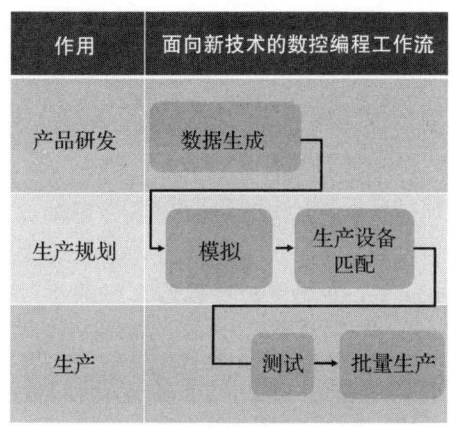

图3-7 NC编程生成

生产负责人主要了解新的NC程序。只有很小一部分程序需要请教机器专家。这些技术可以当场确定以何种形式来维持数据供给。产品程序的分类是由产品标识(条形码和电子标签)来控制的。同时,预计工业4.0能制定更多通用的标准,以便更好地识别和操作数据。

3.2.3 连续编码和识别

在基础设施中,操控器拥有最佳透明度。在数字工厂中,所有东西都能持续可识别,包括:所有产品、包装材料、运输容器、机械和设备以及重要的设备零件。例如,在"装配"技术中,组件的进给系统是连续编码并始终记录在案的。因此,现有的结构中存在不同的代码和电子标签,可以应用于机器控制和计算机,并作为传感器的标准。

测试结果、当前使用的数控程序、温度、制造商、处理时间等过程值都将被编码,上述范围涉及各个单独产品、包装材料、容器和设备等。这样,尽管实时记录的数据会迅速增加,但数据也因为信息技术基础设施变得更容易管理。将所有参数纳入考虑范围来识别对象,是生成所有所需报告的基础,上述报告可为所有层次级别的员工提供可靠的过程分析。

借助连续的编码我们能够做到以下方面(见图3-8和图3-9):

数据传输自动化:1)联网 2)明确的标识

数据收集自动化:1)操作数据和质量数据 2)生产周期

分类自动化:1)产品-数控编程-机器 2)产品-材料

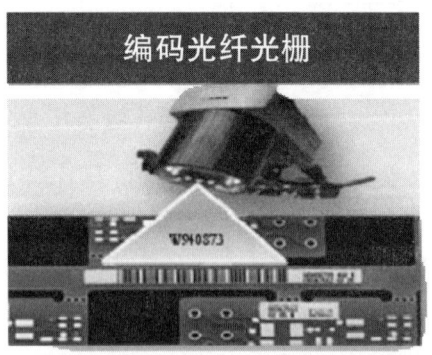

图3-8 产品条码:每个产品都有自己的标识,条码中存有相关数据

第 3 章　工业 4.0 生产案例

图 3-9　黄色储物箱条码收录完整的所有运动

3.2.4　产品的自主运动

应用不断提高的自主性的前提是：扩建灵活的系统链并提高其适应能力。例如，在运输物流中，会有多条线路可供选择，给自主运输集装箱提供决定空间。如图 3-10 所示为柔性生产线，不同的生产模块提供下一个加工步骤的产品，以便根据各自的情况选择。评判标准可以是：不同类型加工产品的数量、设备磨损最小化、材料可用性、相应的适配器和程序、产品模型的更改和维护等。

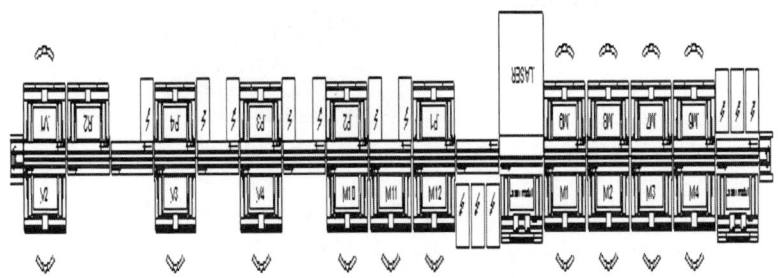

图 3-10　生产线上扩建的可交换生产模型，本机能自主决定是否将生产线上的产品输送到工作机

具备旁路功能的装配线有如下特点：
- 环绕性货架，贴有射频识别电子标签。
- 各个单站之间可以不间断地交换互动。
- 不同线路之间实现平行生产。

3.2.5　将小批量生产纳入工业 4.0

当每个产品能被单独识别和自动装配时，小批量生产就不会产生负面影响。如图 3-11 所示，前挡板的基本部件（超过 20 种不同类型）通过激光程序加工，它就能在装配线上直接被识别。工业 4.0 就是通过这种标准进行产品识别的。

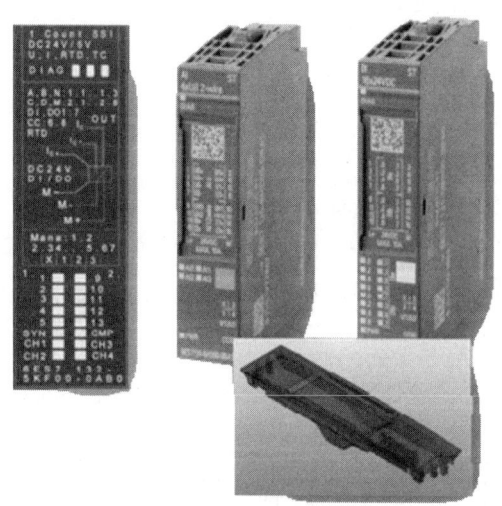

图 3-11　Just in Time 激光产品覆盖板

生产线上直接导致的偏差最新可能性（Just in Time）：
- 产品标记和内嵌 LED 灯的外显：新一代激光打磨；
- 前挡板的材料新发展（有两层油漆层和喷射性光导体的聚碳酸酯树脂）；

❑ CAD 提供激光打磨代替传统的机械重复性打磨。

上述方法降低了 80% 的材料损耗。多层产品覆盖板如图 3-12 所示。

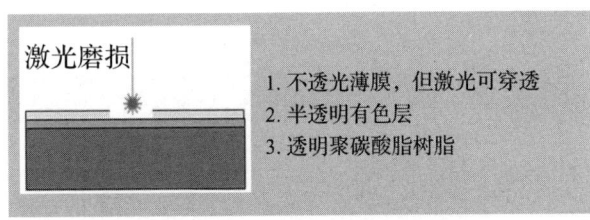

图 3-12　多层产品覆盖板

3.3　人机交互

3.3.1　所有联网机器配备 EWA 通信标准 Comesco

Comesco 指的是"连接制造执行系统控制"（Connectivity MES Control）。为了促进人和技术之间的工业交互、技术和技术间的信息共通，安贝格电子工厂（EWA）以 Comesco 为标准配置了全面的基础设施。图 3-13 展示了示意图结构：每台机器接口制造和配置是由设备机械工程师和信息技术人员实现的，还涉及控制器和计算机的操作系统标准。此外，Comesco 标准包含对于可编程控制器和计算机路线通信非常重要的功能，还应用开放式标准，如可扩展标记语言（XML）和传输控制协议（TCP）。在此基础上，所有的机器都是在线连接的，功能部分划分为应用功能和独立于应用的功能。

Comesco 特性如图 3-14 所示。

以网络服务为基础，生产设备与安贝格电子工厂信息技术系统的连接已经在内部实现了标准化，所需 Web 服务根据 IT 相关标准自动生成（见图 3-15）。由此产生的网络应用提供了以下功能：识别即将推出的产品、提供生命周期数据、实时回应客户要求、加载并分配 NC 数控程序、总结并传输过程和质量数据、在控制层和 MES 层进行通信。记录所有生成的电报，并且根据需求具体评估 Web 应用程序。

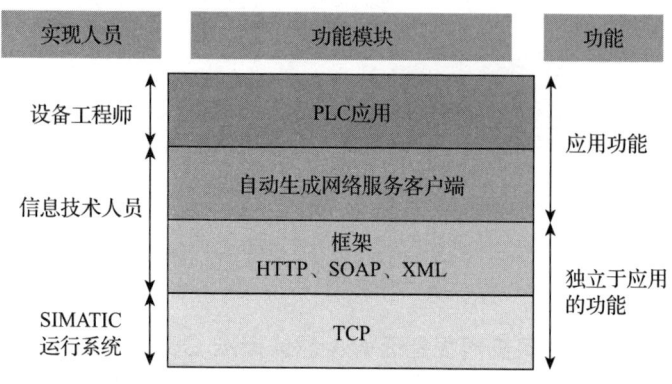

图 3-13　Comesco 标准的示意图结构

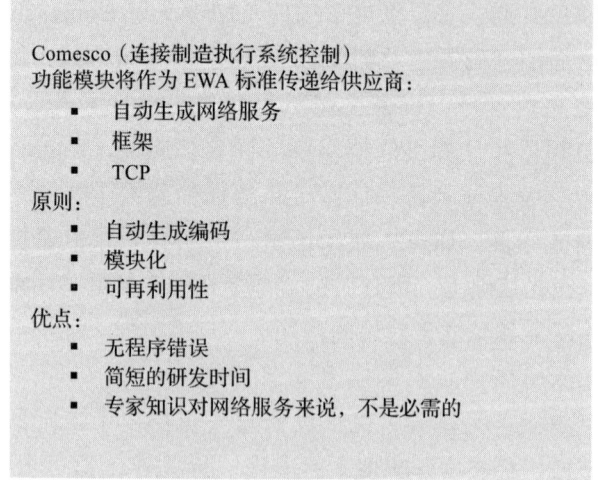

图 3-14　Comesco 特性

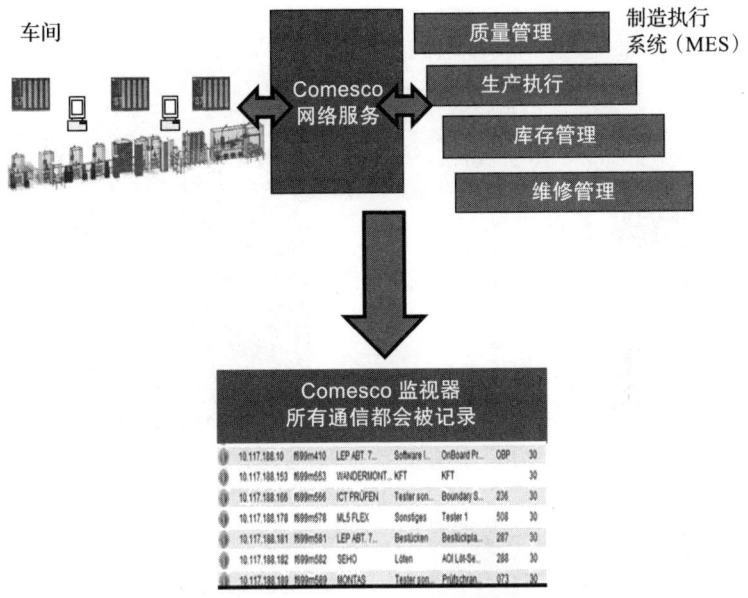

图 3-15 Comesco 标准是新机器供货协议的一部分，以便每台机器在交付后都能立即通信

3.3.2 增强现实——寻找和归类已成为过去

"增强现实"就是被信息化的照片。图 3-16 展示了集成电路板原始照片上的信息是如何在计算机辅助设计程序（CAD）中生成的。零件底部黑色方块展示了从 CAD 里提取的电极信息，那个点是制造商标志。测试人员确保来自 CAD 标识的电极与照片（方块上的点）的协调一致。因此，对于工作人员来说，掌握这些图片中的理论信息和实际信息，将图片有序地储存在大脑中，就变得轻松许多。此外，检测将不再受地点限制，测试人员可以在办公室或者家庭办公室进行，检测到的错误通过鼠标点击记录到电脑里。现在，这种"增强现实工作岗位"已经越来越普遍。无计算机辅助设计信息（CAD）的照片如图 3-17 所示。

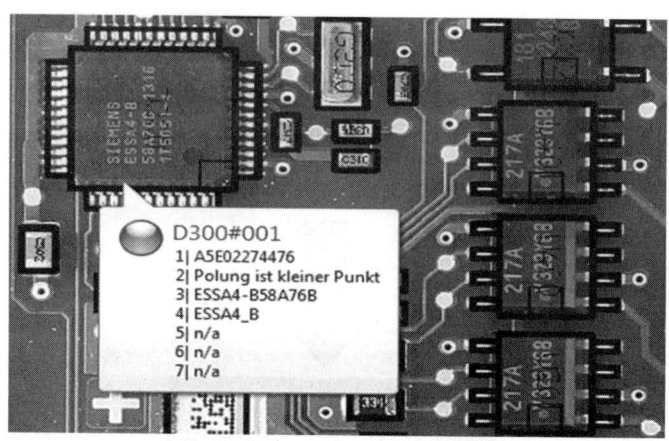

图 3-16 相机照片加"增强现实技术"

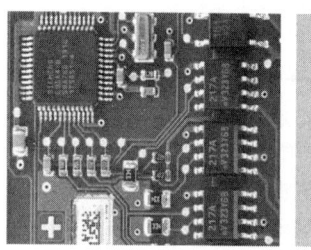

- 100% 实验台信息技术自动化
- 所有信息都可以访问
- 通过鼠标点击获取所有错误

图 3-17 无计算机辅助设计信息（CAD）的照片

3.4 生产中工作站的自动信息流

图 3-18 展示了一个信息自动化工作站。

通常情况下，机械自动化和信息自动化是同时实现的。而工业 4.0 具有一个显著优势，即没有机械自动化的信息工作站也能进行工作。在零批量或者小批量生产，甚至大批量生产中，上述工作站依然可以满足需求：对与变量相关的详细信息进行准确可靠的分类。

第3章　工业4.0生产案例

图3-18　信息自动化工作站

示例工作站的工作流程如图3-19所示：
- 产品通过工件载体供货，并通过条码识别。
- 识别启动后，通过所描述的服务向主计算机发送请求。
- 以毫秒为单位的响应包括：
  - 测试：验证经过完整性检验的生产简介是否符合工作计划。因为这些生产已经在之前的步骤中经历过识别和反馈，所以生产简介是完全可用的。
  - 下一步，该测试计划自动挑选并分类，然后在工作站进行处理和验证。
  - 与此同时，将装箱单显示在屏幕右侧并处理，单个包装组件的提取由光电开关监控。
  - 如果所有过程步骤和工作步骤都完成了，则打印标签。如果没有通过，那么这项任务将被锁住，并且不能打印标签。

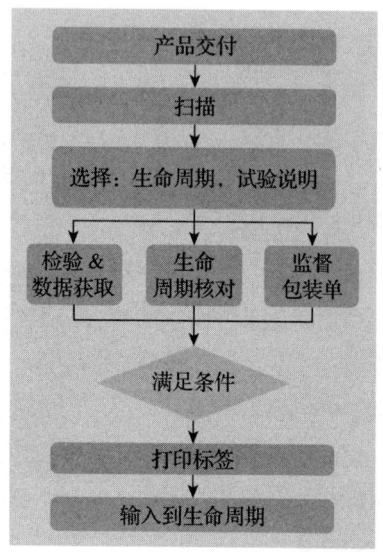

图 3-19 自动化工作站的过程图

如果信息自动化没有完成，那么这些工作步骤必须手动处理，工作人员将会非常繁忙。所以，员工认为信息自动化的工作站是非常有优势的，所有搜索和分类工作都可以自动完成，降低了个人出错率。在完全自动化的工作站，信息组件将被部分或全部地集成在一起。

3.5 数据挖掘

通过上述措施收集了大量的数据后，本节将介绍在实施工业4.0 计划的企业中，能将专业信息从数据库中挑选出来的方法示例。

在实际应用中，有许多不同的原则可用来进行数据挑选。

3.5.1 运行过程数据的自动评估——看门狗（监视器）原则

在这一原则中，数据库的上下限制被设定为数据库警戒线。

当数据超过警戒线范围时,负责人将会自动收到电子邮件。此类事件将会触发监视进程,直到问题解决后,程序才会关闭。

因此,对进程进行人工检测的方式或直接生成评估报告的方法已经被淘汰了。

3.5.2 深入使用鼠标——向下钻取原则

另一个原则就是所谓的向下钻取原则,即仅仅使用鼠标进行两次或三次单击,就能在预先设定的评价结构上得到最详细的所需信息。

图 3-20 和图 3-21 展示了所谓的向下钻取原理。在第一幅柱状图中,我们可以清楚地看到一个柱状截面,可以用鼠标单击,并遵循 ABC 分析原则。再一次点击,就会显示产品计划的生产装配地点,并且可以选择用彩色标记进一步查询的详细信息。

图 3-20 图像数据库原则、报告、设置限制与邮件推送

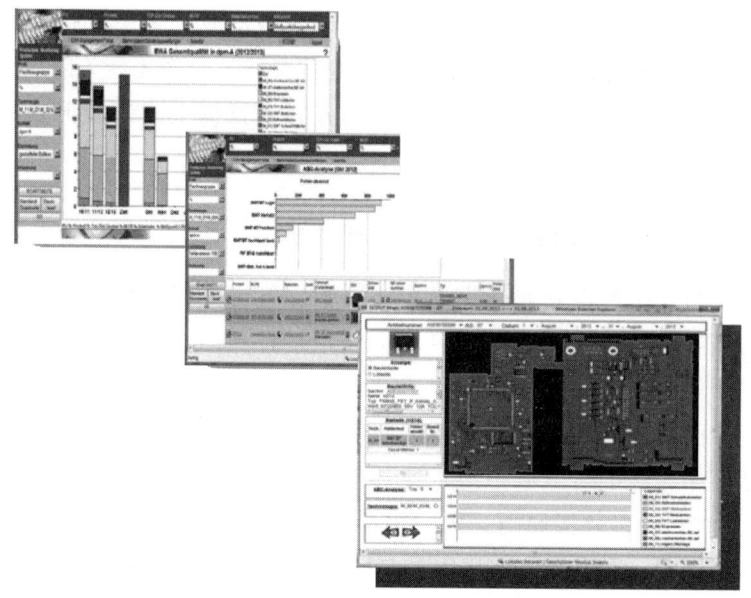

图 3-21 向下钻取快速查找详细信息的示例

3.5.3 所有工艺参数的评估——目标识别原则

另一个原则是通过已知的对象数据和生产简介数据识别对象和工作站。

对象可以被识别或者自己识别自己。根据工作站的不同，网络服务可以生成特定的请求，而请求的结果包含必需的数据，如 NC 程序、生成简介或质量信息。

3.6 吸取教训继续前进

数字企业中的实践经验具体如下。

人：

❑ 与工业 4.0 的通信环境连接以后，所有员工需要承担更多的个人责任。每个人都会接收更多的信息。这样就得到以下经验,员工将越来越能掌握媒体,越来越能够应对信息多样性,并认识到其正处于一个先进自主的工作环境。
- 人类掌握信息和信息技术。

❑ 应变能力增长:更多在线实时信息需要快速组合并快速反应处理。
- 人类掌握局面。

❑ 改变能力加强:技术创新和过程创新需要技能和动力。
- 人类掌握改变。

人类的经验:人们认识到,通信技术的迅速发展在私人生活和服务环境中是平行的。在这两个平行世界之中,激发了知识转移的可能性,特别是,因为学到的知识可以双向应用。

过程:

❑ 生产:过程将更加跨领域,接口将会逐渐消除,数据透明度将更加全面,因为通过纵向集成,部门间的界限逐渐消失并一起变得透明。
- 过程范围涵盖产品和技术的整体优化。

❑ 合作伙伴:例如供应商和客户,都结合了自动化数据流以及过程和技术的设计。
- 通过工业 4.0,过程焦点有所延伸,例如,与工业 4.0 之前相比,相关人员知道更多通过横向集成和纵向集成的可用信息。通过这种方式,在弄清楚供应问题时,他就知道合作部门已经采取了哪些措施或这些措施目前的状态如何。

❑ 物流:产品、包装材料和容器的分配及运输方面更加自主。
- 过程变得更加安全快速(如在处理更小规模批量时,由于种类更改,员工需要更频繁地重新定向。而通过工业 4.0 技术的自动分类,员工在分类时就能减轻负担)。

信息:
❑ 信息技术提供信息和结构。任何现有信息都是可用的。
- 信息技术能进行选择和分配。(如在固定相连的线路及在自动检查已加载的 NC 程序、部件和配适器时,通过对产品识别进行选择分类。)

❑ 信息技术使思考自动化。重复的要求能以更高的质量重新生产。
- 信息技术提高质量。

❑ 自主系统和服务相互通信。信息和算法在各个层面都能接收。
- 信息技术实现通信。

现状:

技术的现状需要进一步创新。所有的对象、产品、容器、包装材料和设备都被赋予标识。这些标识与实时信息一起存储,并可立即供进一步的处理步骤使用。不管是横向还是纵向,价值创造链都是连续的,并将进一步扩张细化。

结论 / 展望:

随着工业 4.0 的发展,人们期望延伸标准并提高标准的质量,以此实现过程的进一步透明和简化。例如,将来会减少集成计算机对象识别的研发,因为将会出现更多这样的技术。

对象的自主:

首先,与现在相比,对象之间的通信将提供更多功能。现在明显的优势是:能够只在底层处理物流数据(比如优先级、可用性、容量),不会给更高的计算机层造成负担。

第 4 章

实现工业 4.0
流程工业的机遇与效益

Thorsten Pöter

Jens Folmer

Birgit Vogel-Heuser

4.1 摘要

谈到自动化或传统的机器和设备制造，人们通常将工业 4.0 和 CPS（信息物理系统），或者 CPPS（信息物理生产系统），与制造业相联系。然而在流程工业中，工业 4.0 也带来了新的策略，例如柔性化生产或者维修支持等。

4.2 制造业中工业 4.0 的基础

CPS 和工业 4.0 常常与制造技术领域的智能产品和智能工厂等一同被提起，这是为了实现生产流程的柔性化以及优化由此产生的商业流程。信息和参数被集成到成品中，因此可以了解该产品是怎样加工及何时加工的。这些信息和参数被传送到生产线或机器上以优化生产流程。

这些方法正逐步应用到制造业中，这需要产品在批量生产或者流水作业制造过程中将信息提供给配件或配件载体。通信一体化的方法以及制造业通用数据用于维修、诊断和高柔性生产。因此智能生产可实现生产过程的柔性化和优化。

如今，工艺设备每年的产量从几克到上百万吨不等，同时生产过程也变得越来越复杂。像碾碎、干燥、过滤、蒸馏之类的基本操作，以及像氧化、氢化或聚合之类的化学反应，均采用新型生产方法。设备制造技术也与测量和管理技术结合。国际竞争使得多角度地评估和优化生产方法变得非常必要。除了产品质量，能源效率、二氧化碳排放量和可回收原料的应用领域也越来越重要。

在制药领域，FDA（美国食品与药品监督总局）和EMA（欧盟药品管理局）通过提升设计理念来改善质量。简而言之，就是包括生产过程在内的质量是可以被设计出来的，而不是在最终产品上检验出来的。理论上讲这样做会导致更少的质量问题。这意味着（对制造业也是如此）更强的在线分析方法网，能控制整体生产过程的波动。自动化程度会进一步提高：仿真和诊断方法变得更加重要并且切实可行。信息交换会变得更加广泛，而且速度很快，数据访问变得更为灵活。

生产创新的必要性一直被视为制造业的发展动力。比如，工业4.0环境下整个设备生命周期可视为一个透明过程，包括设备规划、设备制造、设备投产和设备运营。在数字工厂方面，按下按钮就生成训练模拟器，实现状态维护以及在工程、操作和维修中的功能性接口。其目标就是在不同车间（例如，工艺流程和工艺控制技术）以及生命周期各阶段（例如，包括基于传感器数据自动追加订货在内的工程和维护）之间，实现信息的跨学科透明交换。目前，MES（制造执行系统）和ERP（企业资源规

第 4 章　实现工业 4.0

划）系统内部不同层级和生产精益规划的透明信息交换，是通过工业 4.0 实现的，同时它还依赖于设备状态诊断。传统自动化金字塔等级的瓦解导致了更加扁平的、部分非结构化的系统结构（见图 4-1）。

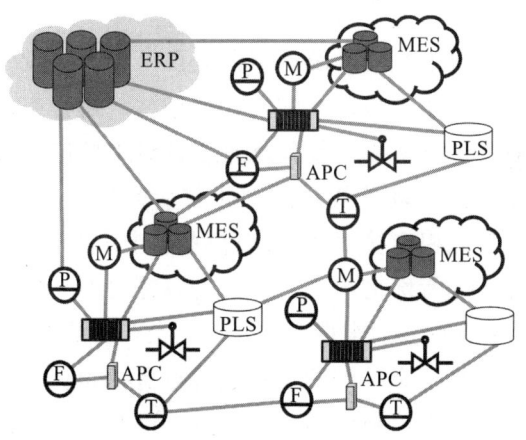

图 4-1　由扁平的信息结构代替自动化金字塔（APC：先进制造控制；MES：制造执行系统；ERP：企业资源规划）

在工艺流程中，辅助系统对于专家、设备操作者和维修人员都是有价值的。专家看重产品的信息，而这个产品可能是在多台设备上生产出来的。在处理产能不足的情况下，他们需要了解库存状态和待处理订单信息，并在必要时能够重新规划生产。专家知道哪台设备可以生产质量合格的产品，通知维修人员了解自动化设备的磨损情况，及早进行必要的设备更换并规划更适宜的维护时间间隔。

工艺流程的另一个作用是生产柔性化，这是通过自我配置组织的柔性生产设备、高度可用的信息服务以及超越企业极限的生产优化来实现的。重要的是工业 4.0 具有向下兼容性，也就是说现有工艺流程的生产系统可以移植到新系统中，即使这个工艺流程已使用了很多年。同时工业4.0使得系统的设备数据变得可解释、可综合。

4.3 应用场景"工艺流程中的数据综合"

在高度自动化的生产设备中，成百上千的测量值被记录下来，这些测量值通常是连续的。在一个生产过程中，通常使用500～2000个现场设备，大部分通过HART接口连接，只有很少一部分是通过现场总线系统，如现场总线PA或基础现场总线，与控制系统相连接。在生产过程控制中，只有在维护、调试、更换方式等特殊情况下，人为干预才是必要的。同时，生产分布在世界各地。通常情况下，只有企业资源规划（ERP）和其他的信息系统符合统一的企业内部业务流程标准。这种系统和流程的标准化在该领域是可实现的，而且让公司的全球化运作成为可能。与此相反，具有不同系统且依赖于地点的生产都是局部的、不均匀的，也可以说是过于简单的。此时，每一个生产企业都是一个独立的单元。

根据国际标准，多年来生产过程中的测量值已经被各个企业或工厂单独存档。此外，这些测量值连同相关信息（报警、警报、操作干预和特定设备信息）、生产过程参数、生产订单等，更多是在数以百计的通信系统（生产过程控制系统、资产管理系统、工程系统、MES系统和劳动力系统）中被收集并且进一步处理。如今，对这些独立数据的评估和综合可以确定潜在的附加信息（数据标准），优化设备运行，并改善设备和装置设计。这种更完善的生产过程预测减少了设备意外停工，相应地增加了设备的可用性，从而提高了产品竞争力。有时候在一个生产地点，会使用几百个不同的信息系统，这些系统并不都是安全的，但是它们大多还是集成在一起，而且在特定应用情况下可以访问数据。

4.4 设备制造商的观点

设备制造商方面通常很少提供详细的设备故障信息。数据可以说明设备的多样性。目前，市场上 Endress+Hauser 公司有 1800 种可供选择的产品，有 19 000 个相关文件，如操作说明。截至 2012 年，有总计约 1800 万个注册产品，且每月增长 23 万个产品，它们来自全球的大约 100 条生产线。Endress+Hauser 公司在服务方面继续扩展，并可在移动终端上访问各自设备信息（文献、备件）。这无疑对操作和维修人员来说是很有用的。目前，信息要回流到设备制造商，只能通过现场服务报告从语义上对文字的分析来实现。流程参数（包括运行介质和运行特征）和装载数据，以及那些通常反映失效原因的、与位置有关的环境影响信息，都没有现成的，设备制造商也无法获取这些数据。虽然，他们肯定希望获得每一个设备产品的典型数据，确切地说，希望获得与设备故障相关的关键生产过程数据。同时，工厂方面会对这些生产数据进行保护，因为这些数据往往也是技术数据或技术知识。唯一解决方案只能是在工厂、设备生产商和设备供应商，即规划人员之间达成一致协议（见图 4-2）。

我们所面临的挑战是，在保护好对设备使用方（工厂）敏感的数据时，还要同时考虑到这些与设备相关的生产过程数据对设备制造商同样必要并希望可以获取。除了机密和校准这些挑战外，还有另外两个挑战：一个是不同工厂的不同信息系统和自身不同的控制和信息系统连接；另一个是对不同工厂各自设备类型现有数据评估。在不同的工厂，相同设备类型之间也会产生不同的错误,这种错误取决于其生产过程和生产参数。在评估时,一方面来自不同设备和车间的同一设备类型的数据被收集;另一方面,基于不同生产过程的生产参数数据被记录下来。对于统计评估,在短时间内就会产生非常大的数据量,而这些数据也存在很大的离散性。设备数据的处理必须在对每个制造商和使用方(工厂)严格保密的情况下进行。

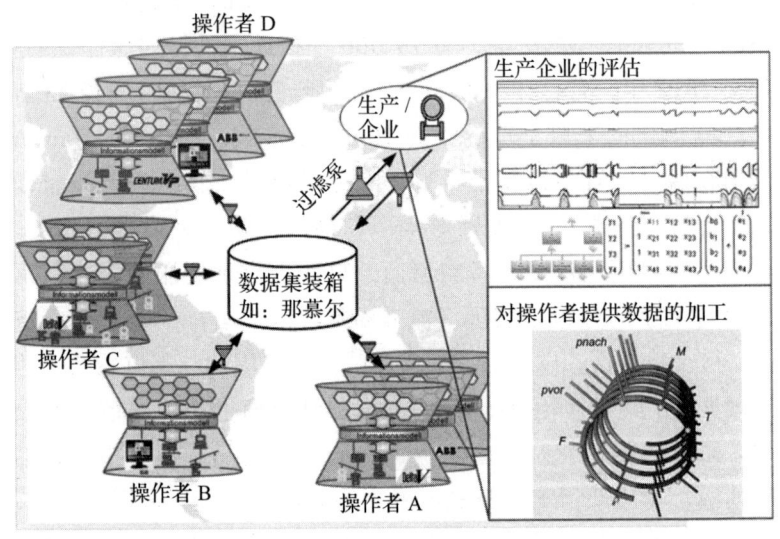

图 4-2　对不同设备和不同运营商抽象设备数据全面评估的要求

在设备生产中(见图 4-3),设备和设备数据(设备数据,也就是设备的生产过程数据以及相应的工艺条件),如温度和环境条件的结合使得设备能够自我监测、诊断以及在必要时通过媒介和相同的设备或同一类型的设备进行信息交换,从而找出错误。

这种方法是通过以服务为导向的和基于代理的方法实现的。例如,当泵出现故障时,诊断系统需要两个来源不同的信息系

第 4 章 实现工业 4.0

统的数据——来自工厂资产管理（PAM）的历史温度数据和来自流程管理系统（PLS）的当前温度数据——不必弄清楚 PAM 和 PLS 的具体实施细节，而是仅仅通过网络调用合适的服务程序，获得并反馈所期望的数据。在某些情况下，该诊断系统会调用服务程序，检阅 PLS 的当前温度和 PAM 的历史运行温度。这些服务程序还可以调用次一级服务程序，例如计算温度（计算平均值）。大量具有精确分辨率的数据记录可供该诊断系统使用，该系统可以智能地综合和评估数据，提取其中的有用信息。基于现有"数据挖掘"的新方法和算法可用于数据诊断，通过数据和获取的相关信息，使全自动化工作成为可能。

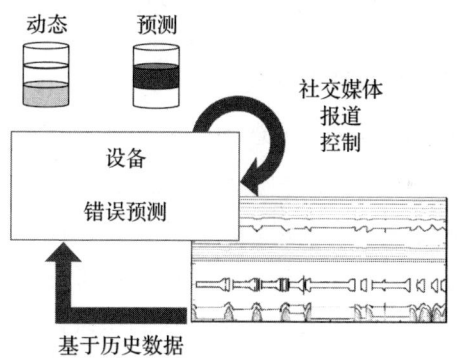

图 4-3 在某一地点，某一工厂（设备内部逻辑 -SW）为了预见错误，基于设备的数据评估和数据综合在设备外建立逻辑 / 规则，并且作为更新定期加载到设备上（软件补丁，数据挖掘）

迄今为止，数据综合缺乏跨地域、跨操作的人员和跨行业的信息交换，原因在于多元化信息系统是有限的逻辑网络。全球范围内，在工业 4.0 进程中跨越设备使用方（工厂）和制造商的横向与纵向的信息网络化，以及通过内联网实现不同信息系统的数据交换在技术上是可行的，但是必须考虑到知识产权的保护和安全等方面。装置、设备组件和整个设备能够通过互联网和内联网汇报自己的工作状态。装置和设备组件出现的错误可以传送给其他相同或同类型的装置以及设备组件，使得设备之间可以相互"学习"。参数安全的自动化接收是至关重要的，确切地说，数据交换只有在一定的条件下才是允许的。

4.5 技术和解决方案

接下来将讨论工业4.0基础的两种技术：网络结构及其交换形式，以及借助大数据和数据挖掘的故障检测与识别。

4.5.1 网络结构及其交换形式

对于信息系统的数据连接意味着独立的软件或独立的应用程序，可以拥有不同的框架结构。同时，伴随"数据连接"这一概念的，不仅仅是信息系统的物理连接，还有应用程序的连接与配合。为了实现物理连接，已经出现了许多相关技术。与此相对的基于ISO/OSI模式更高层次的系统配合尚未解决，即系统及其数据的逻辑配合。然而，这种不依赖于信息系统的逻辑配合也有各种优点。首先谈到的是简单的、快捷的和无错的数据交换。目前手工传输数据的地方，可以通过信息系统的连接，明显地实现简化。

现有的信息结构网络化以及由此获得的诊断功能，特别是在流程工业中，在至今为止的研究项目中很少涉及。欧盟项目RES-COM致力于通过高度连接和集成的传感执行系统对自动化资源保护的研究。然而该项目的重点不在于有序的信息系统的连接。在CPS、工业4.0和大数据领域，将由联邦信息技

第4章 实现工业4.0

术、电信和新媒体协会的软件结构工作小组，为大数据项目制定一个参考模型（Bullinger等，2011），此外还需要实时现场设备层。在制造业中，咨询研究委员会（ARC）的协同生产管理（CPM）实质上是建立在ISA应用标准上，建立如针对制造执行系统（MES）的ISA S95和信息/企业资源规划（IT/ERP）的连接。当前Namur（化工行业测控技术标准委员会，www.namur.de）提出了一个名叫"Namur集装箱"（Nagl等，2008）的定义。这一理念服务于计算机辅助工程系统（CAE）和管理系统的结合。

"Namur集装箱"是计算机辅助工程系统和管理系统的一体化框架结构。数据交换既可以通过CAE启动，也可以通过物理信号层（PLS-Seite）启动。在各自的输出系统中，用户选择输出的数据记录。这些数据记录在数据集装箱（资料库）中传输。如此，数据相应地转化为基于Namur结构的接口参数（Scherwietes，2012）。从用户角度来看（Scherwietes，2013），Namur数据集装箱（见图4-4）的优点有：

- 尽管系统环境不同，但可进行标准化；
- 接口可实现（每个系统）任意对象的交换；
- 可实现不同版本之间的数据交换；
- 通过标准化数据交换术语，实现跨系统的数据理解；
- 为了适应数据接口双方持续的数据变化，可进行实时数据调整；
- 特定制造商要适应标准基础。

其中，一个基本要求是数据交换形式的中立并独立于制造商，必须支持CAE和PLS工具的输出和输入功能。

在该方法的基础上，PLT接口的分层结构可作为数据结构的初始要素。PLT接口适用于所有对象及其属性（见图4-5）。

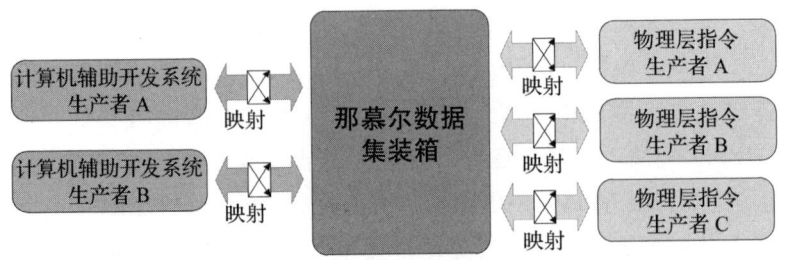

图 4-4 Namur 集装箱的数据连接（Scherwietes，2013）

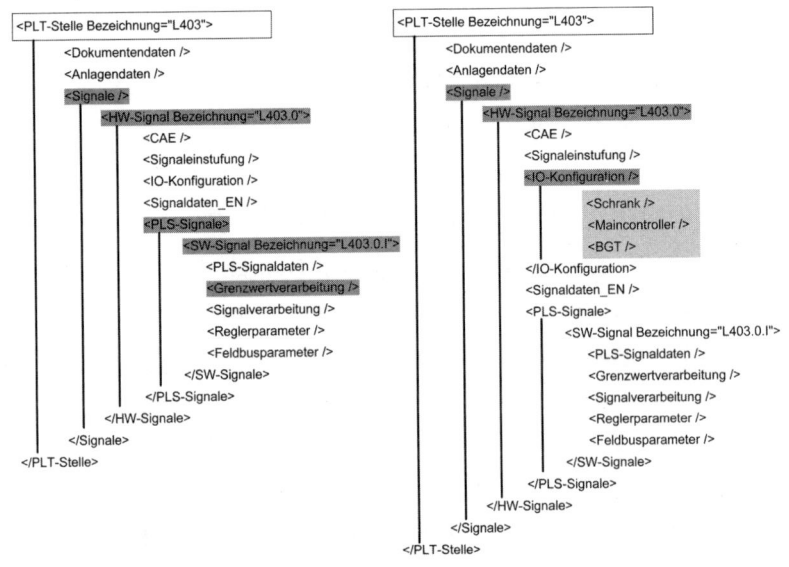

图 4-5 Namur 数据集装箱的数据交换形式（层级、群组之间的联系）

4.5.2 对特定设备和全面过程诊断的数据挖掘

数据挖掘允许终端用户通过综合来自全球不同设备的数据，生成与相关设备运行有关的额外信息。分析的结果依赖于所提的问题。

数据挖掘并不是普遍适用的，必须按照特定的使用案例进行选择。例如综合法不适合连续的生产过程变化数据,但对离散数据很有帮助。与此相反,回归法非常适合连续的生产过程变化数据,但不适合离散数据。例如酸奶的生产,通过数据挖掘,要用综合法分析黏度对安装在填充单元中泵的影响(见图4-6),因为这种情况下会涉及离散数据。黏度越大,在泵中产生的阻力就越大,表现为泵的压力损失,产品的局部流速就会降低,当灌装时间恒定时,成品的净重随黏度的变化而变化——产品净重也会超过或低于公差范围。通过生产过程数据(黏度、成品净重、泵流量的实际值和灌装时间)的综合,可以得出更高黏度的酸奶需要更长的灌装时间。为了不延长灌装时间,可以选择一个更高的额定流量参数值,从而精确地达到所要求成品净重。通过分析结果,可以确定灌装时间以及流量值。对泵的调节可以通过相关的软件调节优化,从而获得期望的产品质量。

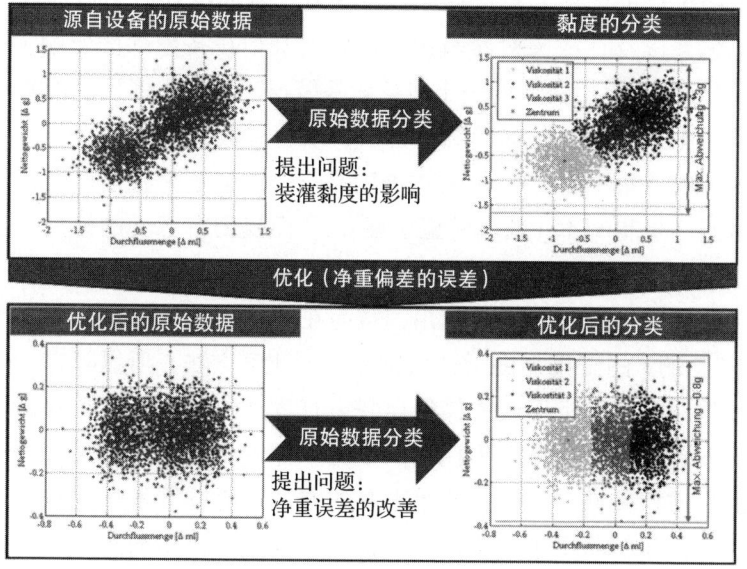

图4-6 用于流程优化数据挖掘的案例

奶油浓度同样会对泵的报警产生影响。这种故障行为会随奶油浓度而变化。在灌装酸奶时，泵会被周期性地打开、关闭。直到泵达到工作点时，会经历一段时间（泵的启动和停止）。泵达到工作点所需的时间会随奶油浓度的变化而变化（流动速度和加速度与黏度有关）。在生产过程管理系统中，报警限位通常设置为静止，例如在规定的时间内泵还未达到工作点，这时就会报警。因此相对于较低的奶油浓度，奶油浓度较高时，会产生更多的故障报警。在这个过程中，大量的泵发出故障警报，而这些警报会让设备操作人员在工作中分心。通过数据挖掘就可以分析这些关系，如综合分析泵的平均报警率和奶油浓度。分析的结果要么使报警限位动态地适应灌装的奶油浓度，要么换上一个更大功率的泵，显然其对黏度的敏感性较低。

除了针对设备的诊断和过程优化之外，数据挖掘同样适用于跨过程的诊断。跨过程诊断意味着，例如找到故障原因的因果关系以及该故障对参与这一流程的其他设备配件的影响（效应）。故障因果关系的一个表象就是警报泛滥。为了识别故障报警，可运用数据挖掘的统计方法，以便从数据中辨别出算法中的因果关系（模式）。分析的准则是一个或多个报警信息之间的时间间隔和频率（频率模型挖掘），从而找到有意义的模型。通过模型识别可以生成一个技术规范，用以减少信息量或作为基于认知的预测系统而被使用，从而在信息到达后计算出可预测（危急的）的结果。由于这里应用了统计学方法，所以存在一个风险，即将随机形成的模型误判为有意义的模型或者无法识别模型。由于这些在采集记录的数据中样本量过于少，无法体现出它的显著性。因此，使用现有的方法，通过技术规范来识别故障，并自动用于装备运行预报中，这种全自动的解决方法是不可行的。数据挖掘的结果必须由专家进行检测。对报警管理系统（AMS）的再设计或者对设备再设计而言，分析结果展示了很大的潜力。目前研究结果已经表明，报警潮最常见的是由闪光报警和物流关系引起的（Folmer 等，2013）。闪光报警的产生是由于错误的报警配置参数，在达到极限值时，报警和警告的解除可以同时进行，通过重新设置报警参数来解除报警。由物流关系引起的报警潮可以通过 SPS 或 PLS 中的附加执行程序过滤掉，可视化设备操作人员调用的备用信息、报告危机或故障原因。

为了提高故障的因果关系显著性和有效性，已经存在一种研究方法，其不仅针对分析历史数据，还通过数据挖掘分析明确隐含存在的其他信息。值得一提的还有因果分析的研发文件和在分析中正式的生产过程描述文件（Folmer 等，2012）。

目前为止应用上述方法分别对每台设备进行分析，并应用于每个设备的重新设计。设备 1 的分析结果可移植到同类型的（即其结构或生产过程是相似的）设备 2（见图 4-7）中。工业 4.0 的目标是为这类研究方法创造必要的基础。分析结果并由此制定优化策略，通过工业 4.0 的平台传播到全球范围内分布的同类设备上。

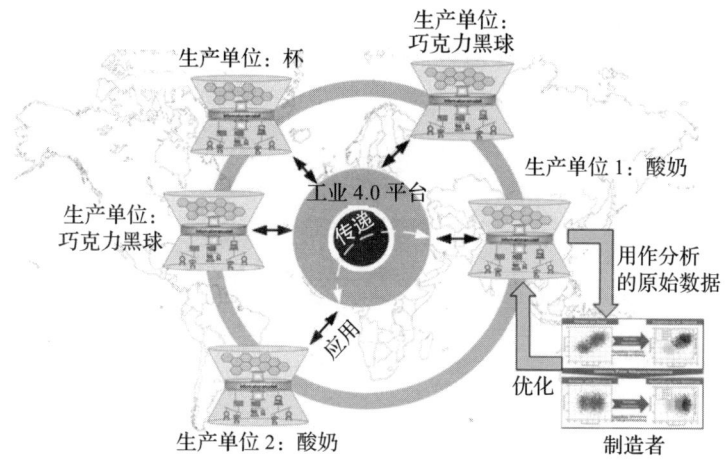

图 4-7　工业 4.0 和数据挖掘的前景示例

4.6 参考文献

Biffl S, Mordinyi R (2012) Integriertes Engineering mit Automation Service Bus. Automatisierungstechnische Praxis (atp) 54(12):888-895

Bullinger H-J, ten Hompel M (Hrsg.) (2011) Internet der Dinge. Springer, Berlin

Folmer J, Meyer H, Weißenberger B, Vogel-Heuser B (2012) Diagnosis of Automation Devices based on Engineering and Historical Data. 17th IEEE International Conference on Emerging Technologies & Factory Automation (ETFA'12), Krakow, Polen, S 1-4

Folmer J, Vogel-Heuser B (2013) Computing Dependent Industrial Alarms for Alarm Flood Reduction. Transactions on Systems, Signals and Devices (TSSD) 1(8): 1-20, Shaker Verlag, München

Kaiser U (2013) Lebenszyklusinformationen von Feldgeräten in der Cloud. Connected Products 19.11.2013, Frankfurt

Nagl M, Marquardt W (2008) Collaborative and distributed chemical engineering. Springer Berlin/Heidelberg

Pötter T (2013) Enabling Industrie 4.0 – Chancen und Nutzen für die Prozessindustrie. In: Vortrag Namur Hauptsitzung, Lahnstein

Scherwietes T (2012) Neues CAE/PLS-Interface vereinfacht den Austausch von Automatisierungsdaten. atp edition, 1-2: 24-26

Scherwietes T (2013) Standardisierter Datenaustausch zwischen CAE und PLS. In: Vortrag Namur Hauptsitzung, Lahnstein

第 5 章

从无人驾驶运输系统到智能移动自动化平台

Alexander Bubeck
Matthias Gruhler
Ulrich Reiser
Florian Weißhardt

5.1 摘要

生产的高度个性化和柔性化要求所采用的自动化解决方案具有高度的认知能力和自主能力。在工业 4.0 框架下，将传感器、执行器和认知功能集成一体的系统称为物理信息系统，如无人驾驶运输系统（FTS）。然而，只有通过整体融入工业 4.0 生产设备以及提高其自主功能水平，自动化系统的全柔性才能被充分利用。在接下来的章节中，我们将阐述怎样通过 AGV 机器人的新技术，进一步研发高度集成和自主的技术系统。

5.2 当今的无人驾驶运输系统

5.2.1 无人驾驶运输系统的应用场景

在物流中除了使用传送带外，还使用无人驾驶运输工具或无人驾驶运输系统，从而使得物流更为灵活并实现长远距离的物资运输[1]。尽管无人驾驶运输工具（FTF）是在地面独立的运输设备，但这些设备可以作为无人驾驶运输系统（FTS）的一部分与负责任务管理的中央控制器相连接。

FTS 主要用于不同的内部物流任务。这种应用不单单局限于工业设备，也能应用于例如医院的自动化物流。

FTS 的运输种类繁多，有可以运输小型容器，也有通过使用大量由中央计算机进行控制的，使得运输非常灵活的货物分拣（参见 KIVA 系统[2]）。大型 FTF 也用于飞机与纸张的生产，并可以负载重达数吨的货物。配有无人驾驶叉车系统后，FTS 不仅可以在平面上完成运输任务，还可以将重物运输到高架仓库中。

5.2.2 模型多样性与系统集成

FTS 广泛应用于运输工具（见图 5-1）。大部分生产商主要依据承载重量等级为客户提供基础系统，随后会根据客户需求而调整，每次安装的 FTS 均为专用结构。这种模型多样性源于驱动，安装的驱动结构可以是不同的，类似于汽车 4 轮或 3 轮驱动，也可以是全方位转向/牵引驱动，或者是麦克纳姆（Mccanum）轮驱动，而且使用的传感器和车身是为各个安装结构专门配置的。在能源供给方面，不仅可以使用电池驱动的运输工具，还可以使用基于电容原理的运输工具，电容器定期在充电站充电。为了保证运输工具的安全，还使用了激光扫描装置以避免碰撞障碍物。

第 5 章　从无人驾驶运输系统到智能移动自动化平台

Betonsteinwerk Lintel, Rheda-Wiedenbrück [3]

Fa. TMS Automotion GmbH, Linz, Österreich [4]

Fa. TMS Automotion GmbH, Linz, Österreich [5]

Fa. FROG, Utrecht (NL) [6]

Fa. Bleichert, Osterburken [7]

Fa. FROG, Utrecht (NL) [8]

图 5-1　不同的无人驾驶运输工具

与特殊 FTF 构造相比，一些生产商还提供对叉车的升级改造，扩展自动化操作功能。

5.2.3　导航技术

FTF 领域的关键技术是导航，不同应用情况有相应的导航，接下来将做简要介绍。

在导航中最为普遍的方法就是线路导航，根据技术规格，使用光学、磁感线或电感连续线路并借助相应传感器（摄影机、霍尔传感器或天线）进行导航。在线路导航中，通过参考标记，如 RFID 标签或者光栅，对转运站或机器进行定位。这种线路导航使用简便且经历了长时间检验。此外，线路导航所使用的组件价格低廉、经久耐用，特别适用于廉价的运输工具和设备。但在线路导航投入使用和维护（安装、调整、线路修理等）的过程中，需要投入高昂费用。柔性较差，是此种导航方法最大的缺点。

如果人们从连续线路转入到不连续线路（一系列支撑点），就可以使用所谓的光栅导航，即在规定的距离上嵌入磁性标签或 RFID 标签，被带有相应传感器的 FTF 感应。运输工具一旦检测到光栅点，就必须计算位置误差并发出相应的行程指令以进行修正。然而，只有在能够检测到光栅点的情况下，才有可能使用这种方法。因此，使用前提即为 FTF 的测距和直线行驶能够被有效校准。此外可以使用一些额外的传感器（如陀螺仪）辅助测距。如果光栅不是一维的（即直线），而是二维的（即平面或网格），则可提供更多的潜在路线。此外，该方法一直为人们所熟知且被证明有效。使用组件价格低廉，但控制管理费用比较昂贵。与线路导航一样，将标记嵌入环境中的花费非常高。不过，在运行过程中，光栅可扩展或进行相对简单的修改。特别是平面光栅，在行车路线方面提供了更高的柔性。

很明显，基于反射标记的激光导航更为灵活。与线路导航和光栅导航相比，反射标记与行驶路线没有直接关联，而是安装在墙面或者货架上。激光扫描仪通常用于识别反射标记，计算单元可计算出 FTF 的实时位置（见图 5-2），依据这些信息进行位置误差补偿。相应的控制架构是此运行方式的前提。一般来说，在此定义下 FTF 路线都为虚拟的，因此可以简单添加新路线并快速更改现有路线，无须在此环境中做进一步操作（前提是，所有工作区域中都存在反射标记）。然而，反射标记的安装和调试也需要较高的人工成本。由于使用昂贵的传感器和必要的处理器，该系统中每个 FTF 的费用同样高于之前所述导航产品。但优点是可以确定 FTF 所有位置并且改变行驶路线时只需很低的费用。

上述方法都要预先确定行驶路线，这也限制了物流系统的柔性。如果一条运输道路被堵塞，FTF 就会停止运输，生产也就此停止。通过更高层的中央控制，这种问题可以在很大程度上得以解决，其原理是提供多条可选择的路线，并且中央控制会对线路拥堵做出反应。不过，这里所有可选择的路线也要提前规划好。要 FTF 绕开线路上小的障碍物几乎是不可能的。

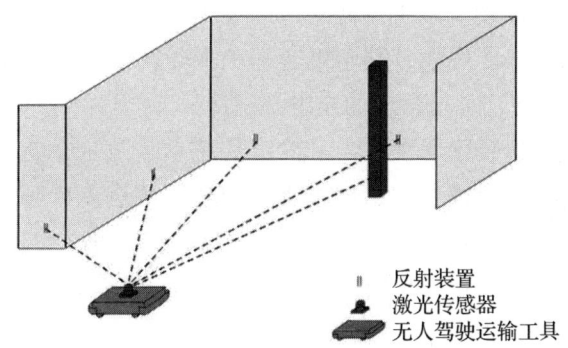

反射装置
激光传感器
无人驾驶运输工具

图 5-2　激光导航的运行原理

5.3　工业 4.0 背景下无人驾驶运输系统面临的挑战

5.3.1　移动系统的全新应用前景

生产在具有自动化的同时兼具柔性化，这对 FTS 的应用趋势也产生了影响。为了实现产品的多样性和减少通过时间，可以对现有 FTS 装置进行改善。

此外，FTS 还要更深入地融入原生产系统中。它不仅用于运输工件，当工件位于 FTF 上时，还可通过操纵装置或通过生产步骤，直接主动参与到生产中。由此，对精度和柔性提出了新的挑战。

5.3.2　移动系统高额的安装整合费用

一般来说，中小型企业都没有专门从事现代自动化方案的设计、规划和初次安装的专家[10]。安装这类移动系统，通常要改造地面或者周围环境。根据方向控制原理，铺设磁轨或者在周围合适地点安装反射标记很有必要。另外如有必要，需拓宽通道或移除不能被系统传感器检测到的低悬障碍物。有时候这种调整还涉及建筑施工。此外，还要为运输系统选择适合的蓄能和充能方案。例如，基于电容器的系统需要与运行路线和运输工具的能源消耗相适应的充电站网络。

这些行驶装置通常安装了安全传感器，防止在动态变化的运行环境中对人或货物造成损害。当障碍物进入行驶装置的安全区域时，所有电机将立即停止工作，避免碰撞。然而，在紧急制动后，其安全隐患的排除还需由操作者手动完成。为了保证FTS高效顺利运行，在AGV行驶路线上必须尽可能是一个静态的环境。为此，工厂设计者必须在给定条件下调整相应的运行流程。或者在系统里配备相应传感器和控制软件，使得能以合适的速度完成预期行驶，避免危急状况。

有时，FTS需要整合到现有的工业自动化系统中。因为存在许多不同的总线系统用于连接中央生产规划以及存储控制，所以经常需要对无人驾驶运输系统（FTS）软件进行调整，标准化的安装流程变得非常困难。

在成功完成系统安装所需的所有建筑和操作措施后，最终必须开发和建立实际应用程序，即FTS行驶路线和程序流程，通常借助在现场对路线和站点的手动记忆完成。

为了避免运行过程中出现严重干预，可调整FTS自身的软件和硬件，这样做使系统适用于特定目的和特定领域，但也失去了柔性，变得难以维护。由于复杂的安装过程，中小企业通常必须求助于外部的专家或系统集成商，指导物流自动化方案的应用计划和物流系统的首次安装，但是系统后续的调整以及维护必须包含在成本评估中。通常，企业用于运营无人驾驶运输系统（FTS）的总成本是难以估算的。

因此，简单的调试过程和直观的操作，如使用平板电脑，或可简单地连接到企业信息技术基础设施，是这一系统在市场上广泛应用的必要前提。在这一方向提出的第一个解决方案，就是由 Still 公司开发的 iGoEasy 操作系统（见图 5-3）。

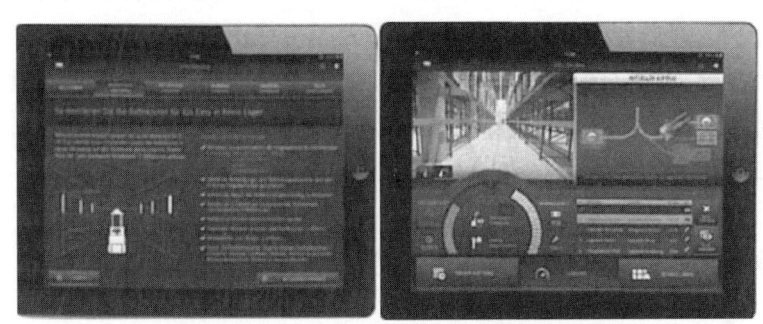

仓库中的反射辅助装置成功调试后的系统监控界面

图 5-3　通过 iPad 应用程序的 iGoEasy 操作系统

5.3.3　标准化系统的要求

无人驾驶运输系统（FTS）的软件系统和硬件系统的标准化程度不高，这就导致了高额的研发费用，这与顾客的新要求相矛盾。无人驾驶运输系统（FTS）是自动化生产线中一次固定投资，就像机床一样，不能用于其他的生产流程。例如集成在过程控制系统或运动计算中的软件部分，同样不能在无人驾驶运输系统（FTS）之间反复应用，同时这也会造成新的费用。

此外，位于终端客户的系统差异巨大，导致了较高的咨询需求，而且在无人驾驶运输系统（FTS）的功能、前提和安装可行性方面，也具有巨大的不确定性。

5.3.4 智能运输工具和智能系统

无人驾驶运输系统（FTS）总是整体出售的。然而在实践中，可以看到一些高度自动化的车辆，它们彼此之间的通信以及同工厂设施的连接非常简单，或者是一些非常简单的车辆，这些车辆具有集中的、专有的控制。特别是在第二种情况下，来自不同生产商的复杂运输工具的集成是不可能的。在智能控制系统的应用中，接收复杂的运输工具信息以及整合地图信息是非常值得做的，从而可以将不同类型的运输工具相互协调起来。来自网络世界或数据挖掘领域的接口和技术还很少用于主控概念中。因此，这些运输工具还不足以融入到工业4.0设备中。

5.4 移动自动化平台的最新进展

由于与服务机器人相类似，因此无人驾驶运输系统（FTS）可以从机器人的发展中获益。机器人技术可以直接移植到无人驾驶运输系统中。接下来介绍相关的最新研究。

5.4.1 ROS 软件平台

开源机器人研发系统（ROS）[11]就是针对上述提到的挑战，已在机器人研究和前期研发中得到了广泛应用。

ROS 提供了许多高级研发软件组件，这些组件来自于自动化导航领域、运动规划和2D与3D图像处理，以及用于组件管理的工具和不依赖于硬件的应用研发工具。同时，ROS 的优势在于基于标准化接口以及跨组件和计算机通信结构的硬件和软件组件的可交互性。

这些接口部分基于HTTP-RPC技术，因此可以在许多工业网络中使用。此外，集成应用到网络技术中，这样基于网络就可以获得状态信息和用户接口。基于组件且具有清晰定义的接口，使得 ROS 直接融入工业 4.0 平台成为可能，如虚拟洛克斯堡平台（Virtual Fort Knox）[12]。ROS 工业倡议利用 ROS 中现有的功能，并将其运用到工业环境中。为了加速从研究到工业应用的技术转移，并协调研究活动，西南研究协会（SwRI）在 2013 年 3 月成立了 ROS 北美工业协会（RIC-NA），ROS 欧洲工业协会[14]的建立是由 Fraunhofer IPA 推动的。RIC-EU 的启动时间为 2014 年春。

5.4.2 标准化研究平台

软件与硬件平台的差异性问题也存在于服务机器人中。此处的问题有高额的研发成本和极低的再使用率。就像前面章节所解释的一样，除了通过 ROS 系统实现软件平台的统一，还要力争实现硬件平台的标准化。因此已经开发了少量的机器人系统，它们已经被设计用于不同的服务机器人领域。尽管 Fraunhofer IPA 研发的 Care-O-bot 主要针对家庭和护理行业，但是类似的 rob@work 3 就可用作工业物流和生产领域的研发平台（见图 5-4）。

图 5-4　rob@work3——工业服务机器人标准化研究平台

尽管rob@work3只是平台构想，但是通过标准模块不同的排列组合使其能够更加灵活地用于不同的应用场景，包括从小部件安装到典型的FTF任务。在工业前期研发项目框架中，比如在汽车领域，借助不同的rob@work 3系统，可以评估新型移动自动化系统的使用。

5.4.3 柔性导航系统

与在FTS领域中使用的传统导航方式相比，移动自动化平台无须对周围环境做出更改和适应就可以导航。因此它们应当具有适应性和柔性，从而能够满足工业4.0的要求。因而基于线路、光栅和反射标记的激光导航是不可行的。

一个明显的解决方案，不是使用专门的标记来定位，而是直接在周围环境中判定方位，这就是所谓的通过自然地标的导航。因为在大部分平台上，出于安全考虑，都会使用激光扫描仪，扫描仪获得的几何信息（如线和角）会被提取出来，并用来进行定位。通过将提取的信息与存储在地图中的地标相结合，就可以实现上述功能。简单地借助现有的图纸或CAD数据就可创建地图（见图5-5）。

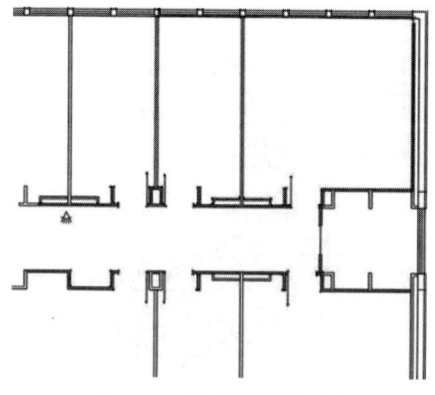

图5-5 基于线路的地图

第 5 章 从无人驾驶运输系统到智能移动自动化平台

然而由于自然地标并不总是清楚的，因此要结合更多的传感器数据，以进一步提高定位精度。同时，测距法通常作为位置估算的基础。原则上，任何其他的传感器类型也可以集成到系统中。而这些传感器大多是通过概率估计方法[15]集成到系统中的，像卡尔曼滤波法[16]，扩展卡尔曼滤波法（EKF），或者粒子滤波法[17]。传感器的固有误差源也会被考虑进去。卡尔曼滤波法使用的方法分为两个阶段。第一阶段，也就是预测阶段，是基于之前的位置并借助用于测量的内部传感器（通常是测距法）评估当前的位置。在第二阶段通过附属的外部传感器（例如激光扫描仪）对评估进行校对和调整，如使用激光扫描仪进行调节。

特别是为了避免碰撞并实现精确定位，近年来各种各样的 3D 传感器成为研发的焦点。一方面是由于这种系统成本低，另一方面是由于其广泛的应用可能性。3D 传感器可以全面掌控周围环境并由此识别不同高度上的障碍物，而这在今天使用 2D 安全激光扫描仪的 FTF 中是无法实现的。但是只有通过掌握完整动态的、三维的环境，才能确保安全、灵活的导航[18]。

柔性导航另一个重要组成部分是自由的路径规划[19]。虽然传统的 FTF 能够在预先定义的轨道上运动，但其在持续变化的环境中是不可行的，因为它一直要适应变化的路径。因此必须使用一些算法，允许移动平台自主寻找到达目的地的路径。在此不仅要熟悉地图，而且要考虑实际探测到的周围环境的状态。这使得平台可以实现从 A 移动到 B，同样能够使其绕开障碍物并识别运动的物品和人。这就降低了平台与人、周围环境和其他平台碰撞的危险。同时也降低了平台损坏的可能性。

如果周围环境变化剧烈，使得现有的地图失去其效用，那么必须利用其他特殊的方法。因为没有已知的地标（或地标被隐藏，无法识别），所以也就无法定位。解决方案是使用 SLAM 技术（同步定位和制图）[20]，这种技术可以同步进行周围环境的测绘和平台定位。平台因此也可以在陌生的环境中行驶。

使用这种导航系统，每个 FTF 的柔性和整个 FTS 的柔性都会获得极大提高，因为无论是受阻的路线还是意外情况都不会导致导航系统停工。此外，该系统具有适应性并能满足工业 4.0 背景下的要求，因为拥有自动绘图的工具可以在动态环境中持续重新配置。

5.4.4 移动生产助手

在研究项目的背景下，通过使用操纵装置和利用合适的安全策略，移动机器人被当成生产过程中人的助手。博世公司生产的"自动生产助手"（APAS）是首个此类产品，但其仍然是作为手工滚动系统完成的。在 PRACE 项目背景下进一步发展系统，其移动性是通过活跃的平台实现的，以便系统能够像人一样胜任不同的生产岗位。

除了硬件层面和安全层面的发展之外，在机器人对人的直接辅助方面，人们也提出了人机交流的新概念。拥有新型输入模式的简单编程和配置方法，是在这些研究项目（ROSETTA[21]、BRICS[22]、SMERobot[23]、PRACE[24]）框架中形成的，而且正在第一轮测试中接受评估。

5.5 移动性——自动化系统的新潜力

5.5.1 从运输系统到移动应用平台

近年来，导航领域的发展极大增强了 FTF 的自主行为。由此，交通工具的柔性越来越高，安装成本越来越低。因而在工业 4.0 背景下，人们对自动化系统的认知在增强。通过对运输路

第 5 章 从无人驾驶运输系统到智能移动自动化平台

径的自主优化以及对意外情况的诊断，FTF 可以用于个性化的生产结构。

当前，标准化也得到同等程度的推进，这对实施高度灵活的工业 4.0 生产是一个主要挑战[25]。ROS 平台在工业领域应用越来越广泛，在 FTS 领域同样如此。通过综合专有和公开的软件模块，传统的 FTF 制造商在逐渐公开其接口。在两者发展的结合下，移动自动化系统产生了，除了它可以被非常灵活地使用外，同时还可以为自动化的其他部分提供大量的实时信息（见图 5-6）。

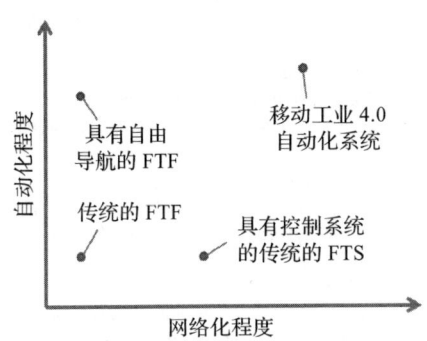

图 5-6　通过提高工业 4.0 的移动自动化系统的网络化和自主行为

移动自动化系统的发展为 FTS 制造商打开了新的市场，因为它们现在可以为生产提供更显著的附加价值，并且可以提供标准化的供应和安装。此外可以降低客户的投资风险，因为系统可以轻易地移植到生产的其他部分。

5.5.2　展望

不同导航方式的结合使得 FTF 的自主性进一步增强。通过导航模块的"即插即用"，可将现场传感系统（如 RFID）集成到运输工具上。通过 FTF 传感技术和数据加工产生的信息可以深入融合到工厂自动化中。通信技术的广泛应用使工业 4.0 成为可能。在这种情况下，通过网络技术 FTF 可以进一步网络化，而这种网络技术已经在 ROS 的研发中得到应用。

5.6 参考文献

[1] Ullrich G (2011) Fahrerlose Transportsysteme. Eine Fibel – mit Praxisanwendungen – zur Technik – für die Planung. Vieweg+Teubner Verlag, Wiesbaden
[2] KIVA Systeme http://www.kivasystems.com
[3] Betonsteinwerk Lintel, *Wikimedia Commons, URL:*
http://commons.wikimedia.org/wiki/File:FTF_Steintransport.jpg, lizenziert unter CreativeCommons-Lizenz by-sa-3.0-de: http://creativecommons.org/licenses/by-sa/3.0/de/legalcode
[4] Fa. TMS, *Wikimedia Commons, URL:*
http://commons.wikimedia.org/wiki/File:FTF_mit_Klammergreifer.JPG, lizenziert unter CreativeCommons-Lizenz by-sa-3.0-de: http://creativecommons.org/licenses/by-sa/3.0/de/legalcode
[5] Fa. TMS, *Wikimedia Commons, URL:*
http://commons.wikimedia.org/wiki/File:Unterfahrschlepper-FTF.JPG, lizenziert unter CreativeCommons-Lizenz by-sa-3.0-de: http://creativecommons.org/licenses/by-sa/3.0/de/legalcode
[6] Fa. Bleichert, *Wikimedia Commons, URL:*
http://commons.wikimedia.org/wiki/File:FTF_Montarail1.jpg, lizenziert unter CreativeCommons-Lizenz by-sa-3.0-de: http://creativecommons.org/licenses/by-sa/3.0/de/legalcode
[7] Fa. FROG, *Wikimedia Commons, URL:*
http://commons.wikimedia.org/wiki/File:FTF_fuer_3_KLT.jpg, lizenziert unter CreativeCommons-Lizenz by-sa-3.0-de: http://creativecommons.org/licenses/by-sa/3.0/de/legalcode
[8] Fa. FROG, *Wikimedia Commons,* URL: http://commons.wikimedia.org/wiki/File:Schwerlast-FTF_Seitenlader.jpg, lizenziert unter CreativeCommons-Lizenz by-sa-3.0-de: http://creativecommons.org/licenses/by-sa/3.0/de/legalcode
[9] Thomas A., Fraunhofer IML, April06,
http://de.wikipedia.org/w/index.php?title=Datei:Lasernavigation.png&filetimestamp=20060419174144&, gemeinfrei
[10] Lacher G (2013) Seriengeräte flexibel und intuitiv automatisiert. Ein praktisches Bedienkonzept. Hebezeuge und Fördermittel, S 516-518
[11] ROS – Robot Operating System www.ros.org
[12] Virtual Fort Knox http://www.virtualfortknox.de
[13] ROS Industrial http://rosindustrial.org/
[14] ROS Industrial Konsortium EU http://ric-eu.rosindustrial.org/

[15] Thrun S, Burgard W, Fox D (2005) Probabilistic Robotics. Reihe Intelligent robotics and autonomous agents. MIT Press, Cambridge, MA
[16] Kalman R E (1960) A New Approach to Linear Filtering and Prediction Problems. Transactions of the ASME-Journal of Basic Engineering 82:35-45
[17] Dellaert F, Fox D, Burgard W, Thrun S (1999) Monte Carlo localization for mobile robots. Proceedings of the IEEE International Conference on Robotics and Automation ICRA 2:1322-1328
[18] Bostelman R V, Hong T H, Madhavan R (2005) Towards AGV safety and navigation advancement obstacle detection using a TOF range camera. Proceedings of the 12th International Conference on Advanced Robotics ICAR, S 460-467
[19] Latombe J C (1991) Robot Motion Planning. Kluwer Academic Publishers, Boston, MA
[20] Durrant-Whyte H, Bailey T (2006) Simultaneous localization and mapping: part I. IEEE Robotics & Automation Magazine 13:2:99-110
[21] ROSETTA http://www.fp7rosetta.org/
[22] BRICS http://www.best-of-robotics.org/
[23] SMErobt http://www.smerobot.org/
[24] PRACE http://prace-fp7.eu/
[25] Abschlussbericht des Arbeitskreises Industrie 4.0 http://www.bmbf.de/pubRD/Umsetzungsempfehlungen_Industrie4_0.pdf

第 6 章

自适应物流系统作为工业 4.0 的先行者

Willibald Günthner
Eva Klenk
Peter Tenerowicz-Wirth

6.1 自适应物流之路

在通往工业 4.0 的道路上，物流的发展阶段与生产类似，它从新泰勒主义中的精益生产出发，在第四次工业革命的背景下，渐渐接近于理想的"智能工厂"的概念（参见表 6-1）。

表 6-1 生产和物流在通往工业 4.0 道路上的发展阶段

	过去 （工业 1.0/2.0）	现在 （工业 3.0）	未来 （工业 4.0）
超级系统	模拟通信	互联网和内联网	物联网
系统	新泰勒主义 运输、转运和存储（TUL）功能	精益生产 精益物流	智能工厂 认知物流
子系统	机械化	自动化	虚拟化

作为现代意义上物流的开端，可以将在 20 世纪 50 年代引入的标准化集装货架看作是一种通用的运输辅助手段：由此，为

第 6 章 自适应物流系统作为工业 4.0 的先行者

物料流和物流的组件及系统的标准化创造了前提。第一批用于企业内部的运输和载体设备（叉车）的转运，以及用于安置货物的设备（堆垛机）得到了研发（运输、转运、存储功能）。随后，货运载体被大量地应用，这大大提高了生产效率（Günthner，2007）。在接下来的几十年里，出现了一种新理解，即将物流看作是一门学科，这门学科研究了从物料流到生产结果的整个过程——由此，物流技术设备诞生了（如自动化高架仓库、分拣系统）。随着从卖方市场向买方市场的转变，对于物流的要求也有所变化：现在，商品必须要以客户的需求为导向，并且应该及时且尽可能个性化地被提供给顾客。物流过程将会以顾客和顾客的需求为导向，同时通过减少浪费来降低成本。

随着第四次工业革命的发展，物流业也将实现发展的下一个飞跃——直至"认知物流"阶段，认知物流基于不断提高的物流系统的所有层面的信息可用性，能够灵活且快速地做出调整，以适应易变的环境，此外，认知物流还能够从所记录的数据中得出结论，从而进行自我优化（机器学习）。在生产分散化和个性化的时代，物流的任务发生了变化，它越来越向灵活的且成本、时间和资源最优化的方向发展，以实现尽可能低库存的目标。只有这样，物流才能在正确的时间、正确的地点，以正确的数量和质量，交付约定的产品，给客户带来增值。

6.2 未来物流的创新技术

近距离观察智能工厂[⊖]，我们可以发现，尽管加工站和装配

[⊖] 这里的智能工厂并不代表德国人工智能研究中心（DFKI）的模型工厂。这个术语来源于智能手机。正如智能手机已经大大改变了我们的通信习惯，智能工厂也将极大地影响生产中的信息处理和呈现方式。

线应该作为"社会机器"在智能工厂中以数字化的方式相互连接,然而,运输装置之间的相互连接仍然是物理连接,即物流。在第四次工业革命时代,物流虽然处于价值创造链外,但是它的意义却越来越明显,在此,分拣中心提供了通往易变市场的快速灵活通道,不灵活的物流系统和呆板的处理策略在这里是不适用的。事实上,物流与信息物理生产系统相比,它们有相似的技术前提条件。

物流对象在将来也应该被连接起来,以实现相互之间的信息交流,并且实现自主控制。通过这种方法,形成了具有较高稳定性的自适应物流系统以抵抗外界干扰并且应对生产过程中不可预见的变化,进而很好地适应越来越多变复杂的现代价值创造网络的要求。与灵活性不同的是,自适应性更关注过程,可以被描述为,对系统环境中突发且不可预见的改变做出主动快速的调整。其同义词是"可变性"。在"内部物流的应用领域"一文中,Nopper(2011)将可变性描述为"物料流系统的能力。这种能力超出了在系统建立时使用的界限,并且能够适应环境的要求。为此,系统必须能够通过合适的方式进行扩展或改变。"此处的环境对于物料流系统的要求,可以理解为待运货物、布局和通过量等要求。

借助创新技术,如高效微型计算机(嵌入式系统)、无线传感器网络和各种智能IT基础设施及服务(如云计算),可有效支持可变物流系统的发展。在接下来的章节里,将在这一背景下介绍可变物流系统的设计基础——物联网。

6.2.1 可变物流系统对物联网和服务网的运用

传动技术系统必须能在短期内,省力且低成本地适应变化的框架条件,以满足工业4.0所要求的适应性能力。在通往可变

第6章 自适应物流系统作为工业4.0的先行者

物流系统的道路上,最重要的一步是实现以功能为导向的传动技术的模块化。目的在于,对机械、能源和控制等各技术模块进行定义,以便在系统内部独立自主运作(Wilke,2006)。模块化为整个系统的高扩展性和适应性提供了基础。

常规的等级化控制架构违背了这一规范,因为每一个等级都包括了用于下一级组件的集中协调组件,这样,单个传动技术元素都将依赖于外界的控制和干涉。当物流系统必须要在某种环境中一直不断地对不可预见的事件做出反应,并且越来越少地受预定义的过程控制时,这种集中的控制方法就存在着危险。在中心控制环节中,如在物流计算机中,复杂性上升的概率将会提高。对复杂的中央控制程序或其他组件在物流系统中的重复利用也就很困难了。带来的结果就是,重复编程花费增多。

自动化物流系统中分散控制理念的发展主要针对这些缺陷,它确保了系统有较高的可变性,在出现干扰和组件失灵时也确保了系统仍能稳定运行。因此,物联网能够与物流相连接(ten Hompel,2006)(Scholz-Reiter,2007)(Günthner,2010)。在物流系统内部,待运货物承担了自我控制的角色。新一代物流对象可以被清晰识别,它们在物流系统中的每个位置上都是可定位的,并且为了达到目的,它们也使用了传动技术模块的运输服务。借助于机器对机器(M2M)的通信,传输技术模块实现相互协调,以提供最佳的货物运输服务(比如,最短路线-最快路线-节约资源的路线)。在这种方式下,当出现干扰或阻碍时,运输路线的自动分散转变将会成为系统本身固有特征——与传统的受控物流系统相比优势明显,因为在传统的物流系统中,为了能够解决故障和拥堵,必须在控制系统程序中提前定义替代路线和策略。

除了运输单元和传动技术模块，在内部物流中，服务成为物联网内部的第三基本单元（实体）。这种以软件服务的形式被实施的服务支持了运输单元和模块（如用于查找合适的模块的黄页）之间的协调，也为操作者（如监视器，可视管理，手动订单生成）提供了系统透明度。借助于软件代理（Jennings，2001）（Wooldridge，2002），对运输单元、模块和软件服务之间的控制进行了分配。代理系统也能够呈现出不同情况下各个实体的目标设定情况。

通过这种方法，可以废除控制系统的金字塔。发挥平等作用的实体接管了以前在传统物流系统中分配给不同层级的全部功能（见图6-1）。借助于分配给它们的代理，这些实体可以直接与其他的传动技术模块、运输单元和服务进行交流，可以根据内部的规则加工获得的信息，并在此基础上以最佳方式执行其具体任务。

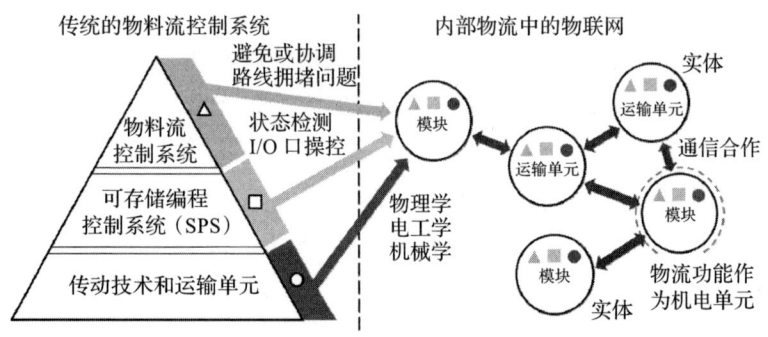

图6-1　物联网实现了基于相互合作实体的无等级物流系统（Günthner，2008）

这种通信能力的背后同时也隐藏着一个很大的挑战。为了在分散的操作系统内部实现通畅的协调与合作，需要大规模的数据交换。这正好适合于通过多个软件代理的合作才能实现的更高级的功能，例如订单配置或线路规划。这一问题可以通过

第6章 自适应物流系统作为工业4.0的先行者

一个用于分散的受控物流系统的混合型通信概念来解决,这个通信概念既可以支持各个代理之间的对等通信,也可以支持信息节点上的数据交换(Tenerowicz-Wirth,2013)。

为了让软件代理能正确地解析被交换的数据信息内容,代理系统需要一个本体——共同的语言区域(见图6-2),在实体之间传播的内容将会以这种形式被定义和形式化。这一本体的基本元素是概念(应用领域的组成部分)、评价(系统状态)和行动(系统状态的变化)。

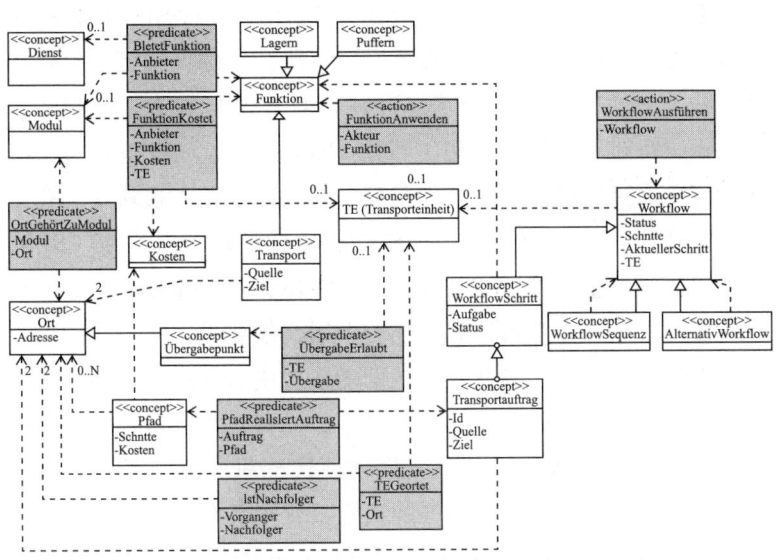

图6-2 物联网在内部物流中的基本本体(Libert,2010)

这些实体为内部物流的应用领域提出了传动技术模块、运输单元、软件服务、运输任务和系统坐标等概念。为了使信息能够通过某种特有的关联在系统内部进行交换(比如各个模块的功能,运输成本),软件代理将会使用评价功能。代理平台最后才会使用行动功能,以达到目标、完成任务(比如将集装箱运输到指定的目的地)。行动和评价功能可以直接应用于代理平台的通信中,而概念只能与行动或评价相结合才能获得信息价值。基本本体是模块化的出发点,也是对整个通信过程及内部物流应用领域内的物联网功能分配定义的出发点(Chisu,2010)。

除了有效的信息交换,另一个挑战是软件代理和它们所展示出来的实体之间的连接。为了将软件代理安装在运输单元和传动技术模块上,它们需要有能直接被使用在物理对象上的存储和计算能力。

在运输单元方面,为了实现这一目的,可以使用RFID射频雷达收发机(代理式标签)或微型控制器。软件代理可以直接管理与物流对象相关的订单信息,并且对要执行的工作流程的各个步骤进行过程化和分散化的监控(Nettsträter,2010)。

可以通过两种方式将软件代理安装在传动技术模块上。在第一种方法中,代理直接作用于传动技术模块的控制系统(SPS,可存储编程控制系统)(Bussmann,1996)(Wannagat,2010)。然而,由于这种方法对计算性能有着很高的要求,在分散的物流控制系统框架下,它只在复杂性低的系统中有所应用。第二种方法基于一种双层模型,在这种模型中,只有对物理过程的控制和监视是实时在SPS中进行的,而软件代理只负责与其他实体进行交流和交互以及做出战略性的决定,它则是在一个非实时却性能强大的运行环境中进行的,如Windows或Linux。这两个层面都是在一个平台实现的(比如嵌入式电脑),并且联合起来构造了一个完整的模块逻辑。第二种方法遵循以功能为导向的模块化原则,根据这个原则,传动技术模块的整个控制逻辑也被囊括到了一起。软件代理的编程使用的是标准语言(C#、Java),而在特殊的可存储编程控制系统(SPS)中,控制系统的程序需要使用程序语言。这两个层面由中间件连接,并在模块逻辑的运行和战略层面之间提供必要的数据交换（Chisu，2010）。

借助于网络技术，物质流与代理通信和协调之间形成了紧密的结合，内部物流中的物联网也能够与信息物理物流系统（CPLS）相匹配。

对经常受到不断变化的框架条件影响的物流系统来说，使用这种分散的受控物流系统将会有巨大的成本优势。在一个具有与传统操作系统相同的工作效率的系统中，分散操作及模块化的设备可以通过它们的高度可变性、稳定性和重复利用性在经济上体现出优势（Nopper，2011）。首先，由于机械模块和控制逻辑模块有较高的重复利用性，研发阶段和实现阶段得以缩短，从而节省成本（Kuzmany，2010）。在运行阶段，分散的操作系统拥有相对较高的可变性和稳定性，这有助于节省成本。在改造或扩建过程中，自适应物流系统可以以较少的开支实现设备布局的改变。分布在系统中的控制智能要能保证，当一个单独的自控部位失灵时，将只影响这一部分系统（而不影响其他系统）。

6.2.2 信息物理物流系统的实施

1. 传动技术模块

在机械装置以及由它们控制的软件中，传动技术设备是被模块化地建立的，因此传动技术设备可以用较低的成本进行扩展，同时也找到了从研究实验室转向工业实际应用的道路。在此，以产品创新为例（见图6-3）。

❑ 用于集装箱和货架自动存储的往返运输系统（比如 Knapp OSR Shuttle，Dematic Multishuttle）。

❑ 模块化构建的连续传动装置。在这些装置中，传动技术模块的控制和运输单元的路线安排可以通过相互通信和合作的软件代理来实现。

❑ Hatteland公司的存储系统Autostore。在这一系统中，货物通过在铝制脚手架上部的矩形网格轨道中运动的机器人运输工具进行运输，包括入库、出库及倒库。

❑ 运输系统如移动执行系统（Kiva系统）和CCom（格林策巴赫机械制造有限公司）。在这些系统中，小型驾驶机器人直接将移动式存放架运输到分拣工位上。

图6-3 自主传动技术模块实例

依据物联网标准，这样的系统已经朝着"蜂窝运输系统"迈出了一步（ten Hompel，2006）。它们以自主的传动技术实体为基础，具有高度的布局灵活性，并基于代理系统进行交流。

物流控制系统对要被运输的物流对象本身负责,这些物流对象自身的软件代理又对它们的工作流程进行管理。由于存在多次往返任务,人们倾向于使用这种蜂窝运输系统(Kamagaew,2011)。在这个系统中,往返运输工具不再只是在货架车道内沿轨道运动,还能作为"物料搬运设备群"在储藏区域自由运动(见图 6-4)。

图 6-4　蜂窝运输系统的例子——多往返运动(Fraunhofer IML)

因此,具有自适应性且能进行自我控制的物流系统已经为工业生产做好了准备。此外,物流系统正向着可移动传动技术模块的方向发展,可移动传动技术模块在由许多结构相同的单个运输工具组成的集合中也有所应用。

2. 运输单元

除了传输技术的元素之外,为了能够参与到物联网中,物流对象(运输单元)也必须进一步发展。因此,为了直接在运输单元上实现物流过程控制的智能化,人们付出了多方面的努力。所有努力的共同点是,为装载工具配备计算能力、决策逻辑、传感技术以及无线通信能力。

因此，不来梅大学及其合作伙伴共同开展了"智能集装箱——物流中的联网智能对象"㊀这个合作项目，在这一项目中，他们研发了一个专门用于运输生活用品的集装箱。这种集装箱能够根据目的地自己规划运输路线，并在运输途中对所运输货物的状态进行监视。因此，在运输水果和蔬菜时，借助于温度、湿度以及对乙烯（一种成熟度指标）气体浓度的测量，可以通过集装箱来防止物品的腐烂。在运输过程中，当集装箱检测到内部物品的状态不佳时，则会触发货物的提前卸载机制。在此，它可以重新规划路线，或者向其他备选目的地行驶。

在生鲜和冷冻食品的物流运输中，巴伐利亚州 FORFood 研究协会使用了智能保温箱技术㊁。该研究协会的目的在于，通过优化资源的利用，提高食品在生产、加工和分发过程中的质量和效率。其子项目"通过智能集装箱技术使食品产业的供应链更安全、高效"主要关注分批货物运输的全局可追踪性及连续可追踪性。这种可追踪性是满足适用于食品领域的安全要求的前提，也是为保护消费者和召回方的利益，高效处理召回产品的前提。所开发的系统由智能集装箱和一些必要的基础设施组成（见图 6-5），其中，智能集装箱能够借助于传感器对内部空间参数（空气温度、湿度、冲击、震动）进行检测和存储；那些必要的基础设施主要用于对所获得的信息进行快速可靠的传输和评估。存放在集装箱内的存储器中包括传感器数据，借助于 RFID 技术，通过一个通信接口可以将这些传感器数据传递到物流的信息技术基础设施中。借助于专用的软件算法，可以立即对传送过来的数据进行评估。所获得的实时信息提高了供应链的透明度，进而也简化了冷链监控系统。这保证了从生产原料

㊀ 其他信息请参阅 www.intelligentcontainer.com。

㊁ 其他信息请参阅 www.forfood.de。

第6章 自适应物流系统作为工业4.0的先行者

到产品最终到达消费者的整个食品生产链的安全。

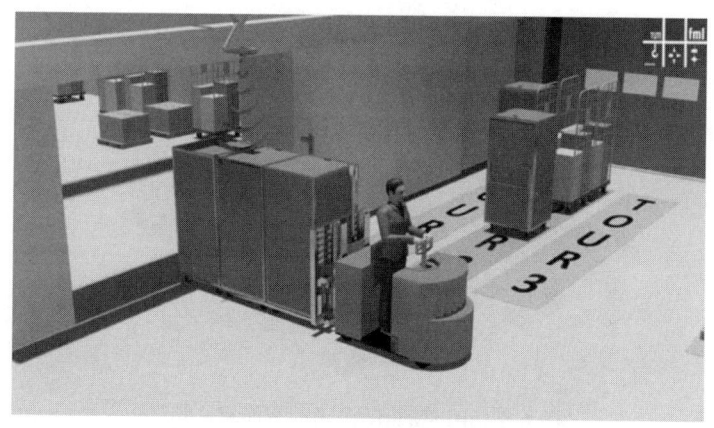

图6-5 食品供应链中的实时信息自动交换

从小型装载工具（KLT）层面来看，第一个智能集装箱已经满足了物联网所有前提条件。由弗劳恩霍夫物流研究院研发的新一代智能集装箱原型叫作"inBin"。许多创新型组件直接集成到集装箱中，如能量收集器、能量缓冲器、微处理器以及无线模块，在能量和控制方面自给自足。"inBin"与所处环境中的人和机器进行交流，对环境情况进行检测，独立做决定并且控制工作流程。借助通用无线电标准，"inBin"可以实现与其他运输单元、传动技术模块或软件服务交流。"inBin"还可以通过图形显示通知使用者，此外，它还可以以这种方式支持分拣过程。

智能小型零件集装箱的另一个例子是"iBin"（见图6-6），它由Würth工业服务公司研发和销售。"iBin"使用一体照相机来收集集装箱内的填充高度、货物数量和预订信息。通过RFID技术它可以自动地完成物料补给。这样，一个沿着价值链进行的由消耗控制的自动化管理就得以实现了。

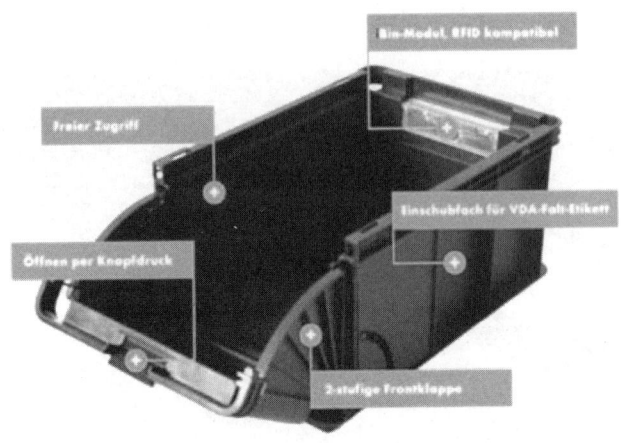

图 6-6　iBin-Würth 公司的智能集装箱㊀

通过与蜂窝运输系统合作，这两种新研发的集装箱都能形成物联网，只要它们自己在各个传动技术模块中发出需要运输服务的请求，即使没有主控制器的情况下，任务也能被完成（如货物的分拣与提供，装配工位的补给）。

3. 软件服务

除了自主的传动技术模块和智能对象外，软件服务还建立了物联网的第三个基本单元，它支持了实体与实体之间、实体与操作者之间的协调与合作。

在合作项目"ToolCloud"㊁中，软件服务成为未来项目"工业 4.0"的一部分。"ToolCloud"项目的目的在于，把工具使用过程中所需要的运行数据和修正数据以电子工具附带卡的形式提供到云服务中。这样就能实现不同企业间的工具生命周期管理。每一个工具都必须有一个固定且明显的标志，因为"ToolCloud"

㊀ 原书所提供的图片不清楚。——编辑注

㊁ 其他信息请参阅 www.verbundprojekt-toolcloud.de。

第6章 自适应物流系统作为工业4.0的先行者

这一概念是以在各个机床中对工具的自动化识别为基础的。成功识别工具后,来自于云端的相应数据将被传递到机器控制系统中。通过将数据存储在云端,所有的工具信息可以随时随地地被调用、评估和更新。因此,每个工具都与数据互联网中的信息技术扩展相关联,继而形成了信息物理系统。

电子工具附带卡

图6-7 "ToolCloud"的工作原理图

传统的工具附带卡片通常是印刷而成的,当工具变化时,需要对它们不断地手动调整,与之相比,ToolCloud 中的电子附带卡片有着显著的优势,比如在灵活性、故障出错以及使用机器的成本和舒适性方面。ToolCloud 也可以监视工具的定期维护情况,当出现问题时,采取相应的措施(如重新磨削、测量),并将相关物件送往测试中心。在测试中心,加工设备、修磨机和测量机将会从 ToolCloud 中获得为维修这些设备所必须的工具数据。

作为软件服务,ToolCloud 能对企业内部和跨企业的所有工具的信息,包括库存、产地、状态和历史记录进行实时监控,从而能提高工具管理中信息物流过程的效率和透明度。

6.3 人作为信息物理物流系统的参与者

6.3.1 信息物理物流系统提出了"物流4.0"的要求

现在，物流系统的核心要求是灵活性和自适应性。尽管要处理的订单和要使用的对象有着很大的差异和不确定性，我们也必须在较短的反应时间内高效地完成物流任务。而灵活性和自适应性更多是由物流工人保障的，人工工作在物流中的高比例现象也反映了这个特点。因此，由于任务的多样化，与生产工作岗位相比，物流工作岗位在工作流程和工作内容上的结构化和标准化程度明显较低，而生产工作岗位的内容在短周期内（小于1分钟）是不断重复的。为了能够成功完成任务，物流工人需要具有更高的灵活性，并能不断进行思考。

上述在自适应信息物理物流系统领域内的创新与传统自动化物流系统相比，在提高效率和稳定性方面有很大的潜力，同时它也确保了物流中需要的灵活性和自适应性。但是，从长远角度看，不能指望通过自主分散、自动控制的物流对象和结构来实现物流过程的全自动化（Spath，2013）。相比于机器，人拥有明显的认知和感知能力、创造力、经验和问题解决能力，因此，信息物理物流系统更需要人的参与。

一方面，这涉及传统的"知识型工作者"，比如物流策划者，他们必须有针对性地对未来的信息物理物流系统进行设计、优化和实施（系统设计和系统优化领域）。为此，他们必须能够理解这种系统的行为，并且有针对性地对系统进行规划。他们需要在复杂且广泛的流程和系统中进行思考、概括，并进行跨学科、跨等级的合作。这些要求比以往更强烈。

需要进行操作的物流工作者还需要满足额外的要求。在联网的技术系统内，他们必须紧密地与机器和环境相融合，并合

第6章 自适应物流系统作为工业4.0的先行者

作。物流工作者将很少从事反复进行的标准化工作，而主要应对频繁变化的或难以规划的工作。此外，当系统出现故障或者表现异常时，物流工作者可以进行干涉，对其进行控制和调整。这些员工还必须能够清楚地知道当前的系统状态和订单任务，他们必须能够主动处理任务、解决问题，当然条件也要允许他们能做到这一点（系统操作领域）。在这里，既存在机遇也存在挑战：一方面，员工能够主动采取措施来应对问题，拓展个人能力，借助于技术系统也能更好地做出决策，从而提高工作质量。与此同时，员工的工作也必须要保持可控性和透明性，既不能过于复杂和沉重，也不能将员工置于一个限制性的技术系统内，使他们觉得自己"受外力控制"（劳动保护和工作安全领域）。

因此，信息物理物流系统应该这样设计与应用：在这一系统中，员工既不觉得对他们要求苛刻也不觉得要求过低，他们能最好地发挥个人才能。为了能够持续地实现这一目标，需要通过有针对性的技能训练使员工具备必要的能力，除此之外，员工的动力对于学习效率和工作效率的高低也起到了决定性的作用（Rosenstiel，2000）。研究表明，物流领域的工作人员首先会受到社会因素的激励，如良好的工作环境、工作乐趣以及与领导和同事之间的紧密交流（Miebach，2012）。因此，在设计一个"技术化的工作环境"时，比如信息物理系统，恰恰应该关注这些因素（劳工组织、技能和领导层领域）。

为了使人与机器在信息物理物流系统中成功地一起工作，并且完全发挥他们的潜力，我们应该将焦点同等地放在上述四个领域中，即"系统设计和系统优化"、"系统操作"、"劳动保护和工作安全"和"员工组织、技能和领导层"（见表6-2）。近年来，为了应对出现的挑战，人们研发并测试了各种解决方案，其中有一部分方案已经被成功地应用在工业中。下面将介绍一部分解决方案。

表6-2 以人为导向的信息物理物流系统中的相关领域、挑战及其可能的解决方案

相关领域	挑　　战	解决方案
系统设计和系统优化	①使复杂性变得可控 ②解释系统行为，并使其具有可评估性 ③与知识相结合，使计划标准化 ④实现合作型、跨等级、跨学科的规划	①通用的虚拟规划、仿真和分析系统 ②基于知识的工程 ③用于合作型、跨等级、跨学科、分散的规划的平台
系统操作	①在没有特定的专业知识的情况下，找出完成复杂任务的方法 ②根据情境拓展人的能力	①自适应的、环境相关的、用户主导的工作辅助系统 ②便携式传感器、执行器和嵌入式系统
劳动保护和工作安全	①考虑ELSI（道德、法律和社会方面）的要求 ②避免要求过高、负担过重，维持工作效率 ③适当地考虑隐私 ④保证使用者能够自主决策	①采取措施来测定和规划身体负荷 ②与员工一起开发系统
员工组织、技能和领导层	①创造动力和认可 ②保证系统的使用及其效果是有目的性的、可持续的 ③促进及发展员工技能	①能够激发积极性的工作组织和领导层 ②新的合作形式（如社交网络） ③数字化学习技巧

6.3.2 实践中的以人为主导的信息物理物流系统

1. 系统设计和系统优化

用于自适应物流系统的设计与优化领域的解决方案的目的是，理解这种分散自控的物流系统，对其进行预测。比如，通用的虚拟仿真系统有助于实现这一目标。它们能够帮助我们全面地掌握整体系统的复杂性，尽管这种复杂性在单个元素中不高,也能帮助我们提前发现可能出现的不良影响,并且消除这种影响。除了使用这种解释性模型之外,还可以采用基于知识的方法及其计划模型形式的文件来有目的地规划和发展分散的适应性物流系统。在基于知识的系统中,所有参与到系统研发和系统操作过程中的员工及外部合作伙伴的知识和经验都将被集合起来,并被结构化,以对其进行进一步的合作开发。因此,知识将被直观透明地展示给所有的合作伙伴,供其反复使用。同时,人们也会不断地向这些知识中补充新的认知(比如,参见Runde,2011)。这样,复杂、分散的规划流程及对流程的协调就能变得简单快捷,从而保证了高质量的规划结果。

在设计开发大型分散式物流系统时,上述方法带来了巨大的潜力。但是,如何将来自于不同制造商的不同设备组件相连接成为一个难以解决的问题,因为这些制造商有着不同的生产理念、标准和接口。对此,用于支持企业网络中的团队合作和信息交换的信息技术解决方案可以有所帮助。这种合作平台在IGF的一个名为"KoDeMat——中小型企业规划和研发多样、分散自控式物流系统的能力"⊖的项目中得到了发展。

借助于标准化合作工程,基于云分散式软件工具实现了分布式网络中不同企业之间的相互合作,尽管他们在研发项目、规划项目或实施项目的过程中拥有不同的信息技术基础设施(见图6-8)。

为这种物流系统研发的软件架构,既能支持参与者之间的同步合作,也能支持异步合作。该软件工具由接口管理模块和3D可视化环境模块组成。可视化模块用来统一参与者的数据描述,通过聚焦可视的隐喻部分实现,而这些隐喻能够使合作成

⊖ 其他信息请参阅 http://www.fml.mw.tum.de/fml/index.php?Set_ID=905。

为可能。此外，通过对电报定义和协议确定进行合作处理，接口管理模块提供了支持软件开发流程的功能。

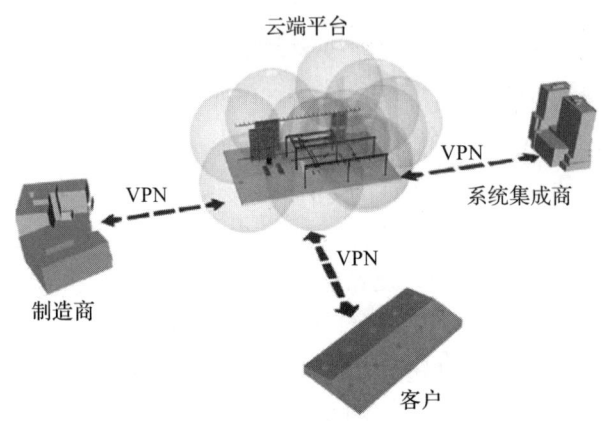

图 6-8　KoDeMat 应用场景：在多样分散的物流系统中，不同的制造商及其客户借助于基于云的软件平台进行合作

在对物流系统的规划和测试过程中，通过多个伙伴的高效合作，使得物流系统能更快地得到实现，并更早地投入使用（Kipouridis，2013）。

2. 系统操作

自适应物流系统要想高效地运行，技术和人应该有针对性地进行合作，这样他们就能最优化地使用各自的特定技能。这一方面意味着，当技术系统出现故障、行为异常或有新的要求时，人必须有干预系统的权利，对其做出控制和调整，并用他们的创造力和经验找出解决方案。为此，必须在各自的情况下提供技术系统的相关信息，这些信息应尽可能地与情景相关，并且要以解决方案为导向，这样员工就可以高效地处理存在的各种问题。另一方面，技术系统应该在员工的日常例行的工作任务上予以支持。举例来说，通过直观地提供关于工作流程的

第6章 自适应物流系统作为工业4.0的先行者

信息，面向用户的移动辅助系统能更快、更高效、更可靠、更稳定地构建人工工作流程。此外，它们还能帮助员工学习，执行没有预料到的新任务，从而在不同的情境下拓展员工的能力。

分拣作为内部物流的一大核心功能，同时也是物流的主要应用领域。在此，来自同一品种在大小、外形和重量方面具有很大差异的零件，必须要在较短的准备时间内按照顾客订单被组合起来，这对灵活性的要求极高。然而在很多应用实例中，要经济地实现自动化还是很困难的。由于人具有认知能力，还能触摸、抓取东西，所以一直以来大部分分拣工作是由人完成的，在未来很可能还是这样（Arnold，2003）。在分拣过程中，出错或者订单处理延迟都对交付质量产生直接影响，从而影响到顾客的满意度——这种情况在人工分拣系统中出现得也较为频繁，比如，在一个使用纸质清单的拣选过程中，有0.3%的分拣工位出现了错误（Lolling，2003）。分拣对员工的认知能力（比如良好的空间方向感）、感应能力（比如在向存储位置行驶时的视觉搜索）以及感官运动能力（比如对小型零件的计数和抓取）有较高的要求，因为当员工的注意力下降或出现疏忽时，犯错的风险会大大增加。

对分拣系统的组织进行合理的设计（比如将相似的、可能会被混淆的物品分开放置），或在后续流程中加入对已分拣的物品进行检测的步骤（比如在物品出口检查处进行扫描），这都有助于避免犯错，或者及时发现错误。此外，很多技术系统都被用于工业中，其中大部分系统中的错误识别步骤都是被放在选取货物之后进行的，这带来了额外的开支（比如，通过扫描条形码确认是否选取了正确的物品）。

在此，信息物理系统则提供了一个全新的方案：在实际拣选过程中，通过嵌入式联网系统直接自动识别拣选位置，在出错情况下,及时向分拣员反馈相关信息,可以在分拣过程中及时整合和改正错误。例如,通过使用可穿戴的RFID(无线射频识别)读取装置(见图6-9),可以从技术上实现这一方案。

图6-9 可穿戴的RFID(无线射频识别)读取装置

使用了可穿戴计算技术,分拣员工佩戴的手套里集成了移动RFID读取装置。分拣系统中的存储箱或单个集装箱都配备有RFID应答器。从存储箱或集装箱中取出物件时,将会读取相应的应答器,通过软件可以将应答器的地址与相应的存储箱或集装箱的地址一一对应,并与分拣订单上正确的存储箱或集装箱进行比较。在此过程中,数据通过蓝牙传输。如果找错了存储箱或集装箱,分拣员将会获得一个光信号或声信号,他们就能立即自主纠正错误(Günthner, 2011)。

一家物流服务提供商对RFID读取装置进行了实验室测试和现场调研,结果表明,在相同分拣时间内,使用RFID手套与不使用这一辅助设备相比,出错率明显下降。这种辅助系统在分拣员中也很受欢迎:调查一方面证明了这个系统的用户友好性;

第 6 章 自适应物流系统作为工业 4.0 的先行者

此外,分拣员也指出,由于他们能够自己察觉并纠正错误,从而能提高自己的工作质量,这一点让他们对工作更有动力。

此外,移动辅助系统也能支持员工在分拣系统中的定位和运动,比如,通过"视觉分拣"技术。视觉分拣系统能将信息直观地展示给分拣员:根据增强现实(AR)技术的原则,虚拟的信息将直接显示在用户的视野中。在此,分拣员需要戴上所谓的头戴式显示器(HMD),它是一种不受地点影响的可视化媒介(见图 6-10)。

图 6-10　在头戴式显示器中提供信息——在慕尼黑工大运输技术和原料物流教席得到了实现(Reif,2009)

对于用户来说信息是与情境有关的,也就是说,信息是受时间、地点和任务状态影响的,按照用户在位置和视角上的需求,信息要能被正确地提供给他们。这样,分拣员就可以在分拣系统中迅速定位,进而处理下一个分拣任务。此外,分拣员可以用双手处理实际的分拣任务,而不需要用手拿着信息(如纸质列表)。借助于传感技术,视觉分拣系统还可以用于自动化错误检测,比如,将摄像头集成到头戴式显示器中,这样,只要在取出货物后,将其短暂地放置在视野中,摄像头就能借助于光学代码识别出货物。这一过程相当于用手动扫描仪扫描条形码。

　　许多试验研究都指出了视觉分拣技术的潜力：与使用分拣清单相比，应用了视觉分拣技术后，试验人员的分拣效率得以提高，同时出错率明显下降（Günthner，2012）(Günthner，2009）。这说明分拣过程的效率和质量可以同时提高。增强现实（AR）技术不仅可以改善分拣过程，还可以支持其他物流活动，比如驾驶和控制地面运输工具。对于员工来说，挑战在于，他们的视野会受到限制。比如，在驾驶叉车时，叉车的桅杆和所运输的货物将会阻碍他们的视线。现在就可以使用增强现实（AR）技术，通过直接将相关信息投入到司机的视野中来帮助他更高效安全地驾驶地面运输工具。在最新的 IGF 项目"使用增强现实技术来支持驾驶地面运输工具的司机"⊖中，研究了一个应用场景，在这一场景中，增强现实技术在对叉车的定位上帮助了驾驶员。借助于增强现实技术，驾驶员不仅可以获取绝对位置（桅杆倾斜角、提升高度），也可以获得货叉相对于装载辅助设备或存储位置的相对位置（见图 6-11）。

图 6-11　使用增强现实技术帮助地面运输工具的驾驶员

　　⊖　其他信息请参见 http://www.fml.mw.tum.de/fml/index.php?Set_ID=929。

第6章 自适应物流系统作为工业4.0的先行者

通过带有标记相机系统的光学传感器系统可以实现追踪功能，即确定货叉的位置和状况。为此，在叉车、装载辅助装置和存储位置的合适位置上将做上标记，这些标记可以被照相机捕获，通过计算机视觉算法能够计算出它们之间的几何关系。对于信息显示，现在有两种方法。第一种方法是直接将信息显示在挡风玻璃上，使用激光投影仪将一定波长的激光投射到贴在挡风玻璃上的透明薄膜上，从而引起光学反应。这种方法的优点是，能将一个很大的平面作为显示屏使用，并在理想情况下将整个挡风玻璃作为显示屏。第二种可选择的方法是使用头戴式显示器。这种方法的优点是，驾驶员可以在任何情况下看到信息，即使驾驶员将头伸出驾驶舱。

这种增强现实系统的潜力主要在于，它简化了手动操作的过程。因此，没有经验的叉车驾驶员或偶尔才使用叉车的员工也可以更高效地使用叉车。此外，也可以通过现实正确的货架位置来避免错误。其他的场合，如"仓库内部导航"或插入警告或运行状态的显示，也是可行的。

3.劳动保护和工作安全

就像上文所描述的那样，在自适应物流系统中，员工必须在技术系统中工作，并与技术系统紧密合作。在这种情况下，就必须要避免员工在这种工作岗位上面临健康受损害的危险（比如在与机器人合作时），也要避免员工工作压力太大或负担过重（比如员工要处理的信息太多或过于复杂），还要避免由于引入技术系统而让员工感觉自己"受外力控制"。此外，还要注意信息物理系统的道德、法律和社会影响：比如为了控制技术系统，有可能要收集员工的敏感信息，在这里需要考虑关于数据保护的法律规定和企业规定。新的技术也为健康保护提供了新的方法：比如，通过新技术，我们可以计算员工在工作过程中的身体负担,从而预防对健康的损害。

在此,再次以人工分拣系统为例。在人工分拣系统中,基本上每一班工作中的人工装载操作过程都是不断重复的,部分工作中货物过重或操作员使用了错误的姿势,都将使身体负担过重,从而损害健康,长此以往还会降低员工的工作能力,甚至使员工丧失工作能力。

为了能够有针对性地实施减压措施,首先要知道负担有多大,以及负担产生的原因。在分拣过程中,实际出现的身体负担大多是难以计算的。不同的影响因素,如不规范的流程,任务大小的波动和物件数量的差异,这些都妨碍了用当前的劳动分析法来研究负担。特别地,由于传统的通过纸笔进行调查的方法成本昂贵,对于负担,至今还没有进行一个连续的调查。因此,挑战在于如何在降低成本的情况下自动、连续地确定员工的负担。

对此,原则上有两种不同的解决方法。一个是通过应用传感技术/测量技术来确定身体负担;另一个是通过使用公司的仓库管理系统(WMS)。在这两种方法中,都要用计算机进行风险评估,其基础是用于人工装载操作的评估方法。

第一种方法的优点是,对于每一个操作过程,它都能自动地收集与负担相关的所有参数。通过使用运动捕捉、工业传感技术及用户在无纸化分拣系统(如视觉分拣)中的信息输入,可以连续地收集与负担相关的变量,并且该法的成本也不高。通过对负担进行合适的可视化,可以连续地向每个分拣员提供负担信息,从而使负担状况变得透明(Rammelmeier,2013)。

通过仓库管理系统(WMS)确定负担的方法的成本也是合理的。这一方法所要使用的主要是存储在 WMS 中的数据(比如货物数据),只有少数的附加信息(如员工的身高)需要被输入进 WMS 的数据库中。使用 WMS 不仅能够在完成任务后进行评估，还能对评估结果进行预测（Koch，2013）。

4. 员工组织、技能和领导层

除了要保证健康的工作条件外，还应为信息物理物流系统中的工作创造一个能够激发员工动力、促进他们学习的工作环境。在此，对技术性的解决方案要求较低，但是对管理人员和员工有着较高的要求。此外，新技术可以带来新的合作形式和培训方式，比如，可以将在业余时间里经常使用的网络和通信媒介（如社交网络、智能收集等）融入工作日常中。在分散的互联系统中使用这些媒介是很有前景的。一方面，因为对于大部分员工来说，与这些媒介打交道已经是常态了；另一方面，通过使用这些媒介使得异地通信变得更简单了；此外，与这些媒介打交道能给他们带来乐趣。

在技能培训和长期激励员工方面也可以利用这些社会因素。对此，有一个新颖且有前景的方法——游戏化，即将游戏元素融入非游戏的环境（Detering，2011）。将游戏元素有针对性地融入工作日常中，可以让工作变得更有趣、更吸引人。游戏元素以及它的成功是与游戏心理学有关的，因为它带来了游戏性和游戏动力（Werbach，2012）。因此，像合作、竞赛、反馈和自治这样的机制对员工有着积极的影响。

在技术化的工作环境中，工作内容往往是高度标准化、单调，甚至非常专业的，员工之间的互动也非常少，正如在信息物理物流系统（CPLS）中，在这种情况下，游戏化的方法就非常可行。在游戏中，员工能够学会自我控制、决策以及如何与工作环境，或至少是与游戏世界，进行互动，这样，员工至少在游戏中获得了自主决策权。

一个实际的应用案例是：在人工分拣系统中应用游戏化的

方法。目前，慕尼黑工业大学的项目"GameLog"[注]正在对其进行检验。在这一项目中，分拣员各自挑选一个神的角色（虚拟游戏人物）来代表自己，不同的角色拥有不同的力量、准确性和速度特征。这些特征将作为得分的系数，它可以借助于物品重量、出错率和分拣时间这些特征数据被算出。游戏人物将会与其他人物组成一个团队，参与到虚拟分拣联盟中，各个团队的目的是要取得最高分数。在培训阶段，员工将会同时得到对游戏和实际分拣工作的指导。因此，这个游戏不仅能激发员工的工作动力，也让新员工有了实践与练习的机会。在游戏中，玩家可以凭借优异的成绩（如有一定量的分拣任务没有出错）获得奖杯，也就是所谓的勋章，这些勋章可以帮助玩家提高游戏人物的技能，从而为团队获得更多的分数。在完成一个分拣订单后，员工可以获得关于游戏成绩的反馈，这些反馈也能帮助他评价自己在工作中的表现。作为游戏的交互接口，可携带的多媒体条形码扫描仪、安装在分拣领域的显示屏以及计算机终端可以帮助员工，让他们在休息时能够编辑角色，控制游戏进度（Klevers，2013）。在此，重要的是，将员工在游戏中的进度和实际工作中的表现紧密地联系起来。这样员工就能不断地直接获得工作情况的反馈，从而产生内在的动力来改善工作。

总之，我们可以看到，通过员工、虚拟系统和物理系统的智能合作，物流过程的产能和质量可以得到提高。

6.4 工业 4.0 下的物流——人与机器的智能合作

如果没有自适应信息物理物流系统，就不会有工业 4.0。生

[注] 其他相关信息请参阅 http://www.fml.mw.tum.de/fml/index.php?Set_ID=927。

第6章 自适应物流系统作为工业4.0的先行者

产和物流之间的联系是非常紧密的。物流作为价值创造网中的一环，至少要与它所支持的生产系统一样灵活可变。在与之相关联的发展道路上，物流系统及其理念已经非常先进了。智能物流系统不再是未来的愿景，在越来越多的应用场合中，其实际可用性早就得到了证实。其中，创新解决方案的跨度很大——从高度自动化系统，如自控机器人群，到云端物流服务，再到基于增强现实的辅助系统对人的帮助。因此，在未来的物流系统中，人类特有的认知、创造和触觉能力将会与自动化系统在生产效率和精度方面的优势相结合，这就产生了智能物流系统，它能够根据处于复杂网络中的既个性化又不断变化的环境做出最优调整，从而能够满足工业4.0的所有要求。

6.5 参考文献

Bussmann S (1996) A Multi-agent Approach to Dynamic, Adaptive Scheduling of Material Flow. In: Perra J W, Müller J-P (Hrsg) Distributed Software Agents and Applications (MAAMAW'94). Springer, Berlin, S 191–205

Chisu R (2010) Kommunikations- und Steuerungsstrategien für das Internet der Dinge. Dissertation, Technische Universität München

Detering S, Dixon D, Khaled R, Nacke L (2011) From Game Design Elements to Gamefulness. In: Proceedings of the 15th International Academic MindTrek Conference. ACM, Tampere

Günthner W A, Blomeyer N, Reif R, Schedlbauer M (2009) Pick-by-Vision: Augmented Reality unterstützte Kommissionierung. Forschungsbericht. Lehrstuhl für Fördertechnik Materialfluss Logistik, Technische Universität München

Günthner W A, Chisu R, Kuzmany F (2008) Internet der Dinge – Steuern ohne Hierarchie. In: F+H Fördern und Heben 9:494-497

Günthner W A, Galka S, Klenk E, Knössl T, Dewitz M (2012) Stand und Entwicklung von Routenzugsystemen für den innerbetrieblichen Materialtransport. Lehrstuhl für Fördertechnik Materialfluss Logistik, Garching

Günthner W A, Hepnter K (2007) Technische Innovationen für die Logistik. Huss-Verlag, München

Günthner W A, Rammelmeier T (2012) Vermeidung von Kommissionierfehlern mit Pick-by-Vision. Forschungsbericht, Lehrstuhl für Fördertechnik Materialfluss Logistik, Technische Universität München

Günthner W A, ten Hompel M (Hrsg.)(2010) Internet der Dinge in der Intralogistik. Springer, Berlin u.a.
Günthner W A, Wölfle M (2011) Papierlose Produktion und Logistik. Forschungsbericht, Lehrstuhl für Fördertechnik Materialfluss Logistik, Technische Universität München
Jennings, N (2001) An Agent-based Approach for Building Complex Software Systems. In: Communications of the ACM 4:35-41
Kamagaew A, Große E (2011) Multimodales Intralogistikkonzept: Zellulare Transportsysteme – Multishuttle Move. In: Hebezeuge Fördermittel 4:170-172
Kipouridis O, Roidl M, Günthner W A, ten Hompel M (2013) Kollaborative Planung dezentral gesteuerter Materialflusssysteme in der Intralogistik. Logistics Journal. DOI: 10.2195/lj_Proc_kipouridis_de_201310_01
Klevers M, Günthner W A, Sailer M (2013) Motivationssteigerung in der Intralogistik. In: Logistik für Unternehmen 10/2013. Springer-VDI, Düsseldorf
Koch M (2013) Fortlaufende Belastungsermittlung in der Kommissionierung durch das WMS. Logistikseminar - Erschließung von Produktivitätspotenzialen in der Logistik 2013, Garching
Kuzmany F (2010) Konzeption und Entwicklung von Modulen für das Internet der Dinge. Dissertation, Technische Universität München
Libert S, Chisu R, Keutner K (2010) Eine Ontologie für das Internet der Dinge. In: Günthner W A, ten Hompel M (Hrsg) Internet der Dinge in der Intralogistik. Springer, Berlin u.a., S 79-93
Lolling A (2003) Analyse der menschlichen Zuverlässigkeit bei Kommissionierprozessen. Dissertation. Shaker Verlag, Aachen
Miebach Consulting GmbH (2012) Motivationsstudie 2012 – Mitarbeitermotivation in der Logistik. Frankfurt/Main
Nettsträter A, Kuzmany F (2010) Rechenplattformen und RFID für das Internet der Dinge. In: Günthner W A, ten Hompel M (Hrsg) Internet der Dinge in der Intralogistik. Springer, Berlin u.a., S 107-118
Nopper J R (2011) Eine Methodik zur Bewertung von Wandelbarkeit in der Intralogistik am Beispiel selbstorganisierter Materialflusssysteme. Dissertation, Technische Universität Dortmund
Rammelmeier T, Galka S, Günthner W A (2012) Fehlervermeidung in der Kommissionierung. Logistics Journal. DOI: 10.2195/lj_Proc_rammelmeier_de_201210_01
Rammelmeier, T (2013) Fortlaufende Belastungsermittlung in der Kommissionierung durch Technikeinsatz. Logistikseminar - Erschließung von Produktivitätspotenzialen in der Logistik 2013, Garching
Rosenstiel L. (2000) Grundlagen der Organisationspsychologie (4. Aufl.). Schäfer-Poeschel, Stuttgart
Reif R, Günthner W A (2009) Untersuchungen zu Datenbrillen bei Kommissioniertätigkeiten. 55. Kongress der Gesellschaft für Arbeitswissenschaft. Technische Universität Dortmund, 4.-6.März 2009
Runde S, Fay A, Schmitz S, Epple U (2011) Wissensbasierte Systeme im Engineering der Automatisierungstechnik – Potenziale, Anwendungen, Defizite und zukünftige Herausforderungen. In: at Automatisierungstechnik 59. Oldenbourg Wissenschaftsverlag, S 42-49
Scholz-Reiter B, de Beer C, Böse F, Windt K (2007) Evolution in der Logistik – Selbststeuerung logistischer Prozesse. In: VDI-Berichte Nr. 1978. VDI Verlag, Düsseldorf, S 179-190

第6章 自适应物流系统作为工业4.0的先行者

Spath D (Hrsg.), Ganschar O, Gerlach S, Hämmerle M, Krause T, Schlund S (2013) Produktionsarbeit der Zukunft – Industrie 4.0. Fraunhofer Verlag, Stuttgart

Tenerowicz-Wirth P (2013) Kommunikationskonzept für selbststeuernde Fahrzeugkollektive in der Intralogistik. Dissertation, Technische Universität München

ten Hompel M (2006) Das Internet der Dinge – Potenziale autonomer Objekte und selbstorganisierender Systeme in der Intralogistik. In: Arnold D (Hrsg) Intralogistik – Potentiale, Perspektiven, Prognosen. Springer, Berlin u.a., S 266-276

ten Hompel, M (2006) Zellulare Fördertechnik. Logistics Journal doi:10.2195/LJ_Not_Ref_d_tenHompel_082006

Wannagat A (2010) Entwicklung und Evaluation agentenorientierter Automatisierungssysteme zur Erhöhung der Flexibilität und Zuverlässigkeit von Produktionsanlagen. Dissertation, Technische Universität München

Werbach K, Hunter D (2012) For the Win: How Game Thinking Can Revolutionize Your Business. Wharton Digital Press, Philadelphia

Wooldridge M (2002) An Introduction to Multi Agent Systems. John Wiley & Sons, Chichester

第 7 章

价值链在半导体行业中的横向整合
机遇与挑战

Thomas Kaufmann
Lisa Forstner

7.1 半导体行业价值网络的特性

微电子技术是工业 4.0 的关键技术。通过体积越来越小、功能越来越强的产品,可以提升装备和仪器的效率、安全性和能源效率。半导体,即微控制器和功率器件,是智能系统的大脑和肌肉。智能系统是通过结合电子、机械和跨系统等方法在智能工厂中创建起来的。除此之外,信息和通信技术(ICT)取得了巨大的进步,这使得越来越多的嵌入式系统相互连接成为可能。

半导体前端制造系统被认为是最复杂的生产系统之一。通常使用各种工艺方法的组合在半导体衬底上制造集成电路。物料流动关系的高度复杂性和高度网络化主要由循环往复的工艺步骤引起。图 7-1 给出了由于重复生产步骤而在前端生产中出现的高度网络化。

工业界已经掌握了这种制造的复杂性。网络化和智能化的制造系统以及例如用于控制生产中的物料流动的实时生产数据

第 7 章 价值链在半导体行业中的横向整合

已经拥有目前最先进的技术。这可以追溯到 20 世纪 90 年代时仍处于 CIM 概念之下的自动化和数字化。

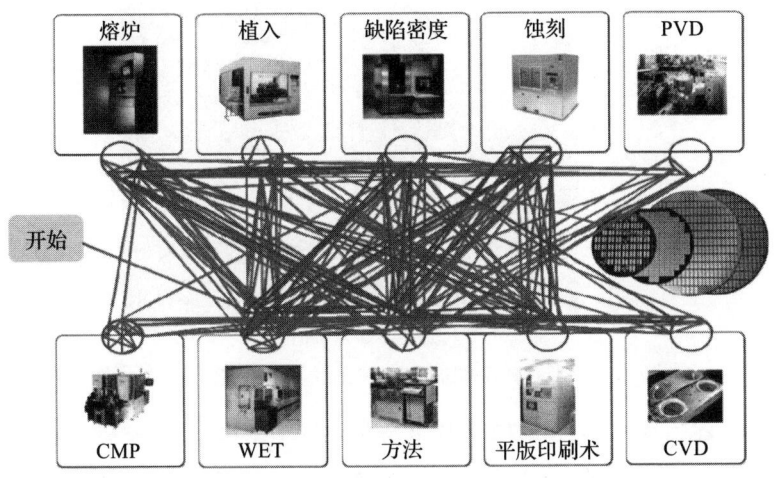

图 7-1 前端生产中的高度网络化

几十年来，半导体制造业已经实现了智能工厂或智能工厂的基本条件，为进一步融合和智能联网创造了先决条件。

在工业 4.0 的智能工厂中，可以随时对智能产品进行明确的识别和定位。在半导体前端生产中，产品（即芯片）总是可以通过例如 RFIC 技术被明确地识别和定位。这些基本要求或要素在智能工厂以及其他行业中需要得到满足。在"智能工厂"和"工业 4.0"的背景下，这些要素中的一部分可以看作图 7-2 中的一个例子。

然而，应当在工业 4.0 的范畴内理解智能工厂这一概念，因为智能工厂不仅能够掌握智能系统的复杂性，提高生产效率，同时又能够抵御中断，而且还能实时连接价值创造网络。这一方面称为横向整合，今后需要特别关注。

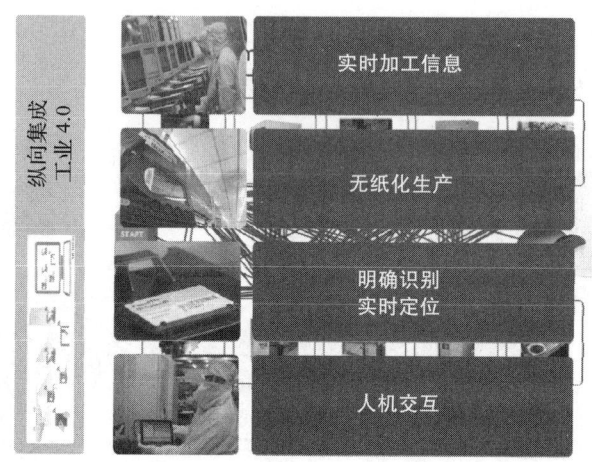

图 7-2　在半导体前端制造中，已经实现智能工厂的元素

在过去的三十年里，英飞凌科技公司的生产已经从几个地点发展成为一个全球化网络。也就是说，在全球有数十个分布式内部前端和后端产品，并增加了外部供应商。图 7-3 展示了芯片不同的生产路线。

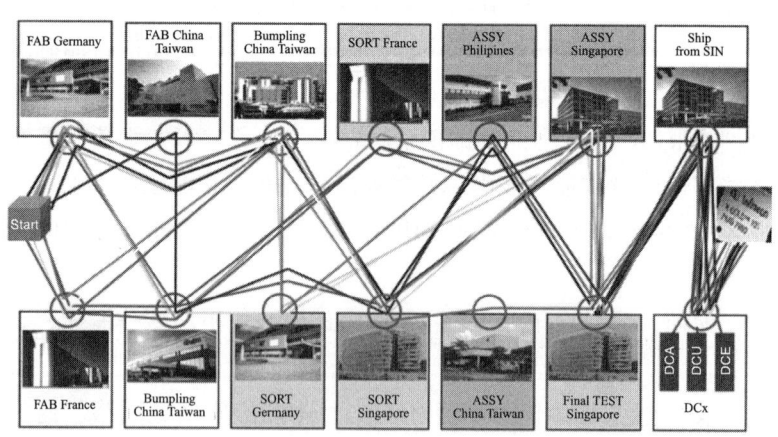

图 7-3　芯片不同生产线的示意

第7章 价值链在半导体行业中的横向整合

产品的推出通常是从技术上启用的路线开始的。一条路线包含不同的流程步骤，这些步骤会在全球进行。例如，晶片的生产始于德国，继而进一步在中国台湾进行精炼，然后回到德国进行晶片功能测试。在切割晶片之后，在韩国进行外壳组装，然后将个别芯片送往新加坡进行最后的测试。为了避免单个机架的使用不足或过度，需要增加额外的生产线。因此，生产需求可以分配到不同的地点，此外还具有如下优点：在一个路线中断的情况下，可以灵活地切换到另一个路线。

由于生产设备昂贵，半导体行业是一个资本密集型行业。实现资源的有效利用是必不可少的。除了众多场地之外，在产品越来越短的生产周期和越来越快的启动阶段中保证较长的产品生命周期也是一项巨大的挑战。由于生产周期长，很难对来自市场或顾客的需求变化做出快速反应。半导体市场也是一个非常容易波动的市场，它受到经济强劲和经济低迷的影响，这使得精确的销售预测变得困难。这些特性对高度的灵活性提出了要求。但是，容量扩展通常是烦琐且昂贵的（Uzsoy 等人，1992）。卓越运营不再局限于单一工厂，而扩展到整个生产网络。整合像"全球工厂"这样的综合价值链是一项重大挑战，具体由半成品的产品、生产和市场特点决定的。

不同领域在实现工业 4.0 意义上的智能化生产网络中都有着不同的处理优先级，使得整个价值链以不同的速度和特点进行整合。

7.2 一体化价值创造网络的实现

为了实现工业 4.0 意义上的一体化价值创造网络，需要特别注意以下几个方面（Kagermann 等人，2013）。首先是横向整合，其次是跨整个价值链的工程数字化整合，最后是纵向整合和网络化生产系统。

工业 4.0 中，工程过程和商业过程都是动态的。通过对生产过程的短期调整适应，可以减小扰动的影响。生产的纵向整合旨在将不同层次的不同 IT 系统集成到生产和自动化技术的一致解决方案中。与之相比，生产的横向则意味着物质、能量和信息的流动发生在不同的工艺步骤之间。这不仅在企业内部适用，也同样适用于多个企业之间。

网络复杂性随着所涉及的实体数量增加而增加。图 7-4 给出了抽象增值网络的不同自动化和整合级别。第一层是生产设备，第二层是工厂，第三层包括整体工厂网络，在最后一层，还可以区分是企业内部网络还是跨企业网络。必须在这三个层面上应对自动化和一体化方面的挑战。

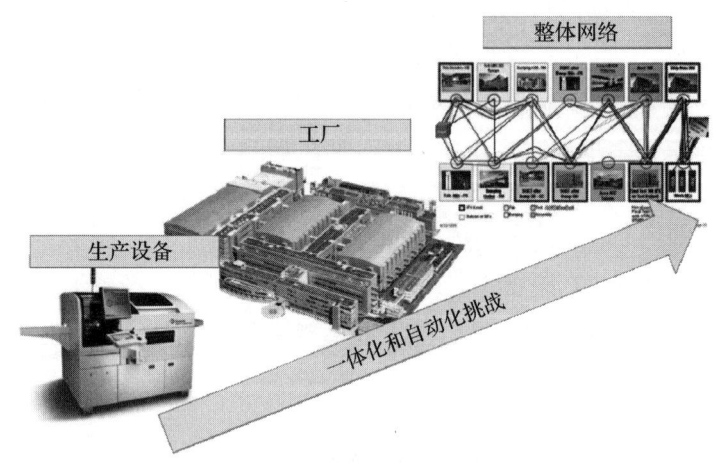

图 7-4 一体化和自动化层级

在考察第一层时，重点在于每一生产过程的质量。统计过程监管的引入极大地提高了透明度，从而提高了收益。我们可

第 7 章　价值链在半导体行业中的横向整合

以计算出有效价值范围和过程取向区间。错误检测与纠正措施启动之间的延迟越短，生产过程就越好。此外，趋势分析可以预先避免一些错误。自动且准确的数据收集是成功应用统计程序的先决条件，可以根据这些程序监控各个流程和工厂。例如，常常使用整体系统效率（GAE）作为系统附加值的度量。第一层中可靠数据分析是建立更高层级的基础。第二层旨在整合工厂和实施自动化。与其他企业一样，英飞凌科技公司已经为智能工厂的第一要素实施奠定了基础。除此之外，它还能实时获取制造信息和无纸化生产，产品可以随时被识别和定位。可靠和简单的识别是借助室内 GPS 系统实现的。GPS 系统不仅能够精确地记录和控制日常过程，还能灵活地对偏差做出反应。权限控制系统还可以确保只有授权和合格的员工才能访问特定的生产设备或流程。

在半导体工业中，产能利用率和产品的生产时间（Leachman 等人，2007）是工厂的主要性能指标之一，企业旨在实现高产能利用率和缩短生产时间。生产的多样性在这两个相互竞争的目标中起着重要的作用。机器故障、人员短缺、材料不可用甚至批处理过程都可能是高度多样性的原因。产量变化越大，同等产能利用率下的生产通过时间就越长。通过有针对性地对生产进行控制或同步，可以减少生产变化，其先决条件是产品在生产中的位置准确。在智能工厂中，工件和机器应该实时地协商处理步骤发生的时间和地点。但是，要做到这一点，信息物理系统的发展还有待推进。

第三层则涉及整个工厂网络的整合。在工厂优化期间，通常需要捕获和分析大量的数据，分析模型或仿真模型的创建也是工厂层的一项重要挑战。对于生产网络来说，所需数据量和建模复杂性都会增加。找到足够准确的抽象级别是非常重要的，这样就不必模拟每个细节。如果成功地找到了这个平衡点，不仅可以对每个场地进行局部优化，而且还可以实现全局最优。

7.3 横向整合的机遇与挑战

与许多其他行业相比，半导体行业已经高度自动化。因此，其改进空间不再局限于提供手动处理步骤的自动化，而是信息的快速反馈，从而实现跨工厂界限的快速学习。

英飞凌科技公司已经完成了一个能展示横向整合优势的试点项目。图7-5给出了利用最先进分析方法对场地测试数据的评估以及对先前生产过程或地点的反馈。基于这一控制回路可以及早发现错误，有助于提高产品质量和实现稳定的全球制造。

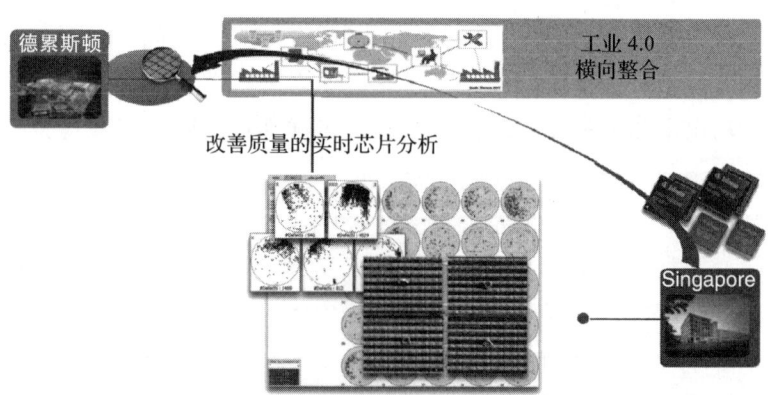

案例：在德累斯顿进行芯片前端测试，在新加坡进行最终测试。
借助新的技术应用和IT方法，通过对各个芯片数据与晶片产品数据的反向关联，实现质量的改善。

图7-5 通过横向整合改善产品质量

横向整合的一个例子是预警系统，这一系统可以基于现有信息及早发现问题，例如是否存在导致交付延迟的容量瓶颈。

第 7 章 价值链在半导体行业中的横向整合

由于在每个生产阶段都没有用来预防生产波动的缓冲区域,所以尽快通知后续生产过程以便工作人员仍然有机会调整计划是非常重要的。从上述案例可以看出,沿价值链的上游和下游两个方向的反馈回路是非常重要的。

商业智能(BI)和商业分析(BA)变得越来越重要。商业智能的重点是通过分析来识别问题,而商业分析的重点更多在于预测、未来发展和决策支持程序。毫无疑问,从大量数据中获取信息并将其转化为指令或改进措施是未来的巨大成功因素之一。这涉及将大数据浓缩为智能数据。德国智能数据创新实验室(SDIL)研究平台于 2014 年 1 月启动,旨在推动德国工业的发展。从技术角度来看,准备和分析结构化数据是很有可能实现的。然而,当今的大部分数据都是由非结构化数据生成的,包括视频、图片、文档、博客或其他基于文本的信息。如何评估这些信息逐渐成为研究和行业的焦点。当企业能够实时处理大量数据流时,便可以更迅速地做出决策或检测新的现象或关系。例如在智能工厂中,如果通过分析非结构化数据来改善销售数据,则可以提高产能。图 7-6 阐释了工业 4.0 中的挑战。

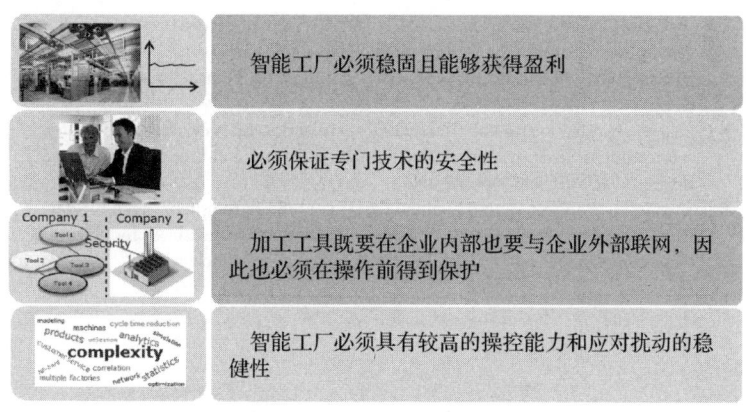

图 7-6 工业 4.0 中的挑战

最大的挑战之一是确保生产网络安全稳健。对这一技术的掌握不仅在复杂 IT 系统和流程方面，也会在企业内部数据的保护方面起到显著作用。保护生产网络免受破坏和黑客攻击是成功保证专门技术及确保工厂稳健的关键因素。只有实现了这些，才能成功挖掘工业 4.0 的潜能。

7.4　总结与展望

英飞凌科技公司正逐步走向智能化生产网络。智能生产网络的第一要素已在横向整合和纵向整合方面得到了实施。特别是在横向整合方面，高度优化的潜力是显而易见的。在不同分析方法的帮助下，跨工厂界限的快速学习是重点。此外，决策支持建模和开发预测也变得越来越重要。这意味着需要把控在安全网络下日益增长的复杂性。

7.5　参考文献

Uzsoy R, Lee C-Y und Martin-Vega L A (1992) A review of production planning and scheduling models in the semiconductor industry – part I: system characteristics, performance evaluation and production planning. IIE Transactions 24:47-60. doi:10.1080/07408179208964233

R C Leachman, S Ding, and C-F Chien (2007) Economic efficiency analysis of wafer fabrication. IEEE Transactions on Automation Science and Engineering 4:501-512. doi:10.1109/TASE.2007.906142

Kagermann H, Wahlster W und Helbig J (2013) Umsetzungsempfehlungen für das Zukunftsprojekt Industrie 4.0. Abschlussbericht des Arbeitskreises Industrie 4.0. Deutsche Akademie der Technikwissenschaften e.V., München

第8章

信息技术的安全和云计算

Niels Fallenbeck

Claudia Eckert

8.1 引言

以前,在生产信息和商业信息方面,信息和通信技术领域是分开的,而在德国工业4.0中,它们之间的界限消失了,之所以发生这样的转变,是因为信息系统面临着完全不同的安全要求。由此,产生了新漏洞,攻击者找到了新的可能途径,入侵系统并对现实世界造成危害。例如,台式机中所出现的计算机病毒在生产设备中传播,或者为了远程维护开放机器的时候,保护做得不够。

8.1.1 嵌入式互联部件

在工业4.0中,机器和产品将会变成智能的、互联的,形成所谓的信息物理系统(CPS)。该系统的许多组件在存储容量、计算能力和能耗方面都受到限制。它们必须准点完成任务,因而要严格地遵守时间规定。此外,它们经常需要被认证,以至于在正常运行过程中，通常不能安装安全补丁（这在商业信息技术中是众所周知的）。这些组件也不可以轻易重新启动或重新配置。在当今商业信息技术中，人们所发现的典型安全技术[8]，如病毒扫描程序、防火墙、虚拟私人网络或在企业信息技术中浏览器和服务器之间的加密通信SSL/TLS等，对于自动化环境和生产环境中所使用的受限网络组件，在资源保护和简单安全保护方面，是极为不适用的。同样不适用于识别活跃用户的技术有访问代码和权限证明等。这些组件必须能够相互识别、辨别篡改行为和相互安全通信。确保机器身份的安全可检测性、预防假冒伪劣产品、保持机器与机器间的安全通信，这对工业4.0中的信息安全技术来说是一项十分重大的新挑战。我们需要新的安全技术，例如，受限组件的可靠性操作系统核心或者轻量级但强大的安全机制，从而避免篡改行为或者使之变得无害。

一般规定工业设备和机器的长期使用年限为20年。从当今工业3.0时代到下一时代——从密集网络到物联网的转移，这种转移不是以变革形式，而是以进化形式发生的。研究联盟[10]工业4.0工作小组的总结报告也得出了这一结论，他们把如何使现有的基础技术和经验适应于生产技术的特征看作工业4.0道路上的重大挑战之一。用于工业组件的网络接口采用了加密方法以实现对数据交换的保护，但是这种做法并不是标准化的任务。尽管在传统的信息技术世界有不少被证明过的理念，但是这些理念并不能直接转用到工业背景下。一方面，安全方案必须与现有的系统标准相兼容。另一方面，工业系统要在非常严格的实时条件下运行。数据加密和解密的时间，或者用户和设备身份确认的时间都是极其短暂的。对所有层面来说，安全概念的研发是必要的。例如，通用管理权限就属于其中一个层面。因而在各个系统中，可以清楚地规定谁有资格采取行动以及能够

第8章 信息技术的安全和云计算

采取哪些行动。除了保护系统不受来自网络的攻击，还要保证系统在受到物理攻击时的安全。物理攻击指的是，攻击者可以直接使用实体设备攻击，并且能够添加、移走或篡改硬件。这种保护可以通过安全的硬件组件一体化实现，这样，当被篡改的或伪造的组件[9]引入到系统中时，该系统就不会再启动。安全的硬件组件可以模块化，这种模块处于保护之中，不会遭受上述物理攻击，同时在系统启动时，该模块可以检验启动过程中参与组件是否完整。此外，安全的硬件组件提供了一个安全的存储区以供使用，在这个存储区中，可以安全地存储敏感数据。

8.1.2 大数据和云计算

人、机器、生产设备、业务流程、产品和服务不断地生成数据。为了优化资源利用和业务流程，这些数据被实时汇总并高效分析，可用于控制和监测生产流程或其他对企业重要的流程，也可用于控制车辆行驶或者设备运行。显然，数据和信息是一笔宝贵的财富，但蓄意篡改可能会产生可怕后果。因此，人们应该有意识地保护生产数据，防止未经授权的访问或篡改行为发生。此外，还要考虑设备和机器使用者的大量数据缓存运行记录、使用记录或者习惯。这对个人隐私是一个巨大的威胁。处理数据时，需为其提供必要的保护，这无论在社会和经济政治方面都属于核心任务，存在着巨大的研究需求。

工业4.0背景下，员工是流动的、全球化的并且往往是独立行事的，工作时间和工作地点是自由的。相应地，信息通信技术（IKT）必须能够被员工灵活多样并非常简单地使用。通过网络提供的服务和数据，每一个流程的参与者不必到现场，他们在任意地方都可以使用这些服务。为了尽量简单地将需要的专家和客户引入到这些过程中,服务的获取及其使用必须尽量简单。而且在这些要求之后,还隐藏着信息技术安全方面的挑战,包括从移动网络中的通信安全,到"自带设备"的概念[32],再到信息通信技术简单的可用性问题。在生产环境中,在被控组件信息通信技术的简易安全的可用性方面,至今还存在许多未被解决的问题。

工业 4.0 中,生产流程和业务流程是沿着价值创造链进行的,并被分配为经济上相互独立的不同部分:传统的生产流程是由一个参与者设计、执行和监督的,而在使用了云架构之后允许不同的参与者加入进来,他们负责流程中的不同步骤并参与生产流程。工业 4.0 的长远前景是实现生产流程的完全自动化:"这种方法在未来将会被广泛使用,订单通过整个价值创造链自我控制,预定所需的加工机器和材料并组织交货给客户。"[24] 同时,为了以低成本提供基于信息技术的标准服务,网络是核心的通信媒体,而云计算是核心的范例[28-29]。为了实现这一点,对于人和服务来说,都需要安全可靠的身份。必须安全灵活、超越组织界限地对服务进行整合。尽管通信有可能受到攻击或遭遇有针对性的工业间谍,但通信还是要安全可靠地进行。云端数据必须受保护,防止未允许的访问,数据处理也要正确安全地进行。

8.1.3 对信息技术安全的挑战

在此可以做出小结,即安全的工业 4.0 要求有全面的措施来保证数据的正确性、完整性和实时可用性,以及通信的安全性和被使用信息通信技术组件的可靠性。这些措施包括技术措施,也包括组织措施,用以提高对基于信息通信技术的系统和流程的信任。还需要有条理的新型技术方法,从而增加信息通信技术系统在可检测和可控制方面的安全性和可靠性。另外,必须

第8章 信息技术的安全和云计算

系统地考虑伴随着信息通信技术的使用产生的风险必须系统并将其量化表示,同时要研究流程和方法,使得风险最小化,并负责任地处理残留的风险。长期可持续的解决方案要求研究新的安全技术,以满足高度互联、互嵌的系统要求(有可能自发地满足),比如能效或实时性要求。新的安全控制和保护措施必须及早地融入系统的设计中,从而在后期设计出基于信息技术的产品和系统,它们更加稳定并能够抵抗互联网攻击。

对于工业4.0来说,云计算安全与否是一个核心问题。研究联盟在其应用推荐中,评估了云计算对于未来项目工业4.0[10]的益处。同时,以云计算处于核心位置构成了一个平台,在这一平台上,所有的专家和用户在同一场景下交流,参与者自身以及生产机器也都可以连接到这个平台上。因此,在接下来的篇章中,会集中讨论云计算的应用领域。

本章结构如下:首先探讨工业4.0背景下,云计算的机遇和风险;然后阐明安全的云系统的核心要求,即所存储数据和所提供服务的可用性、数据的完整性,以及保障数据机密;讨论安全的云计算可能的应用场景,如安全的远程维护或者安全的、主要的数据存储和分析;最后,将讲述一些技术方法以及一些精选的可行研究方法。目前这些技术方法中有一部分已经得到了应用,但为了适应工业4.0背景下的特定要求,它们仍然需要做出调整。

8.1.4 工业4.0背景下的云计算

在组件连接中,云计算扮演着决定性角色。云服务可以通过网络进行反映,由于这一特性和它以服务为导向的特点,人们可通过接口简单地使用云服务,而其本身也可以利用其他的服务。这些特性同样存在于工业4.0的发展过程中:生产设备及其组件拥有标准的接口,而这些接口实现了对设备功能和信息简单而同质的使用。通过这些接口,开放了系统,同时由于接口的标准化,实现了不同组件和设备之间的互操作性。

机遇和风险

在一定程度上,云服务适用于工业4.0环境中分散组件的连接。云服务可以实现数据的集中存储、评估,以及使用各个分散的组件,从而实现一些功能,如软件更新或配置更换。云端基础设施包括在物理方面用于数据存储和处理的分布式系统(由云端管理组件管理)。必须注意的是,云端集中存储数据,从自身定义来看,云端系统就是一个分散的系统。被存储的数据和由云端提供的服务可以在云架构内分散存储,从表面上看,对于连接起来的生产设备或用户来说,云端被证明是核心服务,并且只有一个切入点。对外部的服务和用户来说,云端在物理上的分布完全是透明的。

由于数据和服务分布在不同的物理服务器上,所以可以保证云端系统有更高的可用性。云端系统可以自动快速地对云端组件故障做出反应,并将云端服务及时透明地转移到其他组件中,由此可以防止服务停止运转。这种对紧急情况和意外事件的反应,很大程度上是完全自动执行的,因为除了标准化的接口外,这些设备也提供了结构性的数据。这就实现了对数据全自动快速的分析,并保证了较短的反应时间,从而避免对设备或机器周围环境中的人造成伤害。

同时,工业设备之间的高度连接节约了维修和保养的费用,因为不必到每一台设备的现场进行维修服务,通过远程访问便可以完成大量任务。在工业领域,远程维修已然存在,然而有时候还存在业主访问和访问形式的问题。访问的形式有无线电波、无线网和有限网,而不同的访问形式要求不同的配置和工

第8章 信息技术的安全和云计算

具。因此，标准化接口的使用，以及通过云平台建立的同质管理，会使得将来对远程访问的使用比现在更为简单和高效。然而在公共网络中的通信以及通过网络连接的设备，存在着巨大的潜在风险，这会影响设备的功能以及设备中数据的安全性。例如 Stuxnet、Duqu[2,7]和 Flame，在过去就已表明，工业设备可能成为攻击目标，这对设备本身或周围环境将造成直接危害。例如，在中央供暖站（BHKW）系统控制器的识别系统中存在一个漏洞，会使得外来访客可以随意访问顾客服务员工层和技术员工层，并对供暖站进行不合规操作[1]。

显然，与一个或多个家庭住宅相联系的中央供暖站停工、生产设备故障或被破坏，会带来更显著的影响。一台生产设备停工将会给运营商带来高额损失，因为设备停止运转，会对后续生产步骤产生影响，并最终导致销售停滞。大型发电站和生产设备不合规运行，可能意味着毁灭，这对周边环境会造成巨大影响。

除了接口和工业设备自身的漏洞，工厂在使用云系统控制和规划生产流程时，受攻击范围也变大了。攻击者作为云平台的用户，若充分利用软件中的漏洞，可以在系统中获得比原本更多的权利（权限提升）。由此或通过数据存储中的漏洞，攻击者可以获得其他生产设备运营商的数据，从而获取关于生产流程的信息，或者直接得到联机生产设备的访问权。

攻击者的类型分为工业间谍和数据间谍，或者目的在于破坏工业设备。此外，好奇也可能成为攻击动机，即在云系统中查找漏洞并加以利用。同时，当系统中不存在关键漏洞时，也可能存在外部非法数据访问。例如，当云系统的使用者由于缺乏安全意识或贪图个人方便，使用了不安全的密码（可以简单猜出或者通过社会工程学获悉）。为了应对这一挑战，需要引入分工流程，在这个流程中，不同用户管理不同的信息。因为在原本的数据访问权模式中，每个人都可以访问所有的数据，此时，如果入侵者成功地攻击了一个参与用户的账户，就意味着可以访问流程中的全部数据。

8.2 对云系统的要求

工业 4.0 领域中，对云服务的安全水平提出了较高要求：云服务和各个机器之间的数据和控制命令的传输必须通过安全通道进行，必须确保云端数据存储的安全，以及相关数据使用、处理和传输的安全。另外，当通过一个云服务管理多个必要情况下是竞争关系的数据时，这也特别适用。因此，一方面要保证客户端安全分离，并且让每个参与者的权利得到可靠的落实。另一方面，云架构要实现工业 4.0 价值创造链中参与者的安全合作，如此就不需要完全分离各方数据和活动。通过云架构实现规划服务的定位和提供，将分管不同部分的人员连接到工业 4.0 价值创造链中。一方面，会将专业人员连接到流程位置上，因为他们有特殊的专业知识；另一方面，将客户连接到流程中，以在规划阶段及后续阶段对产品施加影响。为此，需要灵活的可配置和可控制技术，从而按照参与方的任务和义务实现数据的处理和传输。此外，在云服务提供重要功能（没有这些功能，工业设备就不能运行）时，必须保证其可用性。因此，必须满足以下的基本保护目标[8]：

❑ 服务和数据的可用性

❑ 数据的完整性

❑ 机密数据的保密性

云架构的一个重要特征是，可以通过网络接口访问云服务：

第8章 信息技术的安全和云计算

与云端的通信通常是通过网络进行的,因而数据是通过公开网络发送的。从发送者(如一个生产设备)到接收者(云端)的过程中,数据会通过不同的网络节点。这些都超出了云端提供商和设备用户的网络管理员的控制范围。此外,该过程使用了对应不同技术的传播媒体,如电缆、无线电和卫星。

因此,不仅对云端数据的存储和加工有很高的要求,对在云端和生产设备之间的传输道路也有很高的要求。就像开头所提到的,保证设备中本地数据收集的正确性、完整性及不可篡改性,这非常重要。这就要求在设备的嵌入式组件中加入安全措施,这一点已经在前文简要叙述过了,此处不再赘述。

8.2.1 云计算在工业4.0中的使用

云计算由于自身特征,如可扩展性、高度可用性、快速网络连接以及通过外部定义的接口提供功能等特性,是工业4.0的基础技术,并且只有通过这种技术才能实现云计算特性,如工业设备的高度连接、生产设备的适应性和自动化组织。

传统的自动化金字塔分为六层,每一层汇聚着不同的数据并承担不同的任务。

企业资源规划(ERP):企业层服务于粗略生产规划,其中包括如用于订单处理的系统。

制造执行系统(MES):在管理层进行精细规划,比如详细显示生产流程。在此要监督关键绩效指标(PKL)并进行材料和质量管理。

数据采集与监测控制(SCADA):底层测量值汇集到流程管理层,因此,在这一层可以对整个系统进行监控。如果需要,也可以在这一层发出命令,从而控制联网的机器并对特殊情况做出反应。测量值的记录同样可以在这一层进行。

存储程序控制（SPS）：在控制层，可以对各个机器进行控制。

输入信号和输出信号：该层是生产流程的接口，有输入信号和输出信号。

生产流程：该层是最底层，就是传感器、控制器层，用于简单快捷地数据收集，通常收集联网机器中的二进制信号。

云计算技术位于自动化金字塔的上层：来自生产设备中的数据汇聚在云系统中，在这里，数据被分析并转化为报告或传递给仪表盘，报告和仪表盘给出了所有连接系统的详细概况，并及时深入到机器和组件层。生产流程也被监管，并以图形的方式呈现在云端。同时云系统可以用于规划流程、干涉活跃流程，甚至自动决策并给生产设备发送相应的控制指令。因此，当生产设备在一个流程中一起工作时，可以实现这些设备之间的同步，并将生产能力不足的阶段最小化。此外，通过智能规划，以及工具、机器的自动化配置和调整，可以将辅助时间降到最少。

标准化设备组件的使用实现了更简单的可获取性，并允许工业设备在云平台上简单组合。抛开成本原因，这种统一访问机器的方法在其他方面也具备一定的吸引力：服务人员可以通过统一的软件平台登录并管理不同的设备，并且当不同机器的接口相同时，数据的集中收集会变得更加简单。此外，这种方法还允许分析来自自动化金字塔不同层面所有系统的监测数据。与过去几年相比，通过标准化的接口和简单的访问方式，明显可以实现更好的分析、故障查找和仿真。

在接下来的三部分中，将更加详细地讨论云平台在工业4.0中的三个应用场景。

1. 生产设备的远程维护

在当今时代，出于多种原因，生产设备的远程监控是必要的。一方面，现代工业设备不必强制位于同一地点，技术服务

第8章 信息技术的安全和云计算

人员不必长途跋涉去访问参与某一生产流程的所有机器。另一方面,现代生产机器非常复杂且由软件控制,相比于几年前,软件更新和配置更换明显变得更有必要。

出于这个原因,需要对当今机器进行远程监控。通常,制造商的服务人员可以通过远程访问直接登录机器。同时,服务人员既可以直接与相应设备建立连接,也可以登录到客户公司的虚拟私人网络(VPN),从而在这个网络上获得对机器的访问权。为此,对于每一个生产机器,通常要提供并维护自己的访问数据和网络地址,这样成本会非常高。而通过在云架构中对生产机器进行组织——可以将云端作为设备集中的访问点,能够明显简化上述做法。此外,出于一些原因,例如设备运营公司信息技术部门有所限制,或者尽管当前可以通过移动无线网络进行访问,但没有公共可获得的 IP 地址,还不能轻易建立对生产设备的访问。

在云端对智能生产设备的集中管理是在舒适性方面的一个意外收获,但是这也隐藏着安全风险,主要是在多用户环境中。因为在这种环境中,不同客户的生产设备只能在专用的云平台上维护。

一些生产设备的制造商可以对设备的固件进行参数规定,如,在加工流程中使用哪些功能以及采用何种效率。后续,客户也可以购买服务和功能,然后在固件中激活。但是,如果这些功能在生产设备售出后被非法地激活,会给设备制造商带来经济损失。因此,必须确保仅由制造商授权的服务人员才能激活或解除设备固件中的功能。

2. 生产机器的集中管理

在生产机器集中管理的应用场合下,云端用作一个平台,在这个平台中连接组织生产设备。然而与设备维护相比,在这种场合下,生产流程的仿真、规划和执行处于核心位置。同时,云架构也可以作为专家系统的基础,专家系统中不同的专业人士可以共同合作。除了工作步骤的通信、规划和仿真,通过这个系统,每个专家都可访问其需要的信息。

将云平台用到专家系统中,还可以在云端集中提供工具,在技术上支持用户规划生产流程。例如:用图形编辑器能够快速地规划流程,并且自动生成生产设备的控制代码;通过自动代码生成,可以排除编程错误,并且缩短流程在控制代码中的执行时间。

通过云系统高效的计算能力,可以在相对较短的时间内,完成复杂流程链的仿真并使其生效,同时可以根据需求,添加其他的云资源。此外,还可以缩短仿真时间。出现问题时,流程的图形展示能够实现瓶颈和故障定位的可视化,且易于理解。这种仿真同样可以用于流程优化。因为仿真是在云端中心位置进行的,所以能够包含连接的所有系统,并对生产流程进行优化。通过将仿真结果返回到工作流程的模型中,可以在短期内直接优化生产流程。

将企业和流程管理层转移到云端,能够通过中央云控制所有的机器。同时,如果机器在一个流程中共同工作且空转时间降到最少,那么机器就能同步。如果要管理多个不同的制造流程,那么云平台就能优化设备的产能负荷,并将最高负荷分配到不同的机器上,从而尽可能地将整体的生产负荷维持在一个较高的水准上。当遇到诸如设备停工这样的意外事件时,云平台能够自动地将重要的流程转移到其他的生产设备上,或者如果监控数据提示一个组件即将损坏,云平台就会主动降低生产效率。

通过将不同的设备连接到云端,管理便可以全自动地进行。

第8章 信息技术的安全和云计算

由人为决策引起的等待时间将会减少或完全消除，因为通过信息技术基础结构可以向专家发出警报，而专家能直接进入云平台，采取行动并做出决定。

通过监控机器状态和库存状态，云平台能够自动订购生产原材料，并将其运输到指定的生产地点。

3. 数据的集中存储和分析

在运行的生产流程中，许多数据直接由机器产生，而这些数据对流程的监控是必需的。这些数据会聚集在云平台上并被存储，实现全面监控。图8-1概括展示了来自不同生产设备的数据在云端的集中存储。

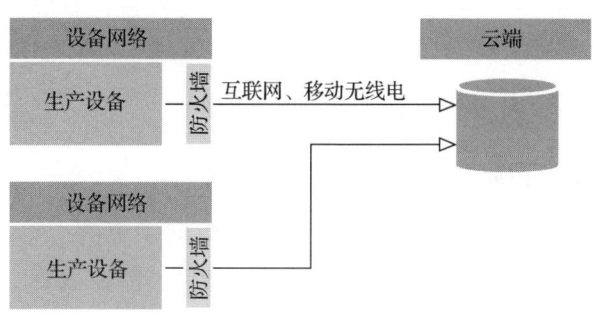

图 8-1 生产设备数据在云端的存储

由于云系统的引用，受到威胁的系统的数量增加了，攻击者入侵这些系统，可获得联网系统的数据和控制权。现在除了这些可以通过新的接口直接从网络进入的设备组件，新添加的中央计算机和存储器也成为了新的攻击目标。此外，用于数据和信息交换的通信渠道、网络链接也成为需要保护的对象，它们需要反对任何未经授权的访问和数据篡改。

这一应用场景与生产流程的仿真和规划有着紧密的联系，因为过去的流程数据十分重要，能够模拟未来的生产流程，并通过控制调整当前的流程。为了识别正在运行流程中的故障并通过控制进行调整，必须及早识别这些故障并采取相应的对策。生产设备的数据集中存储在一个中心位置，如云平台。通过这一平台，设备可以被连接或管理，并引入了新的可能性，如分析以往生产流程的数据，并将结果用于管理未来流程。此外，在执行生产流程期间，可对数据进行评估，实现对流程的全面监控。这样可以监控涉及所有参与工业设备的数据，因而能够全方位观察整个流程。

通过集中分析所有可获得的数据，辨别它们之间的复杂关系，因为来自不同生产设备的数据可以相互关联。分析时，如果人们只使用一台生产设备的数据，就无法进行有效识别。借助云架构的高效计算能力，可以进行大规模分析，而联网机器庞大的数据基础为分析建立了坚实基础。

8.2.2 服务和数据的可用性

可用性是指可以无损地、普遍地访问需要的信息、数据、程序、硬件、系统或系统组件，一般来说，即在需要时，就可以使用系统的功能和资源。

为了保证可用性，必须排除以下情况：非法删除数据、蓄意阻碍对数据的访问、影响系统或程序的功能（比如所谓的"拒绝服务"攻击（DOS）等。引入冗余系统或部件，或者定期进行备份，同样有助于提高可用性。

之前提到的工业4.0背景下的云计算应用实例，正是以服务和数据的可用性为基础的。如果负责生产流程的生产规划和控制组件不可用，那么很明显，流程的规划或执行将无法实现。这在规划阶段不会造成什么影响，但在生产阶段，生产停工将会立刻引起经济损失。2013年Compuware公司的公开研究表明，信息系统的停工会造成巨大的经济损失[11]。

使用云平台，可以实现专家之间的可控合作，并对已规划的生产流程进行仿真。因此，平台停止工作，将会延迟生产流程的规划、仿真及实时执行。

同样，对于数据的集中存储和分析来说，云端停止运行也有一定的危害，因为在其停止运行期间，对生产流程不能实施全面的监控。出现的故障会在稍后或根本不会被检测到，因而生产流程有可能会中断。由此，形成的停工时间可能会导致经济损失，但通过改变流程中的参数，可以避免这一损失。

当云系统不可用时，对联网设备的维护也是不可行的。因此，即使是一个非常短暂的停工，也会导致一系列严重的问题。为此，在节奏紧张的生产规划中，要规划一个维修窗口。但是，如果云系统停止工作了，这个窗口依旧无法工作，后续步骤也会被延迟，而在与其他设备相结合的同步工作流程中，这将会导致生产的总体延误。由于云系统不可用引起了维修窗口的不可用，若此时存在一个未被检测到的警告或者出错率增加了，生产过程就可能有风险。如果在一个生产设备中，故障已经出现且云系统不可用，此时所产生的后果将无法挽回。此外，生产的长时间停滞，也会给设备运营商造成损失。

8.2.3 数据的完整性

数据和信息仅仅在授权和在可知的情况下使用，才具有完整性。为此，一方面要采取预防措施，使得数据和信息不被破坏、伪造、替换或在导入其他数据时不被篡改；另一方面，要保证能够发现非法操作。在诉讼争议中，如果要证明哪些问题导致了损失，以及在多方参与的生产流程中，哪些人对损失负有责任，那么确保所执行动作的记录报告不被篡改就变得非常重要。

数据的完整性对于生产流程的规划和执行同样是绝对必要的。为了保障正确地规划流程，必须给出基础数据的完整性，这样生产设备的参数就不会发生错误，否则在执行流程时，会导致生产停工，甚至造成设备的损害。当生产规划数据变动时，必须清楚，哪个用户做出了哪些改变，从而追溯决策和责任。

在生产阶段能够追溯规划的改变，同样重要，这是为了记录出于什么原因或由谁引发了这一必要变化。此外，在生产阶段产生了许多数据，而这些数据给出了有关生产设备状态的信息。为了监督设备并在此基础上识别故障和异常，前提条件是：将设备正确连入云平台并确保其数据存储的安全性。必须确保云平台中记录的数据不会被篡改，而且数据变化可以追溯到确定的、合法的用户或云端的流程。这些数据不仅对生产流程过程十分重要，在未来的生产流程规划中，它们也是进行模拟和预测的基础，也很重要。因此，在生产流程结束后，还要保证安全完整的数据存储和数据存档。

当云平台要自主做出决策时，必须记录该决策是如何做出的，是什么时候执行的，以及在决策后进行了哪些操作。这样做是为了在发生故障时可以迅速恢复流程状态并能够在未来的模拟中进行优化，这一点非常重要。当然不仅仅是记录的数据要被安全存储，流程本身和由流程自动生成的设备控制代码也要被保护，防止被篡改。对控制代码非法的变更可能会导致生产设备停止运行，并且当有人未按规范操作时，可能会威胁周围人与机器的安全，由此造成损失。这同样适用于在突发情况中使用并自动执行的应急计划。为了避免危险和损失，精确实施在这些计划中所描述的流程，非常重要。

在远程维护中，正确可靠的数据传输非常重要。为了完成

第 8 章　信息技术的安全和云计算

远程维护任务，数据必须无损地（即完整地、不被篡改地）存在。同样，在远程维护中执行的所有动作必须被记录下来，并原封不动地存储起来。而且当生产设备自身的固件激活或关闭某一功能时，该行为的时间点要被安全地存储，这样可保证设备拥有者能够使用其所购买的功能。例如，在激活或关闭某一功能之后，必须安全存储在什么时间由哪个服务人员执行了这项工作这一信息。

防止数据篡改的一种保护手段是借助加密的哈希函数以及使用数字签名来生成和检测哈希值。同样，确定相应的使用权限也有助于保护数据的完整性[8]。

然而要注意的是，在收集初始数据时，这些传统 IT 安全技术并不适用于保证数据的语义正确性和质量。为此，必须采取其他措施。IT 安全措施聚焦于防止数据被篡改，在必要时对数据进行加密存储和处理，以便随时调用数据。所谓的时间正确性，是数据完整性要求的一种特殊情况。当数据传输和处理时，为了一则消息或一个日期的有重要意义的信息不被伪造，而遵守一定的时间顺序，这是很有意义的，具体呈现为，在函数调用链内的时间顺序，或者对描述时间顺序的数据以及记录数据的评估。

但是系统本身也要被保护，防止被篡改。在这种情况下必须注意不经授权就不能影响系统的行为，例如引入改变系统的功能。这种保护是以安全机制固定在系统内部的可靠硬件组件中，以特殊控制程序为前提，该程序会定期检测系统是否处于允许状态[30,31]。

8.2.4　机密数据的保护

保证数据的机密性就意味着，在未经授权的情况下（如通过未授权的使用者或用户），信息和资源不可被查阅、处理、复制和传递。在此，借助权限分配确保只有具有合法权限的用户才能访问传递中的或存储的信息。除了建立访问保护技术措施（如访问控制系统、权限系统）或者分配访问权限外，数据安全加密也成为用于维护信息机密的重要手段。

在多用户系统中，存储数据的保密工作至关重要，因为未授权的用户禁止访问其他用户数据。例如当数据直接存储到云端时，就可能涉及日志文件，这些文件被直接保存在云端，用于直接分析或一段时间后再做分析。不同云端用户的机器将日志文件存储到云端时，必须确保用户不能获得其他用户的数据。

根据生产规划数据和记录数据，能够详细地推断出用于企业生产设备和加工流程的配置，而这些企业的加工设备是通过云平台连接到一起的。生产流程和设备配置、已执行生产过程的仿真及记录文件中都包含了企业的相关信息和机密，通过这些信息和机密可以知道用哪些现代生产设备生产哪些产品。如果不能保证数据的机密性，潜在的竞争企业就有可能获得这些敏感数据的访问权，由此可能会导致无法预估的损失。若加工机密和研究机密以及未来将要投产的计划产品信息落到竞争对手的手中，他们可能将这些信息用于自己产品的改善和进一步研发。此外，如果攻击者更改了存储在云平台中的数据，这些数据可能会导致，对生产设备和生产流程错误的仿真和配置，或者无法改善生产流程，因为仿真错误，这些数据无法被识别。

此外，这样的数据也可以是将生产机器置于特定状态的配置文件，而这种状态对于生产步骤的执行是必要的。这些数据必须加以保护，以防止陌生的和未经授权的访问发生，因为存

第8章　信息技术的安全和云计算

储的配置文件和仿真结果是生产企业的生存数据，必须保护并被加密存储，以防止云平台的其他用户获取。即使是在同一云平台上一起工作的各方，也只能有限地访问一些开展日常工作必需的数据。由此，可以避免一个专家获得有关仿真和生产的全部信息。这样，由某个专家导致的数据泄露和数据滥用所引起的损失便是有限的。为了实现这一想法，当今基于角色的权限控制在商业信息技术中已非常普遍。另外，通过给数据配上安全标记并控制其传播，也能让信息流和数据流在可控状况下传播。

当云系统与远程工业机器通信时，有必要将用于远程系统身份认证的数据存储在云端。在云平台内部，保护数据机密性是一个非常重要的主题，因为不同客户或者不同部门将对机器的访问数据存储在那里。这些数据实现了对生产设备的直接访问，为此必须安全存储并防止未授权的访问。如果另一个用户访问了这些数据，再通过伪装成合法的云系统，他同样能够访问使用者的机器。

与个人相关的数据主要存储在云的管理系统中，使用这些数据是要付费的。这种情况下，会涉及诸如交流信息或者用于费用支付的数据。这些与个人相关的数据对保密性有很高的要求。当生产设备的维护是由承包商执行时，云系统会记录某一台设备的维护时间，以及维护持续的时间。如果不能保证这些数据的安全，看过这些数据的人可能从这些与顾客相关的信息中，推导出生产流程中的某一阶段或者一台设备计划的重新配置。如果有人能够非法访问，利用这些与各个生产设备的性能范围和生产效率有关的数据，他们就可以深入观察生产流程，而这些流程是重要的信息，必须防止非法访问。

8.3 解决方案和研究需求

在对工业 4.0 环境下的云计算应用案例的描述中，已经提到了几个可以实现目标的技术解决方案。

云平台内基于角色的访问系统，根据要被执行的任务对角色进行了定义。这样的好处是，数据访问的权限对于每个用户来说，根据任务特征和责任进行分配。根据要被执行的任务可以给用户分配一个或多个角色，从而使他们拥有对应角色的访问权。在图 8-2 中，对这种基于角色的访问系统的结构进行了描述。一个用户被分配了一个或多个角色，相关规则也规定，为了能够使用云端的服务和数据，一个用户必须拥有哪些角色，企业可以动态灵活地完成分配。对角色及其访问权限做分配，以及对云平台的控制进行分类，属于尚未涉足的领域。长期以来，在商业信息技术中，基于角色的访问权限的概念属于标准项目[19]，相应地，这一概念已经非常成熟了。将这一概念转移到云背景中，多方共同合作，也存在一些问题。比如用户和云供应商必须对定义的角色有共同的理解。如果价值创造链中的不同方有目的性地合作，而且每次处理部分数据并将其提供给其他角色使用，这就要求他们对角色的意义、任务、责任与权力有相同的理解。此外，还需要角色本体来防止设计层的信息泄露。

与基于角色的访问系统紧密联系的方法是：只为特定的用户提供其工作所需的信息，并阻止其访问其他信息。这种技术可以总结为"数据防泄露"（DLP）。除了数据加密外，DLP 技术还提供其他特性，如文件记录了对哪些数据进行了怎样的操作，哪些数据被浏览和复制过，并且预防系统数据被输出的操作。因此，需要防止打印某些数据集以及读取和使用诸如 USB

等的存储介质。在传递数据时,可以使用已建立的方法,如虚拟私人网络(VPN)——它能够在各个通信参与者或整个网络之间建立一个安全加密的联系。通过 VPN 连接,其他的协议可以被连通,这样就不用重新设计两个组件之间的通信,也不用引入新的通信协议,而是通过安全的连接继续使用现有的方案。参与基于 VPN 通信的人都是公开的,因为为了使用 VPN 连接,他们必须验证身份。在许多情况下,身份验证不再只通过不安全的密码而是通过硬件密钥进行,比如通过 RSA-SecureID 密钥或通过使用数字 X.509 证书,这些措施使得通信参与者能被安全识别。

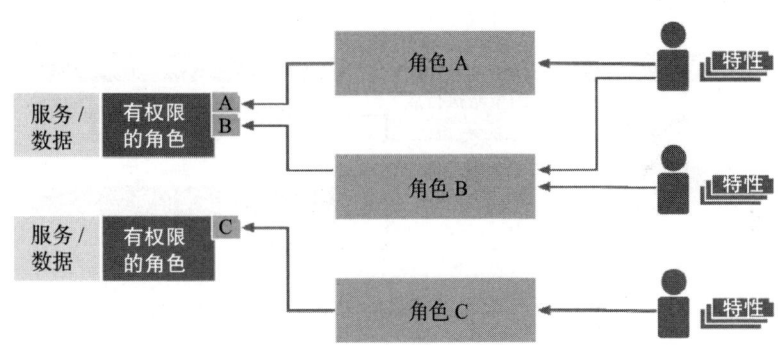

图 8-2 基于角色的访问系统的结构

最后,我们将讨论选出有发展前景的研究方法,从而在工业 4.0 背景下,特别是在云计算环境中提高安全等级。

8.3.1 通过硬件模块确定数据的完整性

数据的完整性和网络通信使用了网络终端评估(NEA)和完整性测量架构(IMA)的方法。为了促进 NEA 的发展,在 2006 年,网络工程任务组(IETF)就已经建立了一个工作小组,该小组自成立后就从事网络终端完整性的检测，基于对完整性的评估，决定是否允许相应的设备访问网络资源。

开源项目 strongSwan[26] 就使用了此种系统，结构如图 8-3 所示。一个客户，比如一个生产设备，想要在内部企业网络或在云端和一个服务器通信，在实现通信之前，该客户必须经过一系列的检查，确定他的软件和硬件处于可以信任的状态。由该客户传出的测量数据将由网络准入控制（NAC）的策略执行点（PEP）进行检测，根据检测结果，决定该用户是否能访问内部资源。如果不能保证客户的完整性，要么阻止其访问，要么在一个屏蔽网络中与服务器相连接，从而通过安装补丁使客户返回到可信任的状态。

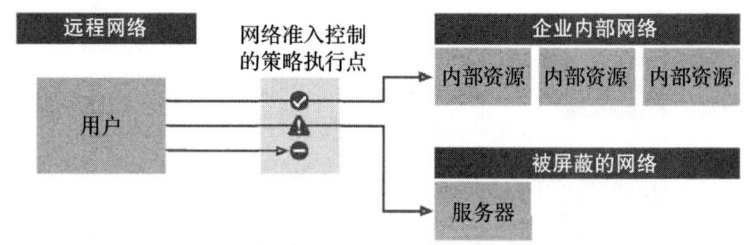

图 8-3 基于完整性测量的网络准入的决策结构

另一个风险是客户的错误回复。如果客户被攻击并被安装了恶意软件，就不能保证客户正确回复，而且该回复很可能已经被恶意软件篡改了。一个解决方法为，采用特殊的硬件芯片，如可信任平台模块（TPM）[27]。这样的模块可用作根元素，在其中，系统的密码和测量值可以被安全地、不被更改地存储。此外，TPM 可以进行测量，同时把集成的测量值安全存储于芯片内部并做好标记。通过这些标记可以检测出，测量值是否被安装在系统中的恶意软件篡改了，或数据在传输途径中是否被篡改了[15-16]。利用这种方法的前提条件是，诸如 TPM 的安全硬件模块可以在生产设备中使用,并且可以扩展、调整设备中的软件,从而能够检测单个设备部件和软件组件的完整性,即使是在实际运行期间也不例外。

8.3.2 产品和知识产权保护

工业4.0背景下,智能产品被模仿和剽窃的风险越来越大,这是因为值得保护的生产数据和产品数据越来越多地存储在产品的固件中。当今,生产剽窃已经引起了巨大的企业管理损失。为了防止剽窃或者至少使其变得困难,我们可以有针对性地采用和调整现有的技术保护措施,从而构建强有力的防剽窃嵌入式系统。在文献[9]中,详细地解释了相关的措施。

研究活动致力于,为特定的嵌入式系统中的软硬件研发特定的保护措施。此外,在硬件层面上,研究了物理方面不可复制的功能(PUF)及其在产品保护中的应用[18]。PUF技术可用于产品和一般物体的清晰识别。因此,所有的产品可以获得唯一的身份,在装配时被检测。对于由此生产的产品,就可以在生产中利用原本计划好的部件去检验。如果人们将生产数据存储在产品中,那么该产品在之后的使用中就可以自我检测,识别出是否存在未被批准的部分或被修改的部分。同样该身份可以用来将单个组件连接起来,如微控制器和存储器,对存储内容进行加密,并且只有微控制器才能解密。通过这种方式,一方面有效地阻止了对未加密程序代码的读取,另一方面未加密的存储内容不会被轻易地复制到其他产品中。然而,这种构想对物流和生产流程有着巨大的影响。我们必须管理大量的身份和密钥。此外,若这些流程中出现的错误,将会导致生产停滞。

凭借可靠的硬件支撑,也可以在软件层面实现强有力的防攻击安全措施,这让二进制代码分析、固件篡改和软件盗版变得更加困难。此外，为了保护二进制代码以及二进制代码分析，我们开发了代码混淆技术。它能阻止分析二进制代码，如使用字节码（诸如 .NET 或 Java）进行分析。其目的是，通过一个软件保护措施（代码混淆）故意遮挡程序代码，以增加代码分析难度。然而代码混淆的常规技术通常会改变程序的运行时间，并要求额外的存储，这会使得其在嵌入式系统中无法使用。为了能在智能产品中使用这一技术，有必要改进其适应性、扩展性，并在此基础上研究新的技术。

作为嵌入式系统中的组件，电子电路板为多样化潜在攻击提供了大量接口。因此，通过技术或化学方法就有可能访问电路板上的单个组件，进而分析组件之间的相互作用。当固件被篡改时，通过如逆向工程等方法对固件进行复制，就可以对固件进行读取，并判别这一非法操作会带来什么后果。此外，为了保护包含在组件、系统和产品中的知识产权，在研究工作中还开发了一个特殊的保护膜 PEP（保护电子产品）。该保护膜作为电子印章保护设备本体和关键部件的操作安全，并在印章遭到破坏时解除产品功能。与其他的保护措施相比，PEP 在断电的情况下也可以正常运转，并承受所有的攻击。PEP 的创新之处在于硬件和保护膜之间存在着不可分割的联系。保护膜的材料特性可以被用作传感器，并作为测量电路的固定组成部分。对于固件加密来说，保护膜是必需的密钥，它可以按照保护膜特性制造。为此，即使这种特性发生最细微的变化，如形式或表层结构的变化，密钥也将失效。在生产过程中，每一个保护膜都会得到一个独一无二的身份识别码，主要用于编制特定的密钥。如果在保护膜上有任何形式的篡改，像固件中的程序代码这样的数据就会被删除，因此设备也不能正常运转。当然，对固件的数据读取也会被阻止。通过基于硬件加密和基于软件加密技术的紧密结合，再借助于可用的防护措施，可以达到一个很高的安全水准。

8.3.3 提高云端数据的可用性和完整性

一些其他的集中于云端数据处理的研究方法，目标是保证云端数据的完整性并提升其可用性。为了能够持续地提供服务，这一点很重要。以云文件系统为例，这种方法追求的是一种机制，它能检测云端文件系统中数据的完整性，而且能提高其可用性。图 8-4 展示了文件系统的结构。除了可以在客户（可以是生产设备或云架构的使用者）和云存储器之间传递文件外，还提供了审计服务，用来定期检查是否遵循了存储服务特定的框架条件（合规）。同时，审计服务既可以在企业的受保护的网络中进行，也可由可靠的第三方进行。除了存储数据外，也会存储版本号，用来检测存储数据的实时性，还要将校验和存进去，借此识别单个数据模块中的存储错误。

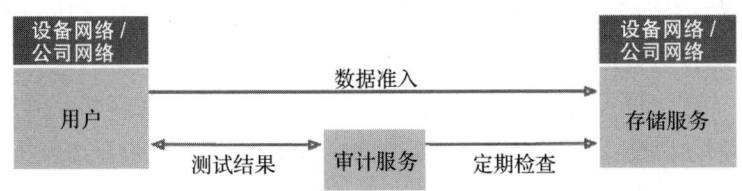

图 8-4 Iris 云文件系统的结构，用于提高数据的可用性和完整性

Iris 云文件系统也可以使用 TPM 来校验：云结构是否处于可信任状态、软件是否无变化地执行、硬件是否被更改。

如果审计服务器确定，存储服务器不符合要求，那么这意味着数据不可用。为了提高数据的可用性，可以运用如 HAIL 这样的系统，凭借这一系统，数据可以分配到不同的存储服务器中。这种想法类似于 RAID 技术，通过该技术可以将数据分布在不同的硬盘上,从而在一个或多个硬盘停止运行时,可以避免数据损失的风险。

然而无论是 Iris 还是 HAIL,都不能轻易地用于可支配的商业云服务:由于许多商业化的云供应商仅提供单一的存储服务器,此时如果要使用 HAIL,就必须将数据分配给多个供应商。此外,云软件必须根据 Iris 的性能进行扩展,因为这些组件必须部署在云提供商提供的基础架构之上的服务层。

8.3.4 云端数据准入的限制

在工业 4.0 云计算的应用实例中常常存在这样的要求:特定的数据仅仅对特定的人群可见。为了实现这个目的,可以利用上述介绍的基于角色的准入控制技术。但是这种方法的缺点在于:尽管存储器中的数据是明文存在的,然而对数据的访问只能通过基于软件的控制进行调节。如果这样的系统有一个漏洞,而这个漏洞又被恶意的用户或攻击者从外部利用,那么基于软件的控制可能会崩溃,而且攻击者无需权限就可以直接访问所有的存储数据。

这一问题是众所周知的,然而许多此类系统在存储数据时依旧未加密,因为在"将特定的数据提供给多个用户"情况下,对加密密钥的管理是非常复杂的,很难实现。对小组所有成员来说,如果要实现数据共享,每个人必须分配一个密钥,用于解密相应的加密数据。这些密钥必须被安全地分配,并且由小组用户共同拥有,但分散管理。比如说一个用户离开了该小组,那么必须为剩下的用户制定一个新的密钥,并在小组中重新分配。

基于属性的加密系统针对的是机密数据的保密问题,这种利用属性决定访问权限的方案会令人想起基于角色的访问系统。

第8章 信息技术的安全和云计算

基于属性的加密系统[14, 21-22]涉及非对称加密方法，该方法使用了特殊的模板，而该种加密仅允许用具有一定属性的密钥解密数据。这就将访问权限的执行从复杂的软件系统转移到加密数据自身——软件中的漏洞不再导致未授权的第三方获得对信息的访问权。访问权限直接位于加密数据中，或者在加密密钥中进行编码。

图 8-5 展示了基于属性的加密系统的工作原理。在用于加密的公钥的制作过程中，加密数据的发射器会判断用户的密钥必须具有哪些属性才能解密。公钥由可信任的第三方——私钥生成器（PKG）设置。通过这种重新生成的密钥，数据最终会被加密。若有人想要访问这些数据，只有当他的用于解密的私钥具备要求的属性时，才能解密这些数据。同样这种私钥也由 PKG 设定。

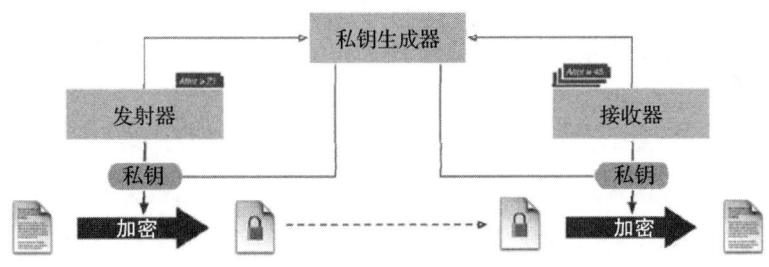

图 8-5　基于属性的加密系统的工作原理

尽管基于属性的加密系统明显简化了加密密钥的管理，但是仍然存在着问题，比如当用户离开有访问权限的小组时，其访问权限的撤销就是一个问题。在这种情况下，必须由公钥生成器生成新的密钥，而这些数据必须重新加密。这样，要么撤销小组离开成员的密钥，要么为其余成员分配新的属性，而这些已经在数据加密过程中就被考虑到了。

8.3.5 在加密数据库中搜索

若想成功检索一个大型数据库,那么该数据库必须是未加密的。对数据的持续分析,比如对日志数据的分析,通常要求一个不受限制的数据访问,以至于传统的数据加密不能用于数据的安全存档。然而为了能够检索加密的存档数据,必须至少有一个未加密的数据结构,其中存储着可以用于日后搜索和检索信息的元信息。尽管这样最小化了在云端公开存储的数据量,但是可能的搜索操作会被限制于在元数据中存储的信息,并且存在敏感数据的保密性问题。

为了实现云端的搜索请求,需要找出一种方法来替代现有的昂贵、重复的大型数据库加密和解密过程,这就要求在本地计算机上以加密的形式对必要的数据进行复制、解密并分析。但是通过通信线路传输大量数据——例如在农村地区的中小型企业可以通过通信线路连接到网上——也同样是非常昂贵的,而且通常不能及时地通过搜索请求快速找到答案。

可搜索的加密技术为该问题的解决提供了方法[23, 3, 20]。在可搜索加密中,通过特殊的加密模式对数据进行加密,而这种模式允许搜索加密的数据,在搜索之前数据不能被解密,而在云端的数据始终处于未解密状态。图8-6就展示了这一系统的工作原理。用户,即这些数据的所有者可自行对数据进行加密。如果用户设定了一个加密密钥,用于数据加密。这些数据就可以存储到云端服务器中,而使用云端服务器的其他用户将无法访问这些数据。搜索请求同样会通过密钥进行加密,该密钥是为用户定制的,不会被其他用户获得。凭借这种加密的搜索请求,用户就可以在服务器中搜索数据。一旦找到结果,这些结果就会在服务器中专门加密,并传送给用户。通过加密密钥的帮助，用户可以解密搜索结果并访问找到的数据。

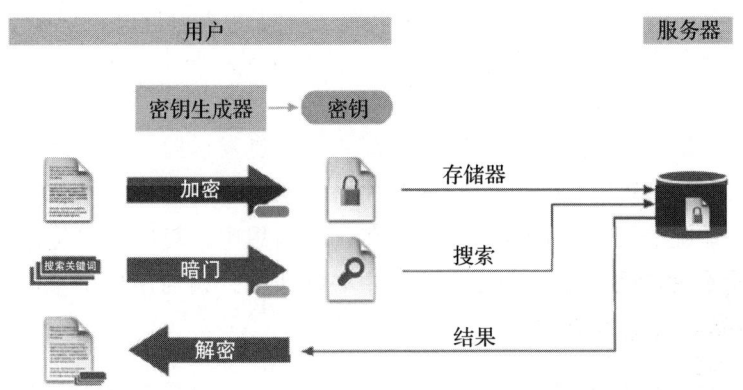

图 8-6 可搜索加密系统的工作原理

当前可搜索加密方法的局限性在于搜索请求的复杂性。当前的可搜索加密系统允许搜索关键词，但是对于布尔连接，也就是搜索通过"与""或"或者"非"等操作连接的多个关键词时就会出现问题。类似的搜索到目前为止还无法实现，而且对于在搜索请求提示错误的情况下，当前的搜索引擎会给出一些替代建议，接纳一些建议后，可能会出现更多搜索结果，并出现与输入的关键词意思相近的关键词，而这也是不可行的。为了使这一方法能够用于实践，还需要进一步的研究。

8.3.6 值得信赖的、保护隐私的多方合作

如果不同方要依赖于各方的数据进行合作，那么各方都要为其他方准备数据。对于访问和使用权限的规定，通常使用合同协议，然而这也无法防止某方的信息被滥用。在敏感数据保密方面的问题可通过安全多方计算（MPC）的构想来解决。

安全多方计算的构想早在 1982 年就已经被提出，用于双方之间的计算，期间，一方不必为另一方提供自己的信息[33]。对

于该问题，举一个简单的例子：在两个百万富翁不相互公开各自财产的情况下，确定哪个富翁更富有的问题（百万富翁问题）。通常 MPC 可以根据多个输入数据计算结果，而不要求输入数据的所有者详细了解其他人的输入数据。

在理想的情况下[6]，各方都要将信息发送给值得信赖的第三方。第三方将会进行计算并将各自的结果发送回参与方。这一系统的图解如图 8-7 所示。在这一构想中，对中间机构的信任是至关重要的，为此在协议中必须研究，如何使这个中间机构变得多余[17]。

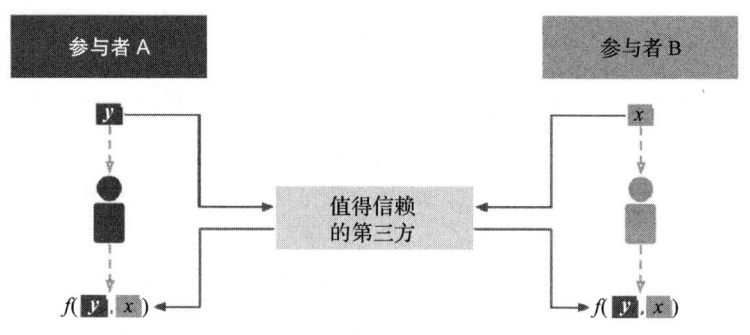

图 8-7　安全多方合作系统图解

如果不同方在一个云系统中合作，则云系统可以作为第三方，因为各方都使用该系统并相信该系统及其操作者。云平台用作可信任的第三方的好处是：合作方不需要必须相互信任，而只要相信云平台，该平台最终会计算并为参与方提供结果。

8.4　总结与展望

工业 4.0 发展和云计算相得益彰。由于生产设备的高度联网，我们需要新的工具来监督和管理机器。对于像生产机器一

第8章 信息技术的安全和云计算

样在空间上分散的不同方,为了加强它们之间的合作,需要利用安全的云平台,这将使合作变得简单而高效。由于大型的、分散的生产流程变得越来越复杂,所以需要高效的计算能力,用以规划流程、提前模拟并持续监督和优化。而高额的存储能力也是必需的,用来可靠地存储丰富的产品数据、生产数据、监督数据和记录数据,而这些数据涉及设备及其整个生命周期。

云基础设施在很大程度上适合执行这些任务,因为它拥有很高的计算能力和存储能力。此外,其负载峰值可以根据后续资源的动态增加而调整。除此之外,云平台也可用作专家系统,在该系统中参与到生产流程的不同专家可以共同致力于流程和问题的研究。云基础设施通过良好的网络连接与互联网相连,因而能够与联网的生产设备准确无误地进行通信。同时,云基础设施也可用作中心点,在该处存储着所有数据,并对这些数据进行处理。另外,可以用这些数据来检测和发现异常、问题和错误,从而及时地、自动地识别有问题的情况,并以在云端实时可用的状态图为基础,快速、有针对性地做出反应。

作为中央数据存储器,云基础设施具有核心地位,所有的信息汇聚于此,并通过通向生产设备的接口,对生产流程进行监控,因此对于工业4.0来说云结构属于关键的基础设施。对于接受并广泛利用云技术改善工业4.0下的商业流程,至关重要的是,这一技术要安全可靠,但使用起来也要及时、简单、高效。尽管在商业信息技术领域已经有成熟的方案,但是这些方案通常不能直接运用,而是必须与工业4.0环境下特定的要求和条件相适应,并做出相应的扩展。特别是在云背景下,因为云支持相互之间存在竞争的企业合作,这时便很难确保数据的安全可靠。一些有前景的研究方法目前已经有了雏形,但同时要说明的是,为了在实际操作中使用这些方法,还必须不断地努力研究。

一开始我们就指出，在工业 4.0 背景下，信息技术安全包含很多层面，而安全的云计算只是其中的一部分而已。为了保证嵌入式联网部件的安全，还必须研究新的安全技术，这些技术要满足工业 4.0 的特定要求，诸如资源限制、实时能力和持续的可用性。新的安全控制和保护措施必须及早地融入系统设计中，从而更加坚定可靠地设计出未来基于信息技术的产品和系统，以抵抗特别是来源于网络的攻击。此外，还需要新的方法和技术手段，来提高 IKT 系统在可检测性和可控制性方面的安全性与可靠性。必须有计划地找出由于使用 IKT 系统而产生的风险，并将其量化，而且还必须研究流程和方法，使得风险最小化，并负责任地处理剩下的风险。为此，设计和实现参考体系结构非常重要，在这一体系结构中可以对开发的技术进行实际的操作性测试。

8.5 参考文献

[1] Kritische Sicherheitslücke ermöglicht Fremdzugriff auf Systemregler des Vaillant ecoPOWER 1.0, April 2013.

[2] BENCSÁTH, BOLDIZSÁR, GÁBOR PÉK, LEVENTE BUTTYÁN MÁRK FÉLEGYHÁZI: Duqu: A Stuxnet-like malware found in the wild. , Laboratory of Cryptography and System Security (CrySyS), Budapest University of Technology and Economics, Department of Telecommunications, October 2011.

[3] BONEH, D., G. DI CRESCENZO, R. OSTROVSKY G. PERSIANO: Public Key Encryption with Keyword Search. Advances in Cryptology-Eurocrypt 2004, 506–522. Springer, 2004.

[4] BOWERS, KEVIN D, ARI JUELS ALINA OPREA: HAIL: A High-Availability and Integrity Layer for Cloud Storage . Proceed of the 16th ACM Conference on Computer and Communications Security, 187–206, New York, New York, USA, 2009. ACM Press.

[5] BOWERS, KEVIN D, ARI JUELS ALINA OPREA: Proofs of Retrievability: Theory and Implementation. ACM Cloud Computing Security Workshop, 43–54, 2009.

[6] CANETTI, RAN: Security and Composition of Multi-party Cryptographic Protocols. Journal of Cryptology, 13(1):143–202, January 2000.

[7] CRYPTOGRAPHY, LABORATORY OF SYSTEM SECURITY (CRYSYS): W32.Duqu - The precursor to the next Stuxnet. , Symantec, November 2011.

[8] ECKERT, CLAUDIA: IT – Sicherheit – Konzepte, Verfahren, Protokolle. Oldenbourg, 8th , 2013.

[9] FILIPOVIC, BARTOL OLIVER SCHIMMEL: Schutz eingebetteter Systeme vor Produktpirate-

rie: Technologischer Hintergrund und Vorbeugemaßnahmen. AISEC Studie, 2012.
[10] FORSCHUNGSUNION: Umsetzungsempfehlungen für das Industrieprojekt 4.0, April 2013.
[11] INTELLITRENDS: Measuring the Impact of Technology Performance: A Global Perspective – 2013., Compuware, 2013.
[12] JUELS, ARI BURTON S KALISKI JR: PORs: Proofs of Retrievability for Large Files. Proceedings of the Seventh ACM Conference on Computer and Communication Security CCS, 2007.
[13] JUELS, ARI ALINA OPREA: New Approaches to Security and Availability for Cloud Data. Communications of the ACM, 56(2):64–73, 2013.
[14] KATZ, J., A. SAHAI B. WATERS: Predicate encryption supporting disjunctions, polynomial equations, and inner products. Advances in Cryptology–EUROCRYPT 2008, 146–162, 2008.
[15] KIENING, ALEXANDER, CHRISTOPH KRAUß CLAUDIA ECKERT: Verifiable Trust between Electronic Control Units based on a single Trust Anchor. 11th Embedded Security in Cars (escar), 2013.
[16] KRAUß, CHRISTOPH VOLKER FUSENIG: Using Trusted Platform Modules for Location Assurance in Cloud Networking. Proceedings of the 7th International Conference on Network and System Security (NSS 2013), Lecture Notes in Computer Science. Springer, 2013.
[17] LINDELL, YEHUDA BENNY PINKAS: Secure Multiparty Computation for Privacy-Preserving Data Mining. May 2008.
[18] MERLI, DOMINIK GEORG SIGL: Physical Unclonable Functions - Identitäten für eingebettete Systeme. Datenschutz und Datensicherheit, 12, 2012.
[19] NYANCHAMA, MATUNDA SYLVIA OSBORN: Role-based Security: Pros, Cons, & some Research Directions. SIGSAC Rev., 11(2):11–17, 1993.
[20] PARK, D., K. KIM P. LEE: Public Key Encryption with Conjunctive Field Keyword Search. Information Security Applications, 73–86, 2005.
[21] PIRRETTI, M., P. TRAYNOR, P. MCDANIEL B. WATERS: Secure Attribute-Based Systems. Proceedings of the 13th ACM conference on Computer and communications security (CCS '06), 99 – 112, 2006.
[22] SAHAI, A. B. WATERS: Fuzzy identity-based encryption. Advances in Cryptology–EUROCRYPT 2005, 557–557, 2005.
[23] SONG, D.X., D. WAGNER A. PERRIG: Practical techniques for searches on encrypted data. Security and Privacy, 2000. S&P 2000. Proceedings. 2000 IEEE Symposium on, 44–55. IEEE, 2000.
[24] SPATH, DIETER, OLIVER GANSCHAR, STEFAN GERLACH, MORITZ HÄMMERLE, TOBIAS KRAUSE SEBASTIAN SCHLUND: Produktionsarbeit der Zukunft – Industrie 4.0. , Fraunhofer-Institut für Arbeitswirtschaft und Organisation IAO, 2013.
[25] STEFANOV, EMIL, MARTEN VAN DIJK, ALINA OPREA ARI JUELS: Iris: A Scalable Cloud File System with Efficient Integrity Checks. 1–33, 2012.
[26] STEFFEN, ANDREAS: The Linux Integrity Measurement Architecture and TPM-Based Network Endpoint Assessment. 2012.
[27] TRUSTED COMPUTING GROUP: Trusted Platform Module (TPM) Summary. http://www.trustedcomputinggroup.org/resources/trusted_platform_module_tpm_summary.
[28] TSVIHUN, IRYNA GERD STEFAN BROST: Cloud Security – Sicherheit in der Wolke. ISIS

Cloud & SaaS Report, 10–11, 2011.
[29] TSVIHUN, IRYNA NIELS FALLENBECK: Cloud-Leitstand: Die Schaltzentrale für die Cloud. ISIS Cloud & SaaS Report, 1, 2012.
[30] VELTEN, MICHAEL, SASCHA WESSEL, FREDERIC STUMPF CLAUDIA ECKERT: Active File Integrity Monitoring using Paravirtualized Filesystems. Proceedings of the 5th International Conference on Trusted Systems (InTrust 2013), LNCS, Graz, 2013. Springer.
[31] WAGNER, STEFFEN, CHRISTOPH KRAUSS CLAUDIA ECKERT: Lightweight Attestation and Secure Code Update for Multiple Separated Microkernel Tasks. Proceedings of the ISC 2013: The 16th Information Security Conference, LNCS, Dallas, Texas, USA, 2013. Springer.
[32] WESSEL, SASCHA, FREDERIC STUMPF, ILJA HERDT CLAUDIA ECKERT: Improving Mobile Device Security with Operating System-level Virtualization. 28th IFIP International Information Security and Privacy Conference (SEC 2013), 2013.
[33] YAO, ANDREW C.: Protocols for Secure Computations. Annual IEEE Symposium on Foundations of Computer Science, 160–164, 1982.

第 9 章

智能生产、智能工厂中的人机通信

Alexander Schließmann

9.1 人在未来生产中的角色

工业 4.0 主题的关键词有很多,如:物联网、云、大数据、实时、智能机器、零件和产品、完全网络化的维修与维护。人在未来的生产活动中仿佛失去了意义。显而易见的是,未来的生产将更关注于技术方面,如智能设备、大数据进程和界面。但实际上,这种想法是错误的。回顾过去,在使用 PLC 控制机器的第三次工业革命和未来的第四次工业革命之间早就有了另一个方法——制造层面的电子数据处理(EDV)技术的实现。这种方法叫作计算机集成制造(CIM)。但是 CIM 已经在 20 世纪 90 年代无声无息地消失了。CIM 方法是一种强大的以技术和自动化为中心的方法,它能够减少人在控制中心的观察任务,而这一任务与在一个核电站中的监视任务相类似。

现在,人类有所进步:在过去的 30 年中,人类已经意识到人工智能的能力是有限的。这一点在 Walster 教授的研究"未来的生产工作"中有明确的表述:"经过在人工智能领域 35 年的研究后,我深信,就自身日常情报而言,每个小学生都超越了最好的智能计算机系统。"在无传感器领域,在不遵循明确模式的不确定情况下做出决策时,相比于人工智能领域的机器,人类具有明显优势[1]。在工业 4.0 中,必不可少的是遵循人的定位,对于这种定位,应适当地考虑人的自然能力,如:智力、创造力、移情能力以及运动能力,并且将它们巧妙地结合起来。

此外,硬件和软件会有革命性更新的可能性。现在在车间层面上,没有任何关于什么是正确的网络协议或哪个是合适操作系统的讨论,人们可以专注于生产任务,而不用再担心即使是简单的功能也无法可靠地完成。

这为现代车间管理(创造性人员和高效 IT)定义了两个中心构建块,随后而来的中间结果就是:如果没有人员的技能与能力,那么通过物联网实现的生产制造中的电子数据处理技术革命就不会发生。这一猜测得到了"未来的生产工作"这一研究的支持。基于这一研究其他人还进行了更详细的探讨。这一研究总结了 661 家企业和 21 个工业 4.0 专家的问卷调查的研究结果,它表明,在未来,人类的工作在生产活动中仍将发挥很重要(60.2%)或重要(36.6%)的作用,如图 9-1 所示。虽然从图中可以看出,在具有高自动化水平的企业和具有高人工工作比重的企业之间仍存在细微差距,但是工业 4.0 智能工厂中的生产仍然以人为中心,这一趋势非常明显。

针对"未来将在哪里生产?"这一问题,"未来的生产工作"的研究也发现了一个明显趋势:对于超过 90% 的企业来说,未来的生产地点还是在德国,如图 9-2 所示。并且人的工作在本地区的生产中仍将扮演重要角色。

但是未来的生产工作会是什么样子的呢?会发生什么改变?信息技术将会如何适应这种改变?它需要提供什么?信息

第9章 智能生产、智能工厂中的人机通信

技术如何能变得如此灵活,以至于精益经理和工作人员能接受它作为活动挂图和文书工作的替代方案?

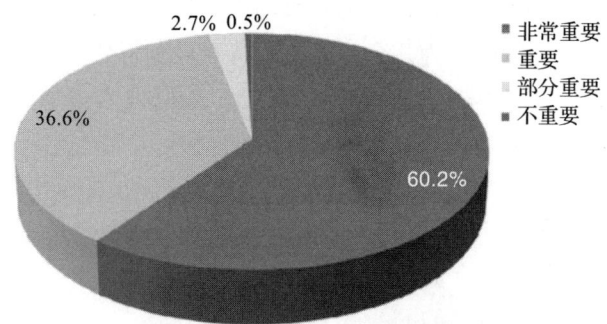

图 9-1 绝大多数企业中的专家预计,在未来,人的工作在生产活动中仍将发挥"很重要"或"重要"的作用

(来源:"未来的生产工作")

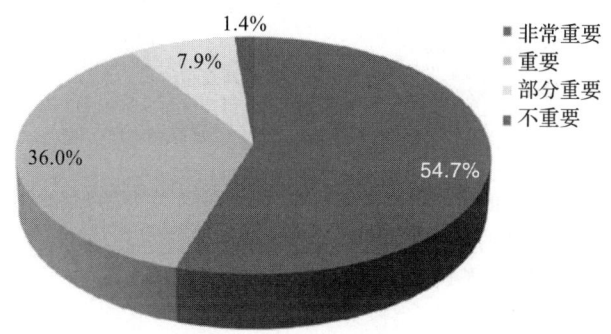

图 9-2 超过 90% 的接受问卷调查的专家预计,德国依旧会是重要的生产地点

(来源:"未来的生产工作")

9.1.1 在较短的产品生命周期内将不会实现完全自动化

研究专家几乎一致认为:一方面,如果可行,可以追求全

自动化以降低工资成本；另一方面，考虑到小批量生产件数和短产品生命周期，在专业全自动装置上的高投资在经济上是不可行的。因为产品的引入时间（进入市场的时间）在未来将会变得极短，尤其是运行时间为几个月之久的特殊设备将会非常昂贵。

因此，未来需要灵活的整体系统，并保证人占据中心的地位，如图9-3所示。

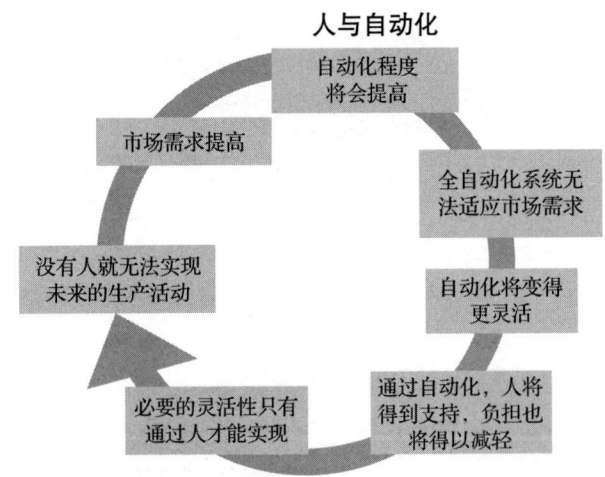

图9-3 未来的生产：人在总系统中作为一个主要的要素以确保必要的灵活性

（来源：德国弗劳恩霍夫劳动经济和组织研究所"未来的生产工作研究——工业4.0"）

9.1.2 人的联想能力与人工智能（KI）

人类的任务不应该只被简化为填补生产空缺，可将一切代价昂贵的工作作为任务分配给他，将他变为生产过程中的一个组成部分。1936年，卓别林在他的电影《摩登时代》里就描述了这种可怕的场景。对于人类工作的未来，Broy这样评价："我

第9章 智能生产、智能工厂中的人机通信

认为,可以自动化的那部分工作将会一直不断地自动化,但是我并不认同,人类是受系统控制的杂役的这一观点。在未来,大部分单调重复性高的工作将由系统承担。"[1]

人类拥有通过传感器也很难实现的触觉能力,再加上联想能力,从而超越了人工智能。工作人员可以根据现有知识相对较快地接受关于新任务的培训,或者根据变化在较短的时间内做出调整。相对而言,机器就只能完成已定的任务,尽管它们反应很快而且重复精度很高,但它们只能对事先已经计划好的情况做出反应。

在精益管理或者 TPM(最初为全面质量维护,现指全面质量管理)中,普遍也存在这样的认知,员工应该做的不仅仅是实际分配到的生产任务。他们每天站在机器旁或在装配工作岗位上工作,培养出了最佳工艺的感觉,并且还从多家企业积累了持续优化的工艺的经验。这些创造性和联想性技能应得到尊重和使用,并在其中辅以来自工艺过程的其他信息。多年经验证明,人们会非常主观地定义工作岗位上出现的问题。只有借助客观生产数据支持,才能将解决重点放在实际遇到的问题上,而不是放在自认为感觉到的缺点上。

由于人总是与越来越复杂的过程联系在一起,所以必须明显减小系统复杂性,人才能做出正确决策。

这些要求不仅适用于机床操作工人,也适用于生产负责人。当他进入生产环节时,他希望只要看一眼就可以知道,某台机器已有哪些问题,它已经停产多久,是否已经告知生产负责人,订单能否及时完成,每个班次的劳动生产率是否正确,有多少物件在运行中。直到最近,这些问题才得以解决,借助精益管理中的方法,即使用实用的工具代替昂贵而又烦琐笨拙的电子数据处理手段,例如:使用简单而又条理分明的过程、活动挂

图板及手写的记录。

这是计算机集成制造出现问题的一个原因,同时,这也是工业 4.0 的主要挑战。

9.1.3 工作环境中移动通信技术的使用

将私人生活中习以为常的人与人之间的关系网应用于生产活动中,这种做法值得推荐。目前,智能手机、平板电脑等移动终端已经成为很多人日常生活的一部分。在一定的年龄界限内,这些设备不可或缺。即使是在希腊最小的现代化设备最少的岛屿上,游客也希望能够与家乡保持通信。人们虽然离家数月,但仍然希望与家中的爱人每天保持联系。通过相同的基础设施,这些功能和友好型技术也可以用在企业层面,这已经在许多地方实现,或者正在被期待实现。

现在举两个实际的案例。案例一:在一家大型汽车公司,信息技术负责人先做好工作准备。然后,工人对他发出指令:"我已经拥有了我的 iPad,现在你需要提供给我应用程序。"案例二:另一个公司多年来一直使用触摸屏进行数据输入,但是最近工人却对一个不能够追溯原因的错误提示感到奇怪。其解决方案是:较年轻的工人不再用一个手指去操作系统,而是用他们已经习惯的在智能手机上常用的二指触屏技术进行操作。

"未来的生产工作"这一研究证实了移动通信的发展趋势,如图 9-4 所示。近 52% 的被访企业将移动通信技术看作未来车间通信的一个组成部分。同时,怀疑者也看到了机会,他们认为应该尽早地、高速地将信息分配给目标人群。"当信息技术被智能应用时,它本质上并不是'糟糕的东西',更多的是一个'有能力的东西'。未来属于实时管理。"企业咨询家 Remco 这样评价。[10]

第9章 智能生产、智能工厂中的人机通信

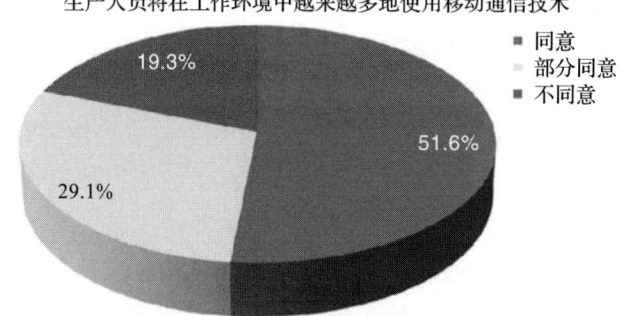

图9-4 移动通信技术将在工作环境中得到越来越多的应用
（来源："未来的生产工作"）

我们可以期待一种与过去类似的发展过程，起初，笔记本电脑是经理的地位象征。现在，笔记本电脑很大比例上是员工在使用，在企业的每一间会议室内，他们可以通过笔记本电脑实现数据的共享。现在经理可以通过智能手机获得生产数据，将来也会有更多的员工使用移动设备。下一步我们就可以期待，信息设备向操作设备转化。

这一发展趋势十分明显：创新型企业早在数年前就开始致力于车间管理。现在它们从如何处理这些数据中获益，通过最新技术取得信息和生产上的领先。Mittelbach在"未来的生产工作"这一研究中还进一步指出："当设备、对象和机器能够相互对话时，它们同样也能通过平板设备或增强现实眼镜实现与人的对话。"

9.1.4 社交媒体在生产活动中的潜力

学生经常忙于写作本科论文和硕士论文，他们习惯于通过社交媒体，如Facebook、Studi VZ等，与教授交流，尽管有空间上的界限，但教授也能指导他们的论文写作。十一岁的初

中生就已经必须要通过互联网来获悉他们的课程表和座位安排。是否存在技术方面的问题已经不是问题,这些早已经约定俗成。数字原生态的一代人将拥有互联网生活视为理所当然,他们通过文字、图像及影像与所有重要的人和组织建立稳定的联系。

在生产中,即使存在明显的需求,但社交媒体至今还没真正开始投入使用,如图9-5所示。在多种情况下,很多员工都必须能在短时间内被可靠地通知到,或他们必须自己主动获取信息:特别要注意的订单任务、发生改变的供货单位、新的或者已经排除的机器故障等。对于一个主要的汽车供应商来说,当出现机器停车状态时,应该安装一个逐步升级的完整警报链:

主导人员	→	30分钟后发出警报
小组领导	→	90分钟后发出警报
部门领导	→	3小时后发出警报
经理	→	6小时后发出警报
主管	→	8小时后发出警报
副总裁	→	10小时后发出警报
总裁	→	24小时后发出警报

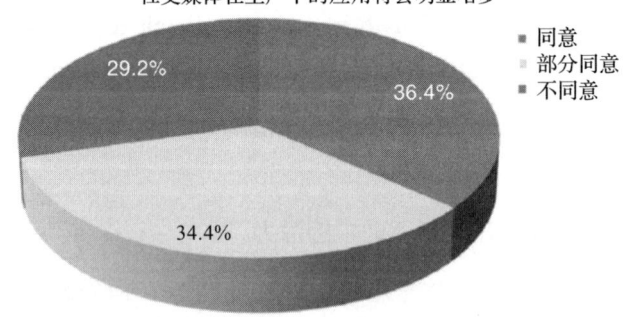

图9-5 约70%的被访者认为,社交媒体在生产中的应用会越来越多
(来源:"未来的生产工作")

第9章 智能生产、智能工厂中的人机通信

借助于电子邮件,这种警报链能得以实施,但是如果想通过社交媒体对其进行描述,仍会面临可接受性问题。关于在与社交网络结合的过程中哪些东西会发生变化,Holfelder 博士写道:"企业中社交媒体的应用不只是一个技术问题,它首先是一个文化问题。比如,我在家里有一个会议,别人不会因此感到惊讶。这必须是可行的。"[1] 在 Holfelder 博士的公司里,许多员工一起工作,他们只在办公室工作两天,其余大部分时间在家里办公。如果需要远程讨论,他们就会使用视频会议。当技术应用于此背景下时,接受这样设定的工作模式不是难事,因为这种工作模式的运行不比使用电话昂贵。

因此,社交媒体工厂应不仅仅是所谓系统的复制品。因为,有事实证明它确实存在可接受性方面的问题。针对数据安全这一主题的持续已久的辩论表明,应确保通信只能在企业网络内部进行(与在生产中的无线局域网的使用进行比较)。此外,还应该确保,只有企业设备已定义,才能投入使用。现在,生产负责人已经开始对由员工引起的质量问题有所抱怨,这是由于私人智能手机的使用导致了他在工作时分心。

9.1.5 移动辅助对工作人员的支持的可能性

最后,在畅想生产中人类工作的未来时,还应该回顾一下过去:在生产中引入电子数据处理技术之前,生产状态的信息是带给人模糊感觉的经验值。随着第一个电子数据处理系统的引入出现了相反的情况:所有的东西都要被记录下来,并按 1∶1 的比例传递给生产领导。上述情况会使用大量的纸张,并造成无法估计的浪费,毕竟所有的参与者都仍然像以前一样聪明。通过这个案例我们可以学到什么呢?必须对大数据处理这个主题重新进行定位。其任务是:企业如何将丰富的数据提升到这样的程度——

使相应的目标用户可以更高效地工作,并更迅速做出反应。

在当今的视觉工厂框架内,操作者将会拥有一个显示工位上的工艺结果正确与否的图像采集器。这样做的成本很高,并且实时更新与短期变化经常有所冲突(发生改变的产品图像必须完整,工艺指导文件必须实时更新,通知必须要打印出来,要交换实时图像。此外还要保存概况,即在哪种变化状态下发生哪些事情)。专家预计,移动解决方案的支援将会创造新的可能性,如图 9-6 所示。举一个关于提高响应的例子。压力机作业线的维修人员可以用他的平板电脑或者智能手机直接在有问题位置进行处理,而不需要在问题和信息提示之间来回转换。

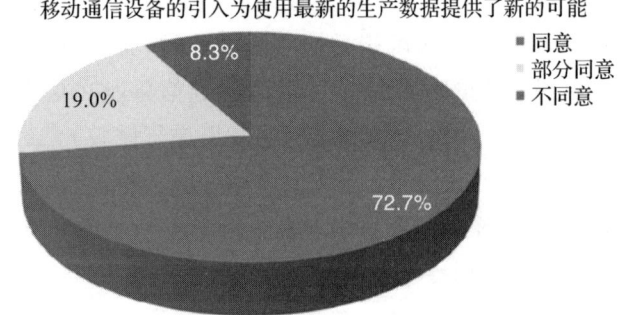

图 9-6 移动通信设备将会成为未来生产的一部分

(来源:"未来的生产活动")

此外,移动通信设备的使用可以实现以员工的技能水平为导向的自动化。

以精益为导向的生产经理想要通过没有昂贵 EDV 检索的生产,直接看出生产状态如何。今天,这个想法可以通过相应的生产透明度来实现。Rode 认为未来将会有这样的功能:"我穿过门厅就能马上看到,我的主要任务在哪儿,它和堆料有什么关系,而不需要再去寻找发货单。当虚拟现实技术和谷歌眼镜

第9章 智能生产、智能工厂中的人机通信

类似技术结合起来使用时,并且价格是可以接受的,那么我们就可以看到信息在空间的任何一个地方浮动,生产和维护将变得简单。"[1]

像谷歌眼镜这样的现实技术是否必要,或者生产信息是否能直接发给未来的组织者,如平板电脑,员工借助于"公司内部的GPS"能够知道他在哪里,这些信息全都会显示在平板电脑上。

现在高级汽车中已经有了平视显示屏,它能虚拟地将信息呈现在司机的真实视野中。重要的是,显示屏不会把完整真实的驾驶情景复制到司机的视野范围内,而只复制有意义的信息。微观角度下的这个例子也反映出了宏观层面的任务:对数据流必须做预处理,这样人类才能做出正确的决定。Holfelder从中看到了一个并不是微不足道的任务"这里将会出现更新更复杂的数据,并且迄今为止,对数据相关性的评价,我们只有非常少的经验。"

总的来说,下面可以看作未来人机布置的一个要求:在智能工厂中,富有创造性和联想能力的人,仍然处于决策地位。借助"智能生产平板电脑",完成最新任务所必需的一切信息经预加工后提供给人,以便人迅速做出决定。人必须将他的大部分时间用在生产任务上,而不是用在信息收集上。"平板电脑"在这个过程中是一个不变的或是移动的系统,或者现实世界是否补充了虚拟世界,都不是主要任务。更重要的是:怎样快速而又直观地操作这个系统以及如何使之适应时代的新要求?

9.2 来自一个智能工厂的示例场景

最新的计划与生产、企业资源计划(ERP)与制造执行系统(MES)的任务分离也适用于工业4.0下的智能工厂。简而言之,

管理层和车间层的任务分离。

借助于ERP，企业流程之间可以横向连接。从生产的角度来看，作为基石的生产规划和生产控制（PPS）是非常重要的。不管是对于材料（MRP I，物料需求计划），还是根据扩展的定义，对于所有的相关生产资源（MRP II，制造资源计划），这两者在规划中都占据主导地位。

由于资源计划在过去进行的都不如人意，而生产控制根本没有被提出。为了回答出现的问题，在20世纪90年代形成了两种流派。从生产管理的角度出发，答案是基于丰田生产系统的精益管理。从信息技术的角度来看，答案应该是：将MES作为生产资源（如机器等）和企业层面的分层，如图9-7所示。这两种方法至今仍是相互对立的。精益管理方法的核心是减少技术性的过程自动化而强调精益组织的原则，或者正如Remco[10]生动描述的："它通过一张简单的纸工作，生成透明度，最终将这张纸挂在车间黑板上。这对于笔记本电脑爱好者和数字化专家来说是个坏消息，因为他们希望所有的呈现都是数字化的，并且可以存档。"MES专注于对生产进行及时的指导、操纵和控制。典型的数据采集和处理，如生产数据采集（BDE）和设备数据采集（MDE）都属于这种系统[12]。在未来的智能工厂中，这些数据都会聚集在一起。MES就代表智能工厂中的信息技术。

在企业资源管理中，将从客户的角度（销售订单）制定生产订单，限制生产容量，并安排适当的生产原料。在考虑到实际设备的生产容量的前提下，通过详细计划/任务控制的生产控制方式来规划订单，以达到最短生产时间。生产主管和团队领导从计划表（见图9-8）中可以看到：在未来会如何充分利用设备，应在何时将哪些任务列入计划中。计划表也会要么是按照标准的期限顺序，要么与相应的工作状态一致，显示正在处理的任务。

第9章 智能生产、智能工厂中的人机通信

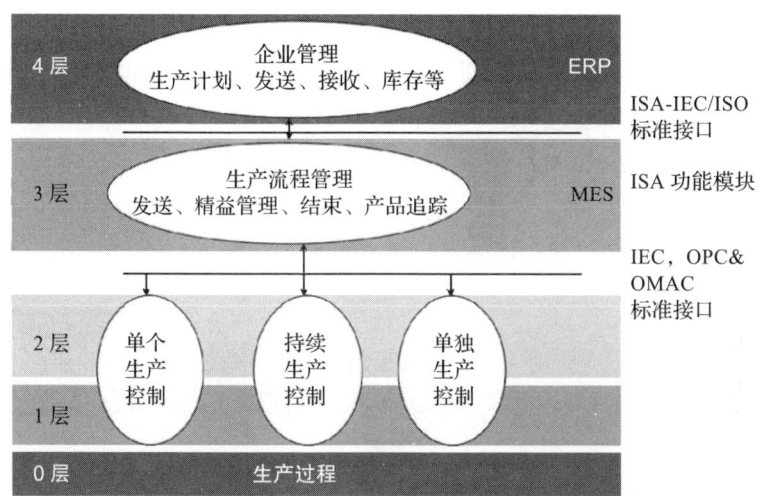

图 9-7 根据 ISA-95[2] 划分的职能和任务,以及按照 ERP 和 MES 等信息技术解决方案进行的整理

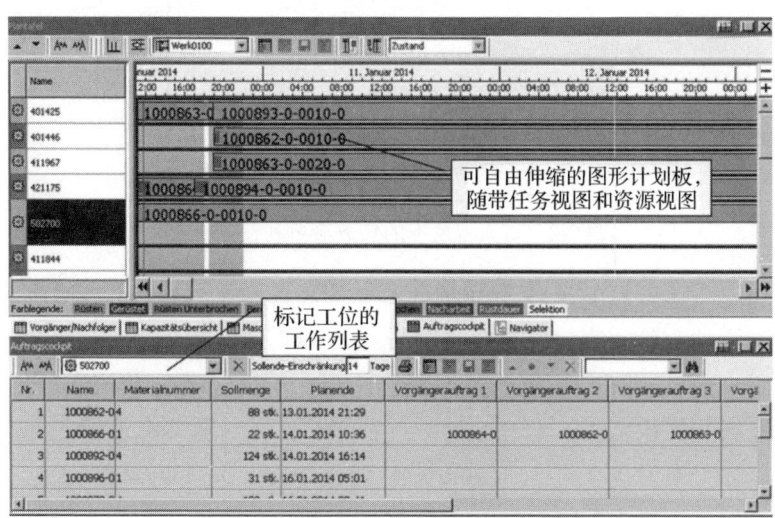

图 9-8 附带压缩任务信息的计划表

那些纳入了计划但还没有下发的任务,将会在选择工具时

进行分配。在这个过程中，将会选出机床所控制的刀具库，并检测其中已存储的刀具处于什么状态。这样，刀具的寿命就能够满足后续加工要求。然后，测量刀具，并将修正后的刀具尺寸写入已嵌入刀具的集成芯片中。在组装刀具时，将会发放任务，并按照希望的顺序在员工信息终端展示出来，如图9-9所示。如此，员工便可以知道，安排给他的下一个任务是什么。

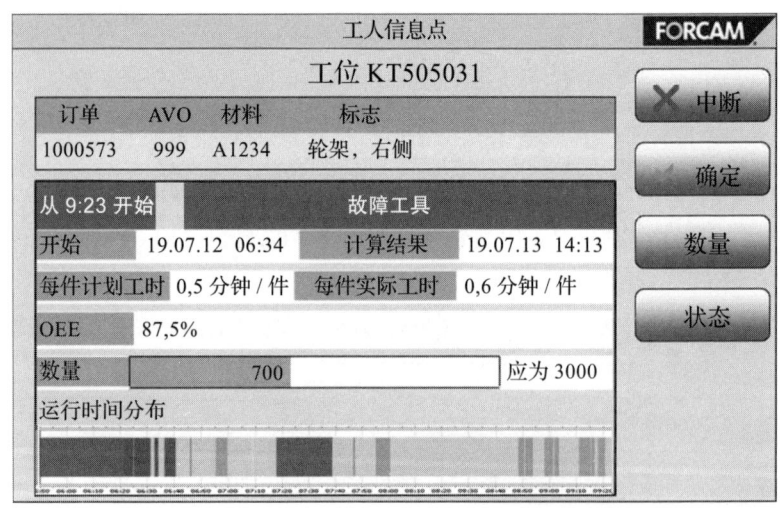

图9-9　工人视角下的任务清单和任务状态

为了加工，操作员会从任务清单中选出一个任务，开始后续活动。计划表将会显示实时任务，ERP系统将获得启动指令，工人转交由任务决定的数控程序。另一种方式是，数控程序已经安装在机器里，通过启动数控程序，开始计算任务运行时间。机器控制从刀具中读取更改后的刀具数据，并做出调整使之适应相应的机床轴伺服指令。

在加工过程中，机器信号将被连续读出，由制造系统进行解读并转换为工作状态。通常情况下，机器信号不足以给出明

第9章 智能生产、智能工厂中的人机通信

确的状态测定。因此,机床操作者可以用多层级的树状功能图上的数值进一步细化状态。同样,从机床中所获取的数据可以通过操作者进一步评定,并且对于废品数量也可从货物清单中归纳出相应原因。数控程序运行结束后,可以通过程序或者操作者停止任务。

在装配任务中,数字控制转移程序这一步骤将被忽略。取而代之的是,检测要被安装的零部件。零部件供应将通过物料箱进行。每个物料箱均配有一个条形码,工人扫描箱子,制造执行系统将箱子里的物品与企业资源计划进行比较,同时根据任务物料表进行检查,查看应该安装哪些零部件,如图9-10所示。只有当所有的零部件都有库存时,装配加工任务才会下发。

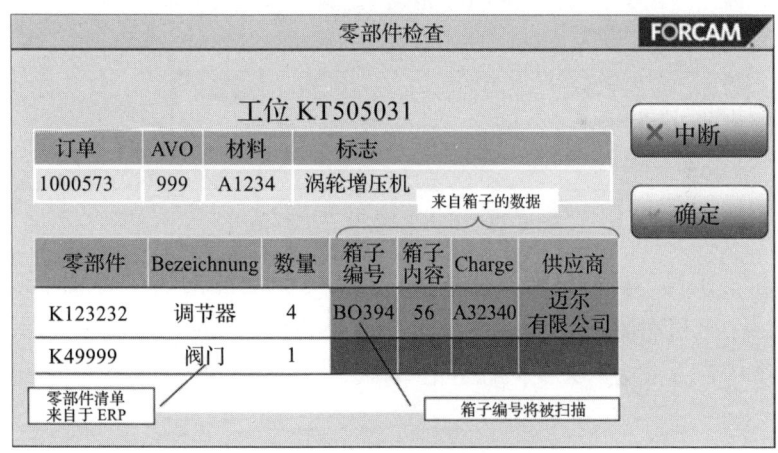

图9-10 需要加工的零部件清单

在物料加工或装配完成后,后续将通过一个数据矩阵对材料识别。这样就可以读取后续的加工步骤和追踪部件(可追踪性)。已加工完成的零件可以放置在货物运输工具中,这也可以通过异频雷达收发机加以识别。当达到订单中规定的输送量时,

满载的输送信号将会向企业资源规划系统（ERP）报告，启动下一步传输。

在加工过程中，操作者可以将特殊问题记入电子翻转图中，如图9-11所示。或者当遇到特别难的问题时，他们可以向企业资源计划系统提交维修单。所有在加工中标记出来的状态都会被压缩到模板，用于进一步的分析。在第二天的早班时，这些数据可以作为改善过程的基础展示在大屏幕上。

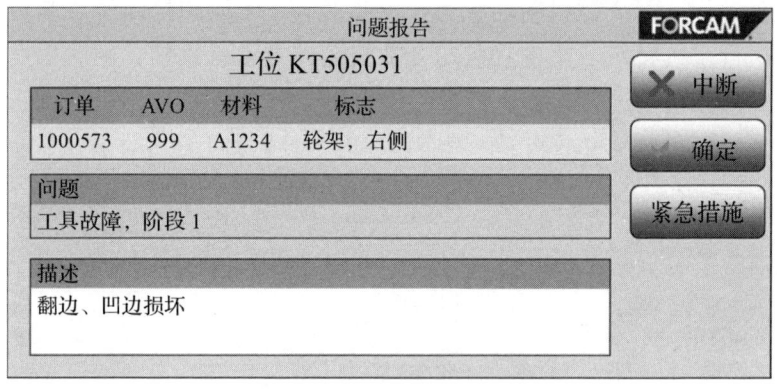

图9-11 电子持续改进过程清单

在基于材料的所有任务中，可以根据可靠的统计数值计算出生产某件产品的新工时，这个结果会传送到企业资源计划系统中，并成为未来生产任务的基础。

9.3 在生产中为功能性载体提供信息

利用通用电子数据处理技术将所有生产资源联系在一起，许多数据将会高频率地出现并在目标群体中加工，使新的技术性解决方案在文化上得到认可，在功能上能快速地组织决策。重点在于，以可视化和交谈的形式提供信息来支持车间管理，

第9章 智能生产、智能工厂中的人机通信

如图 9-12 所示。信息提供应该根据以下三种功能性载体来进行：生产经理、小组组长及工人。

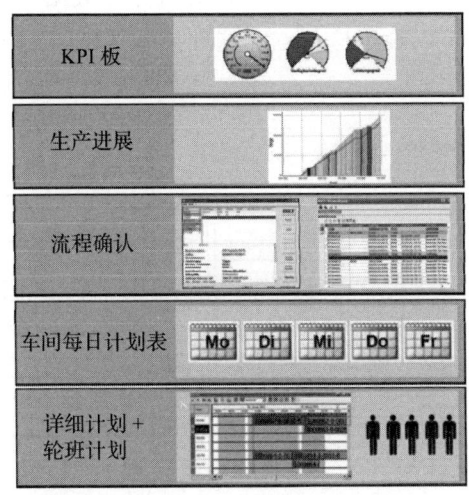

车间管理
成功因素——可视化

目标：
- 实现透明度
- 可及时发现偏差
- 实现目标值与实际值的近似
- 实现持续改进流程
- 激励
- 促进自我管理

图 9-12　可视化管理和生产代码定期讨论是车间管理正常运作的基础

在办公室里，生产经理可以在可触屏的大屏幕上看到他所负责领域内机器的生产状态的布局。用手指在屏幕上点击，就可以获得进一步的信息。比如，机器面前的"积压订单"，批量生产中当前的生产废料，如图 9-13 所示。当一台机器停顿时间太久时，生产经理将会通过屏幕知道这个情况，他的智能手机也会收到一条短信或者邮件。为了召开每天的生产会议，他会把最重要的生产指标（生产数量、常见问题、未交货订单）存入个人平板电脑中。

通过一个"室内定位系统"确定生产经理的实时位置，并且将他周围的机器在他的个人平板电脑上展示出来，这对于全自动化信息展示是很有必要的。然而现在市场上还没有成熟的系统，所以人工工作仍然必要，但是这一任务可以很简单地完

成。根据屏幕上的工厂布局,人们可以看到某一区域的大厅视图,并可以观察那里的任意一台机器。起决定作用的不是技术,而是人们如何编辑和实时保存数据,企业在开发 APP 的过程中可以确定这一点。这种技术虽然没能实现 9.1 节里 Rode 所描述的画面,但是已经非常接近于他的要求了。

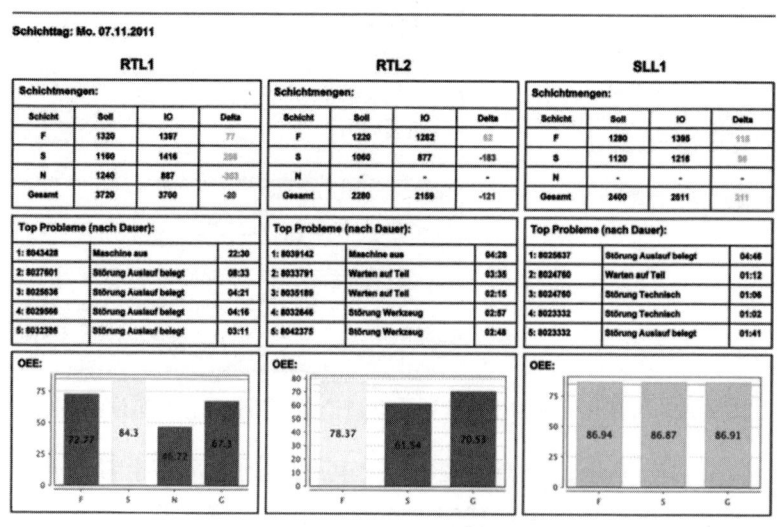

图 9-13 批量生产中传输效能的应用举例

在定期的会谈和巡查(Walk the talk,见图 9-14)中,人们对性能差异进行了讨论,并将其记录在电子持续改进过程板(KVP,持续改进过程)上。

小组组长可以看到为单个工作岗位发布的订单,以及对应岗位员工的实时处理状况。当某一班工作的结果与计划不符或者对某个订单的处理出现了大幅度的拖延时,他都可以干预。此外,他还可以看到会在下几周分派的订单,并进行人力资源规划。此外,他跟其他的参与者一样,可以看到汇总后的工作结果,也可以有针对性地处理有问题的机器。

第9章 智能生产、智能工厂中的人机通信

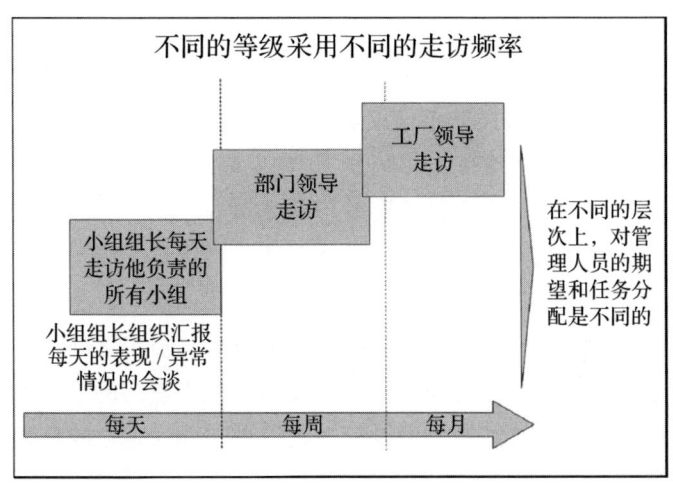

图9-14 尽管有电子数据处理技术,定期的会谈和巡查措施是不可或缺的

工人会在屏幕上得到所有完成订单所必需的可视化信息。这些信息首先包括那些他必须按照一定的顺序加工的订单。在此,基于纸张的订单处理标准同样适用。只有短期或者中期加工的订单才会被显示出来,一般情况下不超过10个。那些在两周内必须完成的订单,此时是不相关的。

机器故障对于员工来说是可视的,在可能的情况下,员工能更精确地对其进行评定。他们也能直接在屏幕上看到故障对计划好的每班劳动生长率的影响。当出现长时间的停车时,他们会制作一个维修报告,其中包括实时出现的问题的详细内容。在维修时,ERP会为该机器制定一个维修订单。这一订单将会转寄到相应维修员的智能手机上。因此,可以避免输送路径过长造成的时间损失。

根据某一班工作中报告的故障、生产时间、货物数量和废品数量,可以算出日/周/月的绩效特征数据,员工和上级在这些数据的基础上进行讨论。比如,我们可以很快查明,某一

班中的停车是如何产生的。这促进我们通过最基本的结果来理解这些关键数据是如何得到的，即讨论是针对生产问题展开的，而不是针对关键数据的可信度展开的。

领导文化的视角在现代车间管理中也起到一个关键的作用，如图 9-15 所示。其中主要涉及参与者尤其是上级如何处理数据。领导者可以利用这些数据监视他的员工，然而这无异于浪费。通过一个纯粹以控制为目的的方法来控制员工的参与，将永远提高不了生产力。在命令和服从基础上，领导者与员工之间的关系在智能车间管理中是不起作用的。相反地，未来需要的是一种开放透明的领导方式，所有的参与者对自己的工作实现自我负责、自我监督。

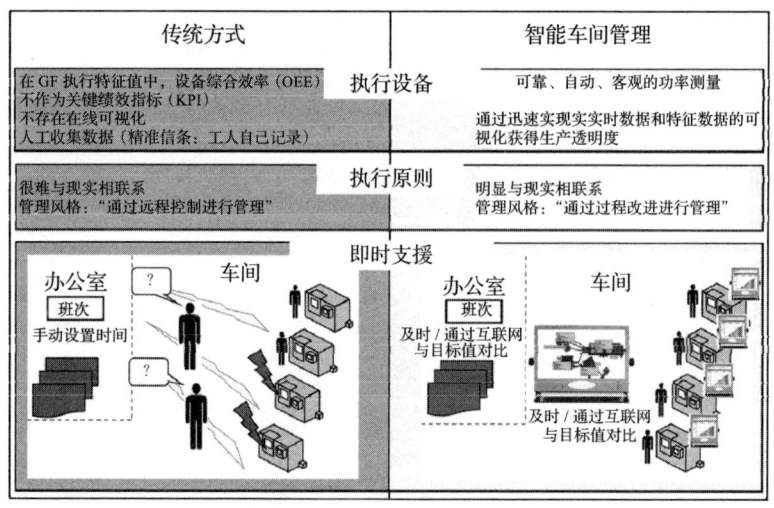

图 9-15 智能工厂还需要智能车间管理——一个开放透明的领导文化和领导机构

在探讨信息加工的最后阶段，让我们回顾一下精益理念视角下的绩效管理标准。在一开始就已经提到了，随着对工业 4.0

的提倡，精益代表必须要克服对于信息技术的反感情绪。在工业 4.0 的信息技术中，我们应该把注意力主要放在目标进程偏差的迅速可视化方面。这种绩效管理方式追求两个目标：一方面，监视所有资源的实时绩效；另一方面，领导和实行广泛的过程改进。在后一点中，即在领导和执行方面，信息技术有着较少的影响，因为这是领导层的任务。然而，信息技术明显可以支持第一点，并且完全取代其中的基于纸张的过程。为了使日偏差清晰可见，应将团队收集的数据进行可视化处理。团队应该尽可能独立自主地收集那些对于特征数据计算来说必要的数据，这样就可以像之前所描述的那样，实现 100% 的计算机辅助化。

9.4 不同机械装置中的生产信息集成

智能工厂技术的主要前提条件是生产数据有效地集成。这意味着，我们要准确无误并高效地记录下不同来源的大量数据，对其进行分析，并在所有功能级别所必需的设备上快速地显示它们。关键词包括：大数据、实时、云。尤其是在 J2EE 体系结构中，可使用 100% 基于 Web 的数据对来自不同制造商和使用不同跨国语言（Unicode）的机器的数据进行处理和表示。

就一般情形而言，一个经过数十年发展的机器园，可与异构控制系统配合使用。因此，经常出现的任务首先应该是超越这些障碍。基于高科技网络技术的现代生产数据集成技术便能够实现这一点。其中，数据提供者和数据接收者都可能是它的数据来源。如，设备和机器（可编程控制、计算机数控、个人计算机）及测量设备或测试装置的不同控制装置。其次，借助于所谓的现场总线控制器，通过传感器和执行器将机器数据结合在一起,这一点是可能的。再者,机器操作者和维修人员可以输入或修改数据。最后,将数值传递给设备,比如程序、测试参数、指令或发出警报的原因,这些也都是可行的。

生产数据集成并不依赖于现有的技术,它主要遵循以下三个步骤:①数据收集;②通过一个单独编程的软件(插入式的)读入数据;③数据解析。

9.4.1 步骤1:数据收集

在不同的控制装置中会用到三种机器数据收集(MDE)方法。MDE方法的选择取决于机械装置、细化程度和预算。原则上应该将所有的方法结合起来进行机器数据收集,因为自动化收集的数据占比越高,手工报告的使用就越少,数据质量也就越高。

用转换器采集信号:即使是没有通信处理器的机器也可以与因特网连接,只要在这个机器的控制柜里安装一个"I/O以太网转换器"就可以实现。从机器的控制装置中获取所需的信号,并以数字信号输出的形式输入转换器,这就需要用以太网转换器。对此,通用的做法是使用一个与WAGO公司合作的现场总线控制器。缺点是被收集的信号数量是有限的。典型的机器数据是将"开/关""生产/停车""数量"以及"故障"作为综合信号的。

通过制造商专有协议收集信息:制造商已经给较新的机器配备了用于通信的处理器和软件。实例如:海德汉的虚拟TNC 0、西门子的RPC[8]或FANUC的FOCAS[9]等产品。在这些装置中,人们可以直接通过机器读取数据,此外,这些装置还提供了很多其他功能和数据供使用。因此,能实现数控程序向机器的传递或者对实时工具分配情况的查询。

用服务器进行控制:在现代机器连接中,数据准备已经在

第 9 章 智能生产、智能工厂中的人机通信

设备中完成了。另外，在每一台机器中都附带一台计算机，一般来说是个人计算机。这台计算机上运行的程序已经接管了部分数据准备任务。数据传输通过以太网进行。其他的计算机和程序是与成本相关的。为此，即使是复杂的要素和过程也可以被很好地表示。上述模式是普遍适用的，尤其是在国际企业中。它的主要优势是：开放性通信协议使得 IT 经理能够组织统一且有效的生产系统，而这些系统在生产的持续优化和提高产能方面能有所帮助。

作为通过服务器控制机器的标准通信，它已经建立了一个 OPC（用于过程控制的 OLE）。OPC 是自由配置的，对它的调节就像是两台机器在相互"说话"（句法）。需要通信的内容应该被单独处理。另一种方式是开源平台 MTConnect[3]。技术上，它可以与 OPC 相媲美。但是，MTConnect 已经满足了"与机床进行通信"这一任务的要求，它的解决方法在北美非常普及。欧洲的第一家公司和 IT 服务提供商也使用了没有许可证的 MTConnect。它灵活地将设备、应用和整个工厂相互联系起来，并提供了一个集成的总生产系统。美国制造业协会（AMT）引进了 Mtconnect，同时也赞助了 Mtconnect 研究所[3]。

9.4.2 步骤 2：数据读入

所有的过程数据和测量数据都收集好之后，按照作者所在公司的解决方案，它们将被输入至所谓的 DCU（数据采集单元）中。在 DCU 中，真正的通信是从设备控制开始的，特别编程的软件插件是机器和上一级的 FORCAM 应用服务器的中间件。此外，上一级 FORCAM 应用服务器负责的是，将目前唯一令人感兴趣的数据高效地传送出去（由事件引起的差异电报）。不同的插件模块对上述的以及进一步的协议处理负责。在不同的控制系

统中，每一个机器制造商都需要一个单独编程的插件，因为每个控制系统的语言不同。每个 DCU 可以同时控制至多 100 种不同结构类型的控制系统，并且不会对计算机的硬件有特殊要求。每两个 DCU 可以这样配置，即它们可以互相监视并且在出现故障时互相替代。一般来说，这种 DCU 会被安装在 FORCAM 应用服务器中，当机器和服务器之间必须要"克服"很长的距离，而且通信又是通过一个并不是每次都可用的通道进行时，建议将 DCU 安装在一个靠近机器的服务器上。当位于德国的总站想要和一个建在南美或欧洲的小场所联系，而使用一个完全独立的制造执行系统又过于昂贵时，也可以采用这种方式。

9.4.3 步骤3：数据解析

原始的机器信号并不是那些高效的生产控制所需要的信息。因此，需要一个逻辑模块，根据多种信号和额外信息计算机器理想的运行状态。首先，当运行状态由"生产""调整""故障"等统一，并且与机器的类型无关时，这些信息将被传递到企业计划的上一级系统中。在那里，将会进一步加工信息，并将其存入数据库。

加工处理分为两步完成。首先，要给机器信号分配逻辑名称，然后根据这些信息，借助于脚本语言计算出相匹配的运行状态，如图 9-16 所示。

1. 特征信号的处理

甚至在当前的工业 4.0 话题出现之前，就有一个倡议，即，构建与生产制造相关的数据处理任务系统。因此，在过去的十年里出现了 MES（制造执行系统）这一概念，它是所有与生产相关的数据处理的功能的总称。因此，MES 也作为软件模块用于智能生产。

第 9 章 智能生产、智能工厂中的人机通信

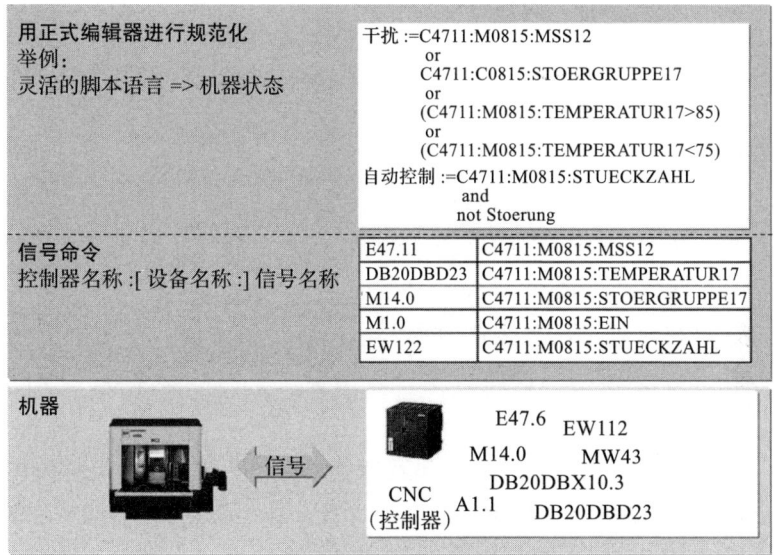

图 9-16 信号采集、转化和读解

MES 中的一个核心元素是,为生产控制和生产监控准备特征数据。为了确保 MES 制造商和 MES 用户对最常见的关键性能指标(KPI)及其计算有统一的定义,VDMA 协会的第 3 工作组在标准 VDMA 66412-1 中对此进行了相应的规定。

该工作小组在两年内收集到接近 200 个特征数据,但对 MES 来说,在这些数据中大约有 20 个是有关企业管理的特征数据。然而,这些数据是从参与企业的应用中收集而来的,是大量几乎相同的特征数的整合。另一个关于 "MES 特征数据的过程值" 的工作组利用上述数据规定了特征数据的计算,并定义了计算必需的过程参数。关键要素是,这一定义不受技术变化的影响,也就是说,不受信息技术协议的约束。此外,还有其他的规范化小组和标准化小组。

同关键数据的定义一样,对于在生产中产生的过程值来说,

人们首先要面对数量庞大的数字。限于只能定义与特征数据相关的参数，数字受到了很大的限制。因此，许多过程数据将在计算中忽视，而它们对于部件追踪或者故障的细化来说又是必要的。

过程变量可分为三组：来自机器的过程值（自动化）、逻辑参数（在 MES 中一般为已知的或者与上一级生产计划有关的）及员工数据。

只有对于"员工生产效率"这一特征值来说，员工数据的存在才是必要的，这些数据一般由员工工时收集系统（PZE）提供。

订单周期和规划好的工作站容量（轮班计划）等逻辑参数在 MES 中是已知的，而那些从机器（自动化）中获得的生产过程参数还不在 MES 系统的定义中。当人们仔细观察特征数据时，可以清楚地发现，所有的特征数据都是从数量（产量、废品、返工数量）、停车时长和生产时间中得出的。生产时间被定义为：一个零件生产或者组装所需的时间。

在 VDMA 66412-1[4] 标准册中只定义了特征数据，对此，是否通过手写或由机器给出所需的数据并不确定。人们可以想象，手写记录能够快速并且不那么复杂地实现，但是却忽视了一点——这种方法的准确性很低，数据的可比较性会受人的个体差异的影响，数据的整合也与相当大的努力密切相关。

在计算机集成制造项目框架下用机器收集数据时，生产负责人需要将巨大的财务消耗记在心中。自那时起，20 年已经过去了。在这段时间里，计算机技术快速发展，并且随着局域网技术在生产中的引入，已有问题的关键部分（即"我如何使用这台机器？"）已经自行解决了。

对于机器生产者和控制系统生产者来说，必要信号的提供

第9章 智能生产、智能工厂中的人机通信

就显得多余了。这一点至今要么就根本没有被定义，要么只是制造商专用的。在这里不再继续讨论特殊传递协议的定义，它可以由 MES 制造商通过合理的方法实现。接下来主要讨论控制系统必要数据的提供。

2. 加工过程和运行模式之间的关系

一台机器的信号可分为以下三组：

- ❑ 安全性
- ❑ 过程和操作
- ❑ 可视化

信号的变化同样标志着加工过程的改变，这一点对以上三个标准来说是相同的。为了更好地理解，应该更准确地描述信号组。

所有与操作人员相关的信号都被分到安全性这一组信号中，这一组中的一个典型信号是"紧急停止"。原则上来说，每一种安全性信号都能够表明：机器不能进行生产。

生产和操作这一组信号包括所有的控制机器的功能。这可能或多或少有些复杂，比如，一台机床中一个针对冷却剂的简单二进制"开/关"信号。一个相对复杂的信号是"循环结束后停止"，它将会通过 PLC 中的一个宏（一组单个命令）进行触发，并且同时在数控中的处理通道里生效。

在可视化这一组信号中，按照机器功能进行归类的 PLC 信号被进一步压缩。比如，在 VDMA 的标准片 34180 中可以找到"机器故障在于"或"在工件区域的零件加工完成"这样的信号。故障产生时，其影响取决于加工过程。因此，在一种情况下，根据工具和材料判断出铣削可以完成加工，但在另一种情况下这个加工方法就无法适用。在评估警报和故障时，需要额外引入加工过程相关知识。

除了机器信号，还有操作模式这一概念，基于安全标准可以将其分为：
- 操作模式 1——自动操作
- 操作模式 2——调整操作
- 操作模式 3——在生产过程中监控
- 操作模式 4——在生产过程中监控（不启用设备）

比如，新零件的调试出现在第二种模式（调整操作）中，故障排除后的检测属于第三种模式（在生产过程中监控）。在这两种模式中，原则上，人们都会高效地工作，并且不使用最大的加工速度。第一种模式（自动操作）中的加工符合实际生产状况[11]。

3."生产"状态的评估和获取

从 PLC 信号中一般计算不出特征数据。因此，通过"释放冷却剂"这一信号无法推断出机器的资源消耗。为了计算出资源消耗，还另需一些信息，如能量消耗和冷却剂消耗。

其他的可以用于生产状态计算的数据是连续变量，如进给、主轴进给、转速、温度等。对于不同的机器类型，需要特别关注多通道、多工作站或多轴机器。

从以下信号或者操作模式的共同要求中，可以得到生产状态的一个示范性定义：自动运行模式、程序执行、进给开关 =100%、快速移动 =100%、主轴转速 =100%、数控程序准备就绪。没有包含在这个生产定义中的信号或者信号组合，会导致"机器停车"或"机器故障"。除了这些机器信号，还有一些机器报告（如数控警报、操作者中断、操作提示和错误提示），而这些信号不会导致机器工作状态的改变，因此与特征数据的计算是不相关的。

确定了这些后，我们就可以定义一个一般性规则，以进行运行状态的确定和特征数据的计算。

9.4.4 不同运行状态下机器数据的转化

只有一种状态可以只通过机器的信号来定义——"生产"状态。此时机器状态和运行状态是一致的。当一个工件加工完毕后，用机器信号不能得到一个明确的运行状态的定义。对此，其他的信息是必要的。因此，"工件加载"或"等待任务"的等待时间是无法通过机器信号计算得出的。这些时间可以根据生产计划的上一级系统的运行日志或者 MES 中已知的订单运行时间进行分配。

转换 1：机器状态下的机器信号

机器状态产生于操作类型和故障的结合中，以下称这一结合为机器信号。机器状态代表了生产角度下的状态。当机器工作时，它生产零件，不工作时，停止运行。如果必要的话，可以通过机器信号组合对这种停车状态做进一步的详细说明。一般而言，这一详细说明是通过人来完成的。这是由于，如果状态是在信号不足或缺乏明确逻辑的情况下确定的，将不会推出一个明确的结果。

图 9-17 和图 9-18 指出了用于计算运行状态的机器信号、订单状态和操作日志之间的关系。作为运行状态的条件，在这里，生产被定义为：数字控制程序正在运行，编程轨迹以 100% 的并不算缓慢的编程轨迹速度运行（Override = 100%）。

"生产"运行状态可以通过机器信号计算得到。所有的停顿，比如"设备/机器故障"，将由操作者来进行鉴定。任务信息将由 MES 提供，并添加至机器状态中。

转换 2：运行状态中的机器状态

为了从机器状态中得到对 MES 特征数据有用的时长，必须要用进一步的生产信息来补充，如一个按时间顺序排列的运行状态清单（见图9-19）。这样，一个没有生产任务或处于轮班休息的机器的停车状态，就可以根据MTBE（平均无故障时间或平均故障间隔时间）计算出来。这些额外的信息可以从订单或操作日志中推断出来。

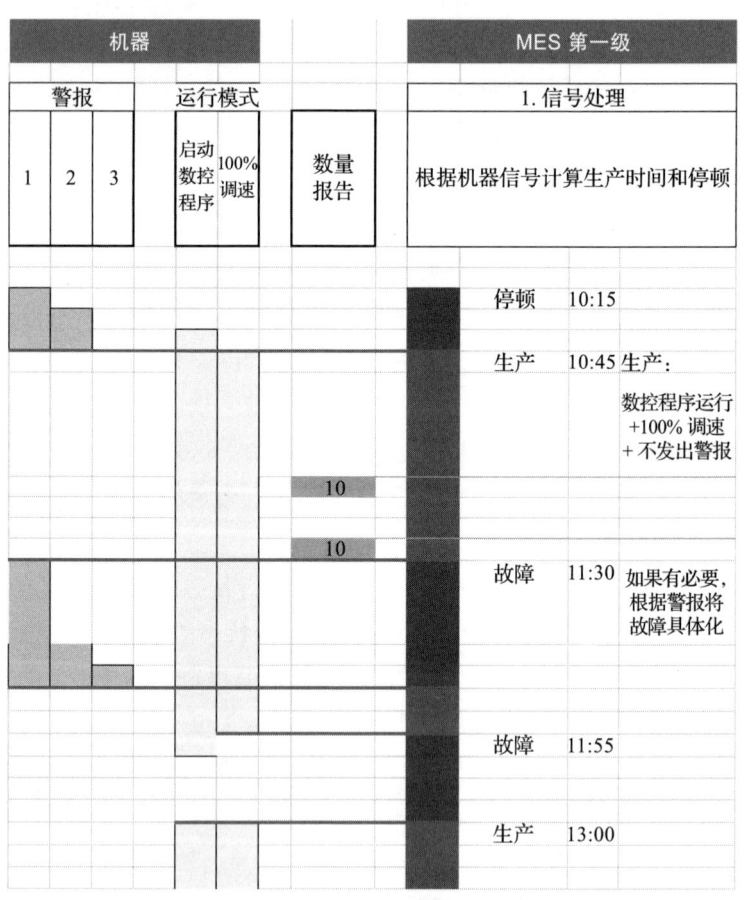

图9-17　机器状态下机器信号的转换（第一部分）

第 9 章 智能生产、智能工厂中的人机通信

这样,就像机器不能将不在操作日志中的停顿看作休息一样,从机器的角度来看,把任务开始和生产信号之间的停顿看作准备时间也是不可能的。因此,引入了"操作阶段"这一概念,这里存在一个"自由容量",也就是说,存在这样一台机器,它只是被安置在那儿,还没有按照订单运行。即使订单开始处理,机器仍处于静止状态。

MES 1	MES 第二级	解析数据	
1.信号处理	2.消息处理	3.结果	4.报告
源自信号加工的数据	利用源自 BDE 和企业日历的附加信息计算运行状态	运行状态	用"MES 日志"可以算出所有的特征数据
	任务开始	准备	10:15
		生产	10:15
			11:00
		故障 x	11:20
			11:30
		故障 y	11:55
	根据轮班计划开始休息	暂停	12:00
	根据轮班计划结束休息	故障 y	12:30
		生产	13:00
	换班	生产	14:00

图 9-18 机器状态下机器信号的转换(第二部分)

Meldezeitpunkt	Dauer [hh:mm:ss]	Auftrag	AVO	Phase	Betriebszustand
15.03.2013 16:14	00:45:33	1066777	9999	Bearbeitung	Produktion
15.03.2013 16:10	00:04:08	1066777	9999	Bearbeitung	Störun Anlage/Maschine
15.03.2013 16:10	00:00:01	1066777	9999	Bearbeitung	Produktion
15.03.2013 16:07	00:03:14	1066777	9999	Bearbeitung	Störun Anlage/Maschine
15.03.2013 16:01	00:05:30	1066777	9999	Bearbeitung	Produktion
15.03.2013 15:57	00:04:29	1066777	9999	Bearbeitung	Störun Anlage/Maschine
15.03.2013 15:56	00:00:13	1066777	9999	Bearbeitung	Produktion
15.03.2013 15:55	00:01:11	1066777	9999	Bearbeitung	Störun Anlage/Maschine
15.03.2013 15:55	00:00:01	1066777	9999	Bearbeitung	Produktion
15.03.2013 15:54	00:01:09	1066777	9999	Bearbeitung	Störun Anlage/Maschine
15.03.2013 15:54	00:00:00	1066777	9999	Bearbeitung	Produktion
15.03.2013 15:54	00:00:00	1066777	9999	Bearbeitung	Störun Anlage/Maschine
15.03.2013 15:43	00:10:51	1066777	9999	Bearbeitung	Produktion
15.03.2013 15:39	00:04:28	1066777	9999	Bearbeitung	Geplante IH/IS
15.03.2013 15:29	00:09:37	1066777	9999	Bearbeitung	Produktion

图 9-19 按时间顺序列出的运行条件

根据额外的订单信息，可以将这一时期称为准备阶段。通过额外的人工输入的信息可以阐明准备时间是否也是一种运行状态（大多数企业就是这样认为的），或者阐明在准备阶段是否涉及故障。这一状态一直持续到生产信号的出现，与此同时，"加工"阶段开始。

9.4.5 用于信息连接的架构方法

总架构可分为四个层次：

- ❏ 信号层（机器信号）
- ❏ 信息层（轮班情况、人员信息、订单信息）
- ❏ 解析层
- ❏ 压缩层

每层的历史记录产生于直接收集或输入的数据，它们以信号和信息形式存在。

在信号层，机器控制的信号是以状态和大量信息的形式转

第9章 智能生产、智能工厂中的人机通信

换到工作场所的。为了恰当地应对已成型的不同机器,需要有适用于不同机器的信号解读方法。这些信号通常不会被存储。

在信息层中,信息来源于:
- 信号层(机器状态/机器数量)
- 自动生成的来自于时间模型的信息(换班和休息)
- 人工收集的信息(人员信息、订单信息)

信息将按照时间顺序进行排列,并传递到解析层。收集到的信息将被储存,并建成原始记录。

在解析层中,要从来自信息层的数据中推导出符合逻辑的阐述,并根据任务分配确定所需的特征数据的基本值。任务分配情况如下:
- 提供网络运行状态下的实时特征数据(状态、数量、时间)
- 在数据库中创建报告记录,这对于评估是必要的
- 在重叠的企业资源计划系统中创建反馈报告

举例来说,为了推导出工作场所的状态,在考虑到换班计划的情况下,解析逻辑决定应将在生产任务的处理过程中出现的机器停车状态看作故障、休息还是"轮班外的停车"。

通过这种划分可以确定的是,解析层也是需要"校正"的。这意味着,被忘记的或者错误的信息(如工作人员已经报告了错误的订单或忘记退出系统),可以在信息层得到补充或改变,并能够通过解析层得到复核。

在最后的压缩层中,会对历史数据进行加工,以使它们更容易、更快速地被解读,以用于特征数据的计算。为此,在一般情况下,会对与换班因素有关的数据(数量、时间)进行静态压缩。

图9-20以时间轴的形式展示了生产中的实时数据流的概况,以及用于实时报道的下游的数据流、企业规划及历史功能。

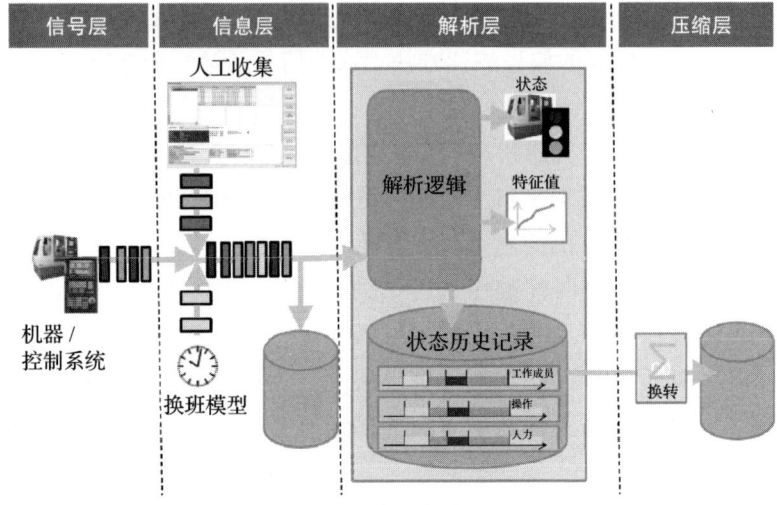

图 9-20　时间轴概念

9.5　参考文献

[1] Spath, D. (Hrsg.): Produktionsarbeit der Zukunft – Industrie 4.0. Fraunhofer Verlag, Stuttgart 2013
[2] ISA95, Enterprise-Control System Integration, http://www.isa.org
[3] MT Connect Institut, http://www.mtconnect.org/
[4] VDMA-Einheitsblatt 66412-1, Oktober 2009. Manufacturing Execution Systems (MES) – Kennzahlen. www.vdma.de
[5] VDMA Einheitsblatt 34180, Juli 2011. Datenschnittstelle für automatisierte Fertigungssysteme. vdma.org
[6] VDMA Einheitsblatt 66412-3, September 2013 Manufacturing Execution Systems (MES) – Ablaufbeschreibungen zur Datenerfassung. vdma.org
[7] HEIDENHAIN DNC Remote Tools SDK virtualTNC, www.heidenhain.de
[8] SINUMERIK 840D/840Di/810D Rechnerkopplung RPC SINUMERIC, www.automation.siemens.com
[9] FANUC FOCAS, NCGuidePro FOCAS2 Function OPERATOR'S MANUAL, www.fanucfa.com
[10] Peters, Remco: Shop Floor Management. Führung am Ort der Wertschöpfung, LOG_X Verlag, Stuttgart 2009
[11] WIKIPEDIA, http://de.wikipedia.org/wiki/Betriebsarten_von_automatischen_Werkzeugmaschinen_ (Bearbeitungszentren)
[12] WIKIPEDIA, http://de.wikipedia.org/wiki/Manufacturing_Execution_System

第 10 章

人 机 交 互

Martin Naumann
Thomas Dietz
Alexander Kuss

10.1 引言

在 ISO 8372[1] 标准中，机器人被定义为通用设备。由于机器人自身在应用上的普适性，以及为完成特定生产任务可以对机器人及其外围组件进行配置的必要性，所以机器人技术在工业 4.0 技术中是理想的应用案例。在对机器人的配置和使用过程中，人的参与开启了许多新的应用场合，同时，也提出了新的问题。

这些问题主要涉及人机之间信息交换的方式，以及机器人如何处理信息。因此，应该增强机器人的认知能力，提高其工作效率。此外，在人与机器人的直接互动（即不断调整和重新配置）过程中，必须要考虑设备安全问题。在此，所研发的方法必须要满足相应的安全标准，而且设备安全的认证和组织内容也必须包括在内。此外，在不安全的初始条件下，必须要在考虑整体系统经济性的条件下对可能的应用场合进行研究和评估。工业 4.0 技术可以用于解决所有的这些问题，因为它能为解决这些问题收集所需的不同来源的数据并加以利用。这样，在与人合作时学到的技能就可以被继续传递给其他设备，机器人系统也可以根据新任务自动或半自动地进行配置。

在接下来的章节中将讨论人机交互领域中技术的现状、尚未解决的研究问题、当前的研究方法及人机交互带来新的应用场合和商业模式的潜能。

10.2 人机交互技术的现状

10.2.1 人与机器人的信息交互

人机信息交互的目的是，告知机器人它们的任务或直接在过程中控制机器人。这样，将机器人用在小批量生产中，将明显使得生产变得相对经济，因为编程成本和生产时间之比会下降。在此，信息交互并不包括机器人系统的安全功能。由于机器人系统的安全功能具有特殊性，应予以特别对待。

机器人的编程通常分为两种方式。相对小的设备一般采用示教编程，真实的机器人将由示教盒控制，并通过按下按钮接收编程点。另一种是离线编程，专门用于大型生产设备，此时，编程将会借助仿真软件在计算机上完成。在此，还需要准确的机器人 3D 模型以及将要由机器人生产的产品。此外，由于模型相对于真实的机器人有偏差，装配零件也存在偏差，所以会产生一定的后续编程成本，这是无法避免的。人与机器人之间新的交互形式带来了新的可能，即根据任务对机器人进行编程。

因此，在线编程和离线编程之间的典型区别将得以消除。在所谓的"示教编程"中，正是通过直观的输入方法直接或间接地对机器人进行指导。这样，在很大程度上可以避免耗时而又复杂的程序代码输入。Meyer 在文献 [2] 中就描述了一种手动

第 10 章 人 机 交 互

引导机器人的系统（见图 10-1）。

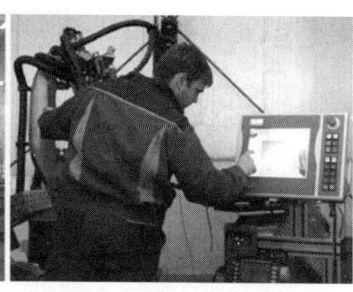

图 10-1　通过对机器人的手动引导和交互式用户界面进行的直观的机器人编程

这样，人可以在一个触摸式界面上，基于力－力矩传感器，使机器人向任何一个空间位置移动。此外，光学界面还能够储存路径点，并将其与机器人程序相连，而不需要使用原始的机器人程序代码。此外，在小型机器人领域早就存在了带有集成力－力矩传感器的系统。从人给定的参数中提取程序命令的方法虽然存在，但此方法所必需的技术水平还处于基础阶段，对于工业应用来说还远远不能满足需求。

工业 4.0 技术通过在云端对来自多个机器人单元的复杂数据进行处理，为改善机器人系统的认知能力提供了巨大潜力。此外，借助很多用于优化算法的信息对来自多个机器人单元的输入进行集中评估，这样，合适的评估技术就可以作为一种服务供他人使用。这些技术现在已经被编入了各个设备的组件中。如今，该原则已经成功地在消费电子产品领域有所应用，如手机的语音识别。

现在，离线编程提供了一种辅助功能，可以很容易地进行编程。使用时只要将编程点与零件上的点对齐，或者有针对性地在组件边缘和表面生成点列。另一方面，在研究中也找到了一种方法，只要借助机器人的环境模型，就可以实现机器人的全自动化运动。但是,在这种情况下,通常需要借助传感器系统来补偿偏差。

10.2.2 人机物理交互

为了使人与机器人的合作更加直观,如所谓的通过手动引导编程,为了提高生产设备的变换能力,在未来将力争摒弃分离的保护装置,如栅栏,转而使用灵活可设置的软件安全系统。但是,现在保护装置的静态配置与工业4.0技术的潜能是冲突的。

自2006年以来,人与机器人的物理交互的技术安全已经被纳入标准中。

ISO 10218[3,4]规定了实现人与机器人的相互合作所要满足的安全性要求。在此,为了避免给人带来危险,需要限制机器人的功能。这种功能界限的确定应在由不同领域专家参与的风险评估中完成。此外,还要对机器人单元的具体工作流程进行观察。在未来,还将使用由实验计算出的人体负载极限值。这些界限以及机器人设备的应用领域一旦被确定了,除非重新进行评估,就不可以被改变。到现在为止,正是这种限制阻碍了我们充分利用工业4.0技术对机器人单元进行重新配置,因为在每一次重新配置中,都需要对设备进行重新评估。

在机器人设备中不使用分离的安全护栏,这一想法早就提出了。现在,由于安全传感器(如激光扫描仪或光栅)的广泛使用,以及相关技术的发展,也可以实现这一想法。并且,目前投入使用的保护系统仅使用了安全护栏的安全原则(空间上的分离)。根据ISO 13855[5],这种系统大多数情况下需要更大的安全距离,因为必须考虑反应时间和制动距离。然而,安全距离通常是静态的,需要借助风险评估来确定,并且只有安全专家才能对它进行调整。虽然通过工业4.0技术可以灵活地将机器人作为生产设备使用,但是,静态界限值会限制这种应用。

10.3　技术需求和尚未解决的研究问题

10.3.1　在工业 4.0 应用中使用机器人所需的数据模型

为了自动安排机器人的任务，并且将来自设备模型、产品模型、传感器数据的信息与人工输入的信息相结合，需要一个描述现实世界的抽象模型。这些数据模型能够将相应的信息转换成机器可读的信息，并且能够实现与其他信息物理系统的交流。为实现规划工具的文件交换而开发的自动化标记语言，是实现不同数据模型互联的一个坚实基础[6]，以 CAEX 数据格式为基础，同时包括用于几何数据的 COLLADA 数据格式和用于逻辑数据的 PLCopen 数据格式。所有这些相关的格式都具有开放的标准，并且能根据相应的具体需要进行扩展和适应。然而，这些格式只提供了一个框架，为了能在机器人技术中使用这一框架，还必须对其进行扩展和具体化。一方面，有必要采用比 PLCopen 更抽象的形式对工作流程进行描述，这样就可以抽象地描述要执行的工作步骤、顺序和转换条件。这也能够让我们定义由人和机器人共同完成的工作以及这些工作之间的相关性。如图 10-2 所示，需要构建一个分等级的模型将任务反复细化为子任务。图中还展示了这些任务之间的互联状态。这些任务还将不断地分解为子任务，直到它们可以通过单独的硬件组件完成为止。此时，各个层面的任务描述就可以由不同的生产者（如零件提供商、系统集成商）提供。然而，所使用的格式及其标准化还没有统一。

为了表示即将完成生产的产品数据，将会把规划数据和测量数据集成到一种共同的数据格式中。特别地，组件偏差必须可以用所使用的几何格式描述，这样，在规划工作流程和机器人程序的时候，机器人设备就能够明确地考虑到这种偏差。在这里，对制造工艺的抽象描述能够将制造知识自动地转化到使用相同制造工艺生产的不同组件上。用于规划处理流程的算法也已经应用于研究中，部分被应用于工业实践中。为了改善这些算法的稳定性和可重新配置性并使其适用于不同的过程，将算法融合到抽象模型中的方法仍在研究之中。

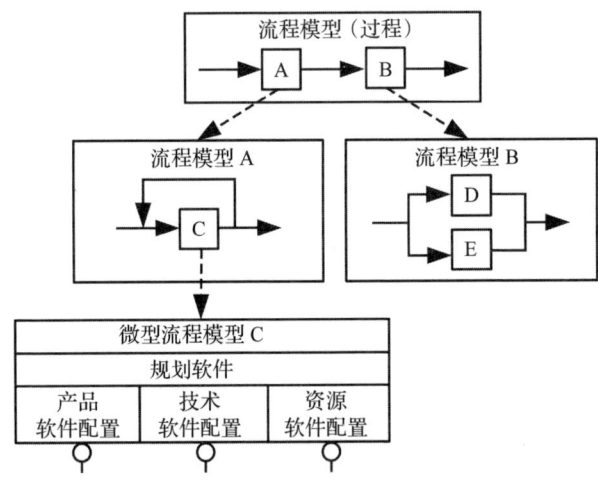

图 10-2　在编程层面使用形式语言来描述任务

此外，通过数据模型可以将制造知识简化，而通过学习算法又能够不断调整这一过程。因此，机器人系统能够不断地适应变化的环境，优化产能。但是，这种方法现在还不够稳定和普遍，不能用于与多个生产相关的情况中。

在使用机器人时，通过用户输入数据或者通过测量数据可以对不完整的规划数据进行扩展和补充，合适的模型格式使之成为可能。此外，人们可以通过基于机器人系统的数据模型传播、保存并且重复使用一些知识，如关于制造工艺的知识。因此，基于模型的数据表示性和可交换性是经济地实现交互机器人系统的一个关键技术。

10.3.2 机器人系统组件的语义集成

为了能够在高级编程中使用组件功能,除了控制技术集成,机器人单元组件的语义集成也是必需的。为不同现场总线定义的设备配置文件,并且使用在自动化标记语言里引入抽象的角色概念,是当前可用于工业机器人领域的语义集成的唯一初步研究。在语义网络服务框架内开发的 OWL-S 语言能够用于网页服务的功能、结构和界面的描述,也能用于机器人单元组件的语义集成。在工业机器人技术中有这样一种程序,基于这种程序,人们不需要基础的软硬件专门知识,就能够对机器人系统进行简单的调试和调整。这让机器人系统能够快速地适应新的生产任务(见图 10-3)。机器人单元组件的语义集成有着重要的意义,因为语义集成描述了各个组件在控制技术中是如何运行的,换而言之,突出了组件的功能性。这一切的前提条件是:完成并实现对自动通信链接协议、分散系统的构架范式和基于模型的代码自动生成方法的开发。此外,在语义框架下已经存在用于语义集成的既成初步研究,其中部分也可用于工业机器人技术。

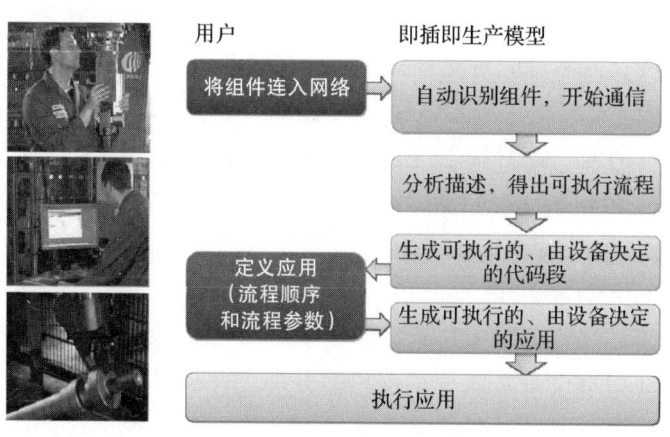

图 10-3 以抓手为例,展示如何通过即插即生产实现对新型设备模块的集成

10.3.3　人的手势和运动学参数的识别

手势是人与人之间的非语言交流的一部分。标志性的动作本身被看作重要的交流手段，或者用来加强语言的表述。手势也是一种动作，它也被赋予了意义。

在 1998 年，参考文献 [8] 就已经对自发手势的识别进行了研究。当时用灰度相机的差分图像在照片中定位运动区域，这些区域的重点部分又将用于手势提取。但是，只有当人的其他部位都不动时，他的命令手势才能被识别。由于缺少语义关系，运动的手势无法被识别。在参考文献 [9] 中，借助于对肤色的区别，可以提取手部运动。通过隐马尔可夫模型可以将运动分类，并且对手势进行识别。这一系统也被用于移动机器人的手势和指令的识别。同样，运动的手势也不能被描述，因为它们无法被确定。在参考文献 [10] 中也提出了类似的方法，在这种方法中，只有当单手直接在相机前打手势时才能被识别。

参考文献 [11] 研究了对动作的识别，结论是，手掌和脸部之间的关系发挥了一定的作用。也就是说，需要一个相应的语义分类，才能实现对动作的识别。然而，由于动作只反映了表音符号系统，并不对应语义分类，因此仅凭动作无法实现动态调整，也不能用于机器人配置，最终也无法实现对运动手势的识别。

特别地，随着娱乐电子学（微软的 Kinect、任天堂的 Wii、索尼的 Playstation Move）的发展，基于手势的人机通信也被广泛普及。并且，Kinect 相机无须使用辅助设备就可以实现交互。但是 Kinect 相机只考虑了人体运动学参数，进一步的手势识别必须通过第三方（主要是游戏开发商）才能实现。原因在于，Kinect 相机也只是减少了传感器处理工作和对四肢运动像素的语义描述。比如，在参考文献 [12] 所介绍的系统中，人体运动

第10章 人机交互

学将会用于人形机器人的运动学。因此，人体运动可以直接被转换到机器人上。由于运动学上的相似性，在描述时只需要考虑关节的运动限位即可。这种描述也被称为运动重新定位。但通过这种方法还无法直接将运动转换到工业多轴机器人上。

手势识别应该满足稳定性和人体工程学的要求，这是其在工业领域中得以应用所要面对的一个主要挑战。封装用于传感器数据采集的功能符合工业4.0的原则并且能让终端用户使用到复杂技术。这样就有可能使得在云中执行手势识别作为服务，有可能在辨认所使用的参数方面实现连续学习。

10.3.4 将传感器作为信息物理系统

在如今的机器人系统中，传感器数据都是在本地读取和加工的。对此，需要进行大量的整合工作，因为不同生产商都有特殊的传感器传输格式，而一般转换的都是原始数据。与此相反，在工业4.0中遵循这样一种方法，传感器在一个单元的整体架构上应提供测量服务，这种服务在这一单元的其他部件上也是可用的。因此，在未来的生产场合中，传感器会越来越多地作为信息物理系统，与基于云的架构相连接。通过合适的云服务，数据评估将会变得集中起来，计算处理能力能够得到提升，软件系统也将得到扩展。由此，将会得到更精简的机器人单元，以及能够集中管理用于传感器数据评估的软件。这样，计算机处理性能需求的时间波动可以得到补偿。此外，不同传感器的特有过程，如校准或参数化，都可以作为传感器生产商的在线服务被提供和执行。研发需求主要在于不同类型传感器的数据接口的标准化。图10-4展示了一种光学传感器的数据收集过程，这种光学传感器使用的是外部的、基于云端的评估软件。

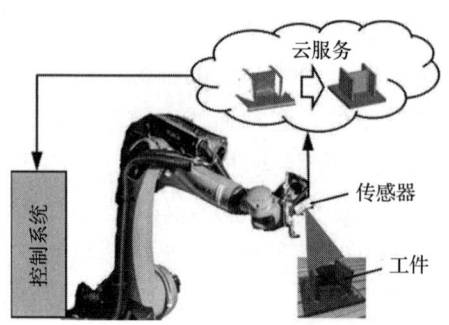

图 10-4　传感器作为基于云端系统评估的信息物理系统

10.3.5　工业 4.0 背景下合作机器人设备的安全

出于安全目的，安全传感器需要对静态定义的距离极限值进行监控。为了能够通过工业 4.0 技术灵活地使用机器人单元，必须改善其自动重新配置的能力。在未来，这些传感器必须能根据复杂的监控任务进行重新配置，例如，根据风险模型确定与速度有关的监测区域，对几何性故障的示教学习、新放置的或者模糊放置的组件等，这些情况都会导致设备终止运动。必须要始终保证操作员的安全。在此，也必须考虑对企业内部的安全设施的评定过程。通过重新配置，机器人单元的安全组件也将成为信息物理系统的一部分。由于安全功能是由信息物理系统执行的，所以信息物理系统必须满足可靠性方面的特殊要求。

由于设备的改变对设备安全有着潜在的影响，因此，为了使用与情景适用的安全原则和保护参数，需要机器可读的安全知识。这些安全知识应该包括之前由人执行的安全评估的相关信息，并且能在一定的条件下，通过选择合适的保护原则和参数（比如距离、速度），实现自动化的风险评估。这样，才能实现保护设施的自动重新配置。

10.3.6 经济性

在使用机器人设备时,通过操作者、规划系统和机器人的合作,人机交互不断地开辟出新的应用场合。在此过程中,必然会产生一个问题,即在设计机器人系统时,不同的设计方案对机器人设备的实用性和经济性的影响。根据所阐述的原因,与传统的设备相比,这些应用场合以前并没有完全为人所熟知,也就是说,它们具有一种不确定性。因此,在进行经济性评估时,必须考虑应用场合的不确定性。为此,需要一种成本计算方法来应对这种不确定性,并且根据后期应用,对来自于已经实施的项目和应用场合的信息做相应的处理。此外,在设备运行时,如果涉及与系统使用有关的决定,也可以使用这种成本计算方法。

10.4 当前的研究方法

当前的研究主要是针对如何解决上文所提到的问题。接下来将列举几个项目作为例子,这些项目都研究了应对上述问题的解决方案。

欧洲的研究项目 **SMErobotics**(欧洲机器人学倡议旨在通过融入认知系统,加强制造业中中小型企业的竞争力)[13] 有这样的目标,着重简化中小型企业(KMU)中机器人系统的使用。其中,必须考虑中小型企业生产过程中的特殊性要求,研究活动主要在认知机器人系统领域展开,在非结构化环境和单一批次生产中也具有经济可行性。基于模型的数据概念和规划概念以及生产中的不确定性,开发出的自适应机器人系统比传统的自动化解决方案要更稳定。此外,还将研究和实施一些方法,使人机交互在生产过程的所有阶段都达到最优。目前,已有一些方法能说明机器人系统是如何学习人类的经历并且不断进行自我优化的。通过多家中小型企业加入整个项目中,研究结果和现实生产场合之间的持续交流得到了保证。图10-5展示了SMErobotics的主要工作点。在工业4.0背景下,对加工知识的形式描述以及基于这种形式描述的持续学习是极其重要的。此外,该项目还研究了原本不兼容的设备应如何无缝合作。对此,将会开发出通信协议和工具,以用于不同格式的信息的自动翻译,这些通信协议和工具在工业4.0领域中的地位也将越来越重要。

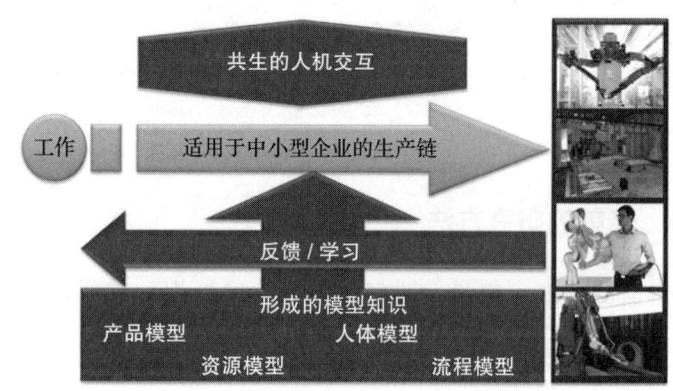

图10-5　中小型企业机器人技术工具链

由德国联邦教育与研究部(BMBF)资助,在斯图加特大学开展的研究型校园ARENA2036计划(未来汽车的积极研究环境)[14]对未来的汽车生产进行了研究。其中,在汽车生产中实现灵活多变性非常重要。目标是实现用于生产汽车的操作设备的模块化和通用化。在这一背景下,当机器或者生产线发生变化时,将工业4.0技术应用于操作设备的自动化配置,也是一个重要方向。此外,研究的目标在于,废除当今生产中某些生产步骤的僵硬连接,转而使用灵活连接的生产岛(见

图 10-6)。由此，单个机器人单元将成为信息物理系统的一部分，且必须与其他生产模块相连。为了实现这一愿景，特别需要一个基本的没有防护围栏的工厂，从而尽量减少硬件带来的限制。

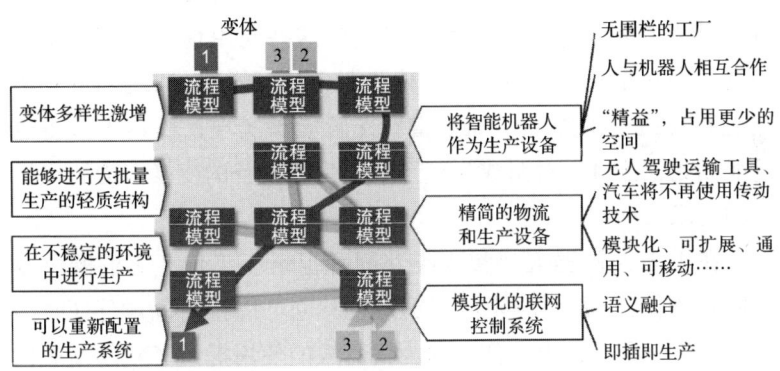

图 10-6 流程模块的灵活连接取代连续的流水线生产

在 LIAA（精益智能装配自动化项目）[15] 中，领先的欧洲研究机构、零件制造商、技术工人和终端用户是共同合作的。这一项目的目的是，为装配系统研发出一个统一的软件构架，将人与机器人的优点相结合。根据装配进程和工人的开工率，装配工位可以同时被人和机器人使用。比如，工人应该专注于有认知要求的任务及需要精细操作的任务，而机器人只要承担重复和繁重的工作。

由德国联邦教育与研究部支持的 Effirob 项目[16] 框架，着眼于基本经济性和必要框架条件，研究了伺服机器人技术的不同应用场景。这样，从对伺服机器人应用场合的整体观察中，可推导出对经济的影响因素和研发需求，从而改善涉及关键技术、组件和系统研发过程的成本与效益之间的关系。这一研究提出了用于机器人系统的成本分析法并已使用。

10.5 新应用场合

在前文所述的用于人机交互的创新技术带来了机器人技术的新应用场合，机器人的市场也有了显著的扩展。现在，在一些生产场合中，由于机器人系统的重新配置需要巨大的开销使得机器人并不能被应用，所以急需对这些应用场合进行自动化开发。尤其是重新配置子组件作为服务的可能性在工业4.0环境下起着关键性的作用。如果重新配置能够实现，机器人设备也就能满足工业4.0对组成生产系统的生产设备的变换能力和灵活性的要求。

在未来，机器人将和人类共同承担一项工作，它们既可以同时在不同工位上工作（工位分享），也可以按时间顺序（时间分享）在一个工位上工作。这为机器人的使用提供了新的商业模型，如租借机器人。这种租借的机器人能够在为人建造的工作场所工作，这样，生产将会变得更加灵活，并且可以以低投资应对需求的波动。

人机交互的新应用场合同样也出现在中小型企业的生产和代工制造中。为了能够在中小型企业的非结构化且无保障的生产环境中经济地使用机器人系统，需要有新的交互形式，以最大化实现人机之间的信息交换。通过这种方式，即使是生产过程和产品突然发生了变化，机器人系统也能很容易地适应新的生产要求。此外，通过集成基于模型的学习方法产生了一种可能——人类的经历可以传递给机器人。因此，就可以应对人口变迁和专业人士短缺所造成的问题，也可以存储企业的特有知识。然而，为了实现这一愿景，子组件需要提供比现有服务更复杂的服务，实现更高程度的智能化。

基本商业模型的基础是平台专家（零部件供应商）、领域专家（应用开发者）、系统集成商和终端用户，如图 10-7 所示，所必需的组件包括：

1）具有标准化或语义描述的接口以及具有即插即生产功能的硬件组件；

2）语义描述的软件组件，即所谓的机器人应用；

3）集成平台，主要用于将即插即生产组件和机器人应用自动集成到一个可执行机器人系统中；

4）直观的研发环境以及编程助手，后者可基于即插即生产组件和机器人应用的功能编写应用程序；

5）（基于云的）仿真环境，系统地进行组件测试、集成测试和应用测试。

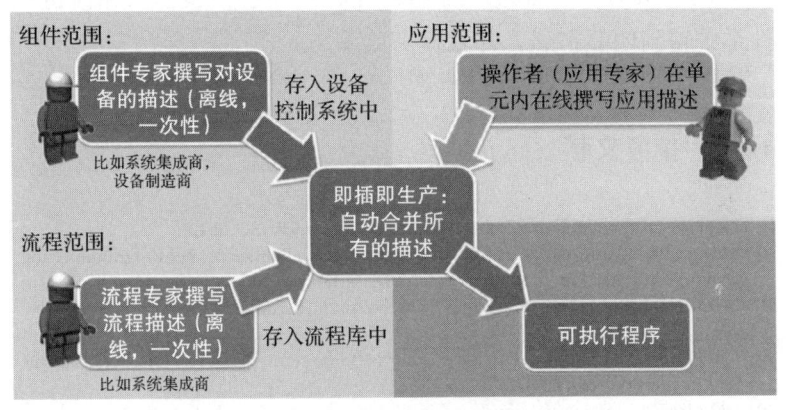

图 10-7 角色分离以提供即插即生产组件

当前，上述关键组件的基础已经完备。而这些研究方法必须要能转化到生产中去，并且可以对其进行分类、设计以及大范围实施。

最好的情况是，当有新的任务或产品发生改变时，所描述的方法能够使终端客户在短时间内对机器人系统进行重新配置，这样就可以在小批量生产中按需使用机器人。这种重新配置和转换的能力使得机器人系统成为工业 4.0 意义下生产系统的一个基础组成部分。

机器人技术对于信息技术系统愈加关注，这为中小型系统集成商带来了新的竞争优势。在未来，大型软件公司将会为机器人技术提供增强服务，这对系统制造商来说，既是威胁，又是机遇。一方面，子组件的集成和发展，这些原本是系统集成商工作范围内的工作，将会转移到其他企业；另一方面，通过提供更多的服务，这些软件公司能够改良自己的设备，提供具有扩展功能的设备。最后，特别地，工业 4.0 技术将会把迄今为止集成在设备中的所有功能作为服务，提供给他人使用，使机器人技术市场参与者进一步特殊化，这将会使机器人系统的软件系统得到明显扩展，并且提高效率。

10.6　参考文献

[1] ISO 8373:2012 Robotik und Robotikgeräte – Wörterbuch, ISO, 2012
[2] Meyer C (2011) Aufnahme und Nachbearbeitung von Bahnen bei der Programmierung durch Vormachen von Industrierobotern. Dissertation, Universität Stuttgart
[3] ISO 10218-1:2011 Industrieroboter – Sicherheitsanforderungen – Teil 1: Roboter, ISO, 2011
[4] ISO 10218-2:2011 Industrieroboter – Sicherheitsanforderungen – Teil 1: Robotersysteme und Integration, ISO, 2011
[5] ISO 13857:2010 Sicherheit von Maschinen – Anordnung von Schutzeinrichtungen im Hinblick auf Annäherungsgeschwindigkeiten von Körperteilen, ISO, 2010
[6] Draht R (Hrsg.) (2010) Datenaustausch in der Anlagenplanung mit AutomationML – Integration von CAEX, PLCopen XML und COLLADA. Springer Berlin Heidelberg
[7] Kendon A (2004) Gesture: Visible action as utterance. Cambridge University Press, Cambridge
[8] Eickerler S and Rigoll G (1998) Kontinuierliche Erkennung von spontan ausgeführten Gesten mit neuen stochastischen Dekodierverfahren. Workshop Dynamische Perzeption
[9] Ehrenmann M, Lütticke T, Dillmann R (2000) Erkennung dynamischer Gesten zur Kommandierung mobiler Roboter. Autonome Mobile Systeme, S 20–26

[10] Elmezain M, Al-Hamadi A, Michaelis B (2009) Improving Hand Gesture Recognition Using 3D Combined Features. 2nd International Conference on Machine Vision, S 128–132
[11] Akyol S (2003) Nicht-intrusive Erkennung isolierter Gesten und Gebärden. Dissertation, RWTH Aachen
[12] Liebhardt M (2013) Motion Retargeting. http://www.ros.org/wiki/reem_teleop. Zugegriffen: 15. Januar 2013
[13] SMErobotics Projekt. www.smerobotics.org. Zugegriffen: 14. Januar 2014
[14] Forschungscampus ARENA2036. www.arena2036.de. Zugegriffen: 14. Januar 2014
[15] Projekt LIAA. www.project-leanautomation.eu. Zugegriffen: 14. Januar 2014
[16] Studie Effirob. http://www.ipa.fraunhofer.de/index.php?id=1643. Zugegriffen: 14. Januar 2014

第 11 章

"工业 4.0"时代的人机交互

Dominic Gorecky

Mathias Schmitt

Matthias Loskyll

11.1 引言

根据"工业4.0"模式,工厂中所有的对象都具有集成的计算能力和通信能力。这不仅仅是实现机器对机器(M2M)的通信,更会为人与技术之间的相互作用带来更为深远的影响。

随着科技的进步,人们在工厂中任务和要求的多样性将会改变。如果机器和工件的管理自主性越来越高,那么复杂的生产场景,如单个零件的定制化生产,在没有人的参与下就可以更加顺利地完成。与20世纪80年代的CIM方法相比,"工业4.0"不是为了追求无人生产设备,而是使人在自身能力最佳状态下融入信息物理结构中。

信息物理结构以抽象的方式说明了人与信息物理系统(CPS)之间的关系,该系统又划分为物理、虚拟和数字部分(见图11-1)。同时,人与信息物理系统之间的相互作用是通过直接操纵(人与

第 11 章 "工业 4.0" 时代的人机交互

物理组件的关系），或借助中间用户界面（人与虚拟的数字组件）实现的。

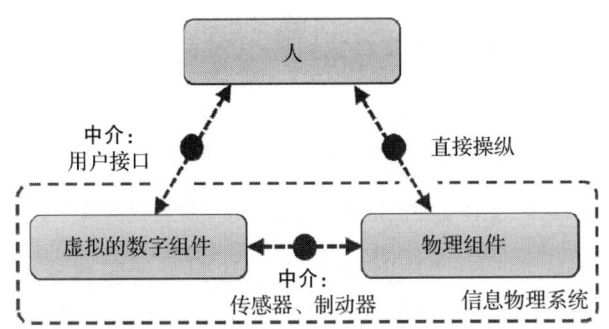

图 11-1 信息物理系统，仿照文献（Zamfirescu, et al., 2012）

然而，人与信息物理系统之间的这种紧密的相互作用也带来了有关自主性和决策权的社会技术问题。根据必要的差异规律，控制论给出了答案，即一个控制其他系统的系统，其功能种类越多，那么就可以在控制过程中消除更多的干扰。而在网络物理结构中，人是最为灵活的存在，即更高级别的控制主管。

人们的首要任务是预先确定一个生产策略，并在自我管理的生产流程中监督其实施。同时随着实时通信的全面联网和移动可用性，传统的、位置固定的工作场所变得不再重要。决策和监督流程既可以在现场又可以远程实现，同样可以用于多样化的设备生产。由此可以想象，单个工作人员在未来将承担更大的工作范围和责任区域（即使在空间方面）。此外，当面临复杂问题时，作为信息物理结构中最终的存在，人依旧扮演着创造性问题解决者的角色。比如当要排除存在的故障或开发优化潜力时，这种情况就会出现（见图 11-2）。

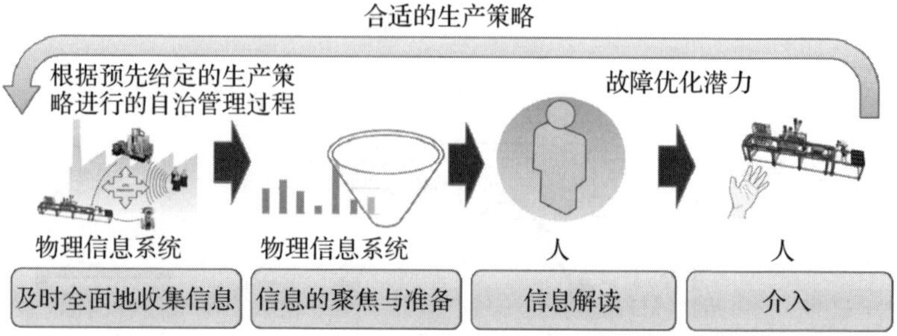

图 11-2 人作为生产策略的监督者和决策流程的最终主管

总而言之，在"工业 4.0"中，每个工人都将承担一个任务类别，这些工作主要是通过计划的、创造性的活动（"脑力劳动"），但又不局限于此。同样可以预见，人在工作现场运用自己的技巧参与到流程中，例如更换损坏的零件。

定义：人在"工业 4.0"中扮演的角色

在"工业 4.0"中，工人将确定上级的生产策略，并监督该策略的实施，如有必要，还需参与到信息物理生产系统（CPPS）中。作为信息物理结构的一部分，工人将承担很大一部分责任，并且他们要通过不同的人与技术方案灵活地完成任务。

人类角色的变化和由此产生的要求必须通过组织和技术措施的实施来解决。首先，由于"工业 4.0"体现出的跨学科特性，在适应评定要求时，需要合适的评定策略，但现在已逐渐出现转变。同样还要了解信息处理以及由此产生的增值，比如方法和技术方面的知识（例如 TCP/IP 是如何生效的），这对信息物理生产系统（CPPS）的实施是必不可少的。

其次，需要合适的人与技术方案，这能让人们对联网的、分散式的生产系统一目了然，并能够让人在当前现有的信息基础上，更好地完成任务。当前人机交互的趋势，在近几年已经出现在私人领域，例如 iPhone 化，由此开创了许多新的希望和可能性，这会进一步推进对生产环境的研究并使其走向成熟。

本章的重点是处理支持人的且以技术为基础的解决方案，该种方案会完成对信息物理世界的代理并以智能用户界面的形式实现其所建立的互动。在 11.2 节将介绍数据和信息的收集、集合、呈现和再利用的方法，而 11.3 节将提供直观处理数据和信息的技术的可能性。11.4 节将叙述移动的且对环境敏感的用户界面（其在"工业 4.0"的实施中扮演着重要角色）。11.5 节将讲解辅助系统（其在不同的活动中积极地支持人）作为对环境敏感用户界面的特殊形式。11.6 节和 11.7 节将会介绍用户界面发展的范例，这些例子充分考虑了"工业 4.0"的要求。

11.2 信息物理世界的表现形式

信息物理系统的逐步实施及其全面的数据收集、交换和处理的能力使生产中出现了大量的信息流。与此相关的就是一系列涉及数据获取、采集、呈现和再利用的要求：

❑ 为了能够理解并有策略地控制生产系统中发生的事情，人们要求可以轻松地实现运行的生产流程及其产生的数据的可视化，这会有较大的分散性和联网特性。

❑ 用于生产系统监督和控制的必要信息将源于各种不同的数据库，其中，由于信息物理系统使用频率的增加，收集的精细化数据份额也会增加，所以需要创造新的方法，即通过标准化的、平台独立的界面，尽可能低成本地将信息物理系统与现有的生产信息技术联系起来。如果收集的数据以一致的、广泛的信息模型同其他相关的数据结合，这会为数据评估和数据的使用性带来新的机会。

人与信息物理系统之间的中间界面可以借助虚拟增强现实来实现。虚拟现实（VR）通过模仿一个尽可能真实的生产流程图像，或模拟信息物理生产系统的行为，使人们能够通过互动的方式进行探索。另一个推动力是增强现实（AR）领域的进步，它借助虚拟对象在计算机辅助下拓展人类的感知。由此，通过移动平台（像智能手机、平板设备和智能眼镜）的使用，相关信息可以直接出现在工人的视野中，并展现出由信息物理系统提供的信息，这些都是有可能实现的，而且也是未来处理信息物理系统的重要工具（见图11-3）。

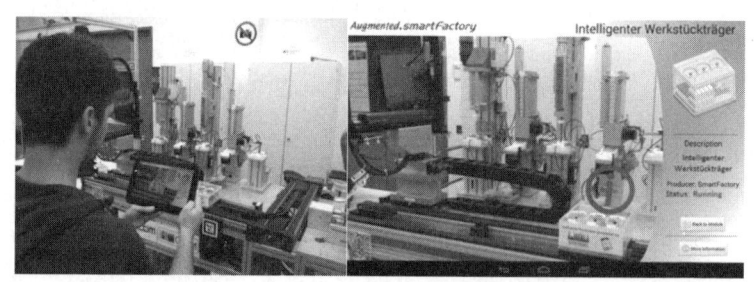

图11-3　智能工程应用程序是一个借助增强现实用于信息准备的案例

同样，所提供的这些信息来源于许多不同的数据库，如产品生产过程（产品和生产设备的CAD模型、生产说明）、技术文件（如数据表、说明书）或运行的生产过程（比如信息物理系统的工作进度、运行状态、过程参数、位置环境或能源消耗）。在简单地重复利用和再利用数据的过程中，值得关注的是为信息访问和交换制定合适的标准。因而，由信息物理系统收集的信息将通过标准的且平台独立的界面（OPC-UA）融合进现有的生产信息技术中。通过利用正式的、明确的语义（比如在信息来源方面），在计算机支持下，以一致的信息模型聚集信息并丰富信息。

第 11 章 "工业 4.0"时代的人机交互

这些集成并准备嵌入到辅助系统中的信息，会重新找到一条通向生产操作者的途径，而且这些信息还会支持不同的应用场景。其中包括：

- 通过提供互动的、虚拟的行动指南维护生产设备（维修、检测、修理和改进）。
- 通过调用和准备对环境敏感的信息（如信息物理系统的状态信息）监督生产流程和质量控制。
- 通过预先规定的信息物理系统的行为（产品的线性轴和物流的运行方式），规划和模拟生产流程。

11.3 信息物理世界的互动形式

随着"工业 4.0"的发展，产品的信息化程度越来越高，为此制定的目标如下：

- 尽可能直观地对信息和虚拟对象进行处理。
- 充分考虑对互动介质（不明白互动介质）的特殊生产要求（如耐用性和安全性）。

我们处理真实事物获得的经验同样可以用于虚拟、数字世界，这样的互动可以称为直观。传统的工业用户界面具有单峰互动的特点，通过机械输入（如键盘、鼠标或触摸屏）给系统发送命令，系统的反馈是以可视化方式（如屏幕）呈现的。在此，听觉渠道扮演一个次级角色，例如通过"哔哔哔"的信号声，会向人们传递"出现错误"这种信号。同样以自然的、人际交流为方向，例如使用语言、手势和脸部表情等多种形式，这为大大简化信息交换提供了机会。

如何通过自然的互动形式实现直观的操作，iPhone 化就是该问题的一个令人印象深刻的例子。今天越来越多的人使用智能手机,它只需要最小的学习成本,使人们从根本上放弃了纸质文档。这种创新的、基于多点触控和声控的操作运用到环境中,不仅为元件生产商和系统生产商提供了更多的设计自由空间,而且还改善了操作舒适性,这恰好也是依据未来操作的个人经验所期待的(Schmitt, et al., 2013)。把消费领域的趋势1∶1地复制到工业生产中几乎是不可能成功的。相反,高级工业用户界面的开发需要一种始终遵守生产特定要求(如稳健性和安全性)的方法。

在使用信息物理系统和由其准备信息的过程中,移动设备(如智能手机、平板设备和智能眼镜)将成为重要的工具(见图11-4)。原则上,它们统一借助了触屏、语音识别和手势识别操作的可能性,同时触屏操作是重要的互动形式。新的技术,例如分散信号技术(dispersive signal technology),使得触屏的使用即使在恶劣的工业环境中,或在戴着手套的情况下都能实现。一些硬件生产商已经为移动设备在生产和物流领域中的应用提供了所谓"耐用的"硬件解决方案,这些方案具有适合工业的特性,如防尘、防水以及防翻转的极高耐用性。

图11-4 移动信息访问的案例

对于移动应用中的互动,语音控制也有许多优势。在一些

第 11 章 "工业 4.0"时代的人机交互

情况下，使用过程对用户的视觉、注意力或触觉能力是有所要求的，因此对相关应用程序的控制可以通过语音输入来实现（如 2011 年苹果公司提供的"语音助手"Apple Siri）。语言互动的范围是从关键词的命令语言互动（如在更高的音量中）到整句或分句的自然语言互动。

通过自然手势对设备的控制就像语音控制一样特别直观直接。对手的位置和动作的识别可以基于图像或设备进行。基于设备的多样性，人身上的加速度或位置传感器可以记录使用者的动作，为此经常使用数据手套和人体传感器网络。与此相对，基于相机的方法使用了物体识别和图像处理的方法以捕捉手势。在此，需要区分高精度但成本高的方法（如 VICON）和低成本的、来自消费电子领域且可灵活使用的互动媒介（如 Microsoft Kinect）。动作识别不仅可以用于详尽的动作识别，也可用于复杂行动过程的解释（如"关闭阀门""连同电路"）。将其嵌入相应的辅助系统中，操作者的动作则可以被追踪、检测并被归类到正确的操作环境中（见 11.6 节）。

11.4 移动的、对环境敏感的用户界面

用户界面是人与信息物理系统之间的中间元件。它必须保证人们对信息物理系统的状态和工作方式有清晰的认识（11.2 节）并为人提供与其互动的机会。"工业 4.0"中出现了不同的趋势，由此对用户界面提出了新要求：

❑ 越来越多的自动化技术组件拥有机电一体化能力，它们可以参数化和受监督，为此需要一个用户界面。代替单个信息物理系统，并配上专有的操作面板，最后只需通过移动用户界面就可以访问多种不同的组件和设备（1：m

访问)。
- 自动化技术组件在用户界面中所呈现的功能范围越来越大。由此,其复杂性也在增加,而作为系统使用者,人们必须深入研究这一复杂性。
- 由于自动化技术组件十分分散且具有联网特性以及无线通信的可能性,更重要的是识别组件的位置并呈现给人。
- 在"工业4.0"中作为灵活的问题解决者,人的移动性同样在增加。同样也要知道人的位置,从而能够为其准备在工作现场所直接需要的信息(比如在维护的移动终端)。

定义:环境和对环境敏感的系统

环境被定义为一定数量的信息,这对人或物体位置的描述以及用户和信息技术应用之间的互动都具有一定意义(Dey,2001)。

对环境敏感的系统允许利用与应用相关的环境信息,以及在查明的环境信息基础上调整其行为所适应的情况(Loskyll,2013)。

为了面对信息物理生产系统中的新要求,需要移动的、对环境敏感的用户界面,该界面能够积极地过滤信息,为用户提供仅与其当前工作相关(比如与当前的操作地点和任务紧密相关)的信息并展现互动可能性。环境被定义为一定数量的信息,这对人或物体位置的描述以及用户和信息技术应用之间的互动都有一定的意义(Dey,2001)。对环境敏感的系统允许利用与应用有关的环境信息,以及在查明的环境信息基础上调整其行为所适应的情况(Loskyll,2013)。为了鉴别当前的状况,必须收集不同来源且可用的传感器数据,将它们汇集并最终转译

第 11 章 "工业 4.0"时代的人机交互

为更高质量的环境信息。对于这一目标,所谓的环境中介系统(kontext-broker-systeme)非常适合(Stephan, et al., 2011)。图 11-5 展示了这种环境中介的系统结构,它已在智能工厂中得以应用。

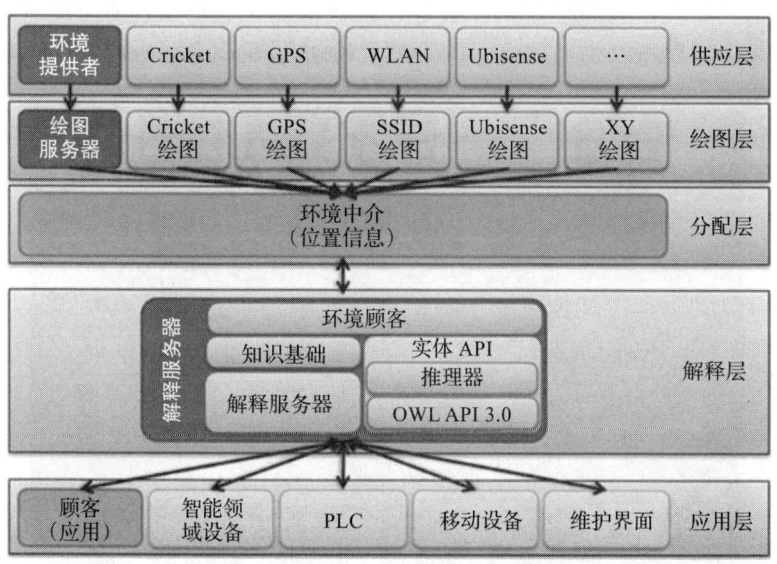

图 11-5　不依赖于技术对位置信息准备和解释的环境中介结构

最上面一层(供应层)为可能的环境来源提供了不同的定位系统,其数据在专有的格式下是可供使用的。这些数据首先通过一个图像层(绘图层)转化为统一的数据格式。环境中介(分配层)通过标准的接口使得这些信息可以被任何应用(应用层)访问。另外通过转译层(解释层),可以将当前的环境信息提取为关于当前状态的高质量信息。这样,就可以使用用于表示所需领域知识的语义学技术以及用于逻辑推论的推理理论。

除了生产设备的环境条件或实时状态,位置信息也扮演着重要角色,特别是有关生产中的原材料、设备组件或移动的维护和维修人员方面的信息。借助位置信息以及用户界面（比如移动终端），在运行期间可以及时了解当前的状况（见图11-6）。对此所必要的是，从不同的角度（任务、对话、表达）将用户界面描述为抽象的模型（Seißler, 2013）。因此在未来设备组件和设备有可能拥有自己的专有模型，该模型会移植到移动终端上，并用于所适合的用户界面的生产过程中。

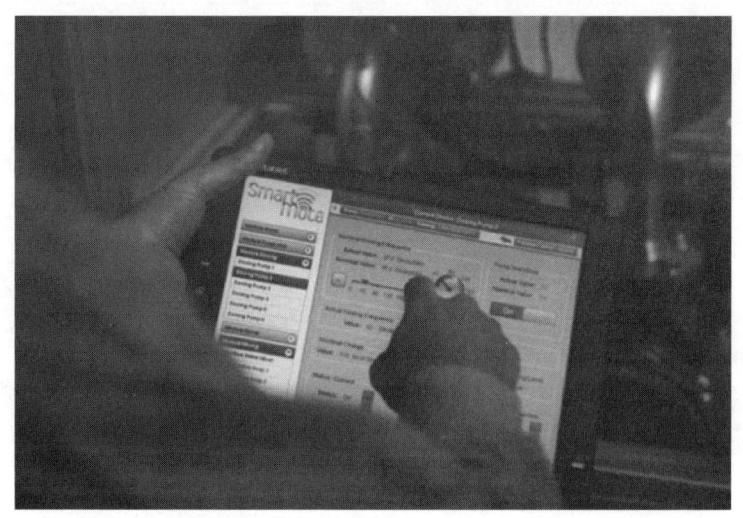

图11-6　在智能工厂KL中的平板电脑上，生成运行时间的、对环境敏感的用户界面

除了运行期间适应用户界面，环境信息还能用来实现全新的应用。在智能工厂KL中，用于无线导航的应用程序可以告知维修人员哪里有故障（见图11-7）。该程序根据工人的当前状况展示不同的导航信息：

❑ 通向工厂大楼的室外区域图；

❑ 工厂内部图，包括通向损坏设备的小路；

❑ 到达目的地时，维修/修理的附加信息。

第11章 "工业4.0"时代的人机交互

图11-7 智能工厂KL中,通向损坏设备组件的无线导航

不同观点之间的传输是无缝对接的,因为移动终端通常能够及时提供自身的位置信息。为了这一目标,不同定位系统(GPS、WLAN接口、工厂的室内定位系统)的数据会被查明并整合到一起。

11.5 适应性的、学习型的辅助系统

"工业4.0"中,人们承担着更广泛的任务和责任范围,以实践为导向的支撑概念的实施起着关键作用。因此,在出现故障或存在优化潜力的情况下,人们会参与到信息物理系统中,并进行一些手动工作,如更换阀门。操作者是否有权利、应遵循哪些工作步骤和注意哪些安全措施,这些将由随身携带的辅助系统(如平板电脑上辅助应用程序)通知。

因此,我们的目标是开发具有适应性的、学习型的辅助系统:

- ❏ 在恶劣、少见或人类陌生的情况下，支持人。
- ❏ 动态收集所支持情况的背景和人的行为，并能适应。
- ❏ 基于知识组件，尽可能低成本、直观地从企业现有知识中形成并被丰富。

实现先进辅助系统的技术基础已经出现在工厂领域。"工业4.0"中，移动终端是每个工人的私人助手，从而能够与同事联系、使用支持功能或者从信息物理系统中调用相关信息。这种支持可以直接在工作现场进行，包括工作环境（如地点、任务、人）。借助内部定位系统或集成的相机和物体识别，可以收集当前的工作位置并在辅助应用逻辑中进行评估。借助多点触控、对话式的语音控制和手势识别的自然互动确保可以有效、高效和令人满意地使用这种技术，同时在虚拟和增强现实的基础上，可以更好地理解、整理并可视化各种信息。

由此产生的对人的支持可以通过自动识别活动和工作流程来实现。对此，首先可以收集人的动作，比如借助相机识别相关的物体，诸如零件、工具和手势等。收集的数据可由应用程序逻辑根据已经存储的参考模型（即所谓的工作流程模型）进行校正，这样可以识别当前的工作步骤以及确定工作流程的偏差。通过这种方式，可以根据虚拟内容的形式（如 AR 插入、语言输出）准备行动指令，并逐步引导人完成复杂的手动操作。

智能工厂 KL 中的安装工位就是这种辅助系统的案例。安装工位服务于装配（全自动生产的替代）、质量控制、修整和样品的投产（见图 11-8），配置了由平板电脑和微软 Kinect 组成的硬件系统，通过相机追踪工作环境。此外，通过 RFID 读取位于产品上的 RFID 标签，如此产品状态就被记录了下来。例如在自动化生产中，如果因为故障而无法进行产品安装，那么就需要相应的虚拟引导来手动完成安装。然后，通过虚拟的、一致的（即

第11章 "工业4.0"时代的人机交互

正确放置的)指令使得平板上的相机图像变得丰富,并由工人传送到屏幕上。

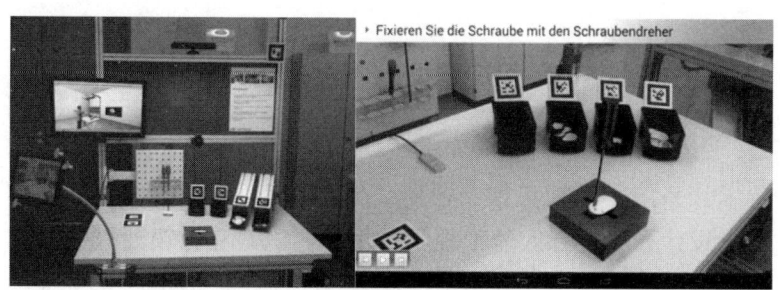

图11-8 带有辅助系统的安装工位的建设(左)和工作流程虚拟指令案例(右)

当工人根据指令执行工作流程时,借助物体和手部识别可以追踪每一个安装步骤,并与基础的工作模型对比。通过这种方式,可以实现对工人的及时支持。这种支持伴随着复杂的工作流程而自动进行,当出现错误时也会给出相应的反馈。

除了对复杂工作流程的可视化支持外,还需要运用一些方法尽量方便地生成所需的知识点,即虚拟的工作指导和所属的工作流程及模型。为此,提供了一种方法:探索企业现有的数据源。例如,数字工厂已经准备了大量关于产品、生产布局和生产流程的信息库,这些作为辅助应用的知识基础可以被反复利用。

同时,这种辅助系统必须这样设计,即它能给予工人记录自己的专业知识并和同事分享最佳解决方法的机会。用于辅助系统的交互式虚拟指南的记录和编辑必须简单、直观且立即在现场进行。创新的人机交互(比如在会话语音输入和直观设计的用户界面领域)有助于将创建知识组件所需的工作量和复杂性降到最低。借助环境信息收集技术,可以在存储知识组件时直接收集并考虑当前的环境信息。反之,这些环境信息也是至关重要的，可用来系统地归类知识组件，以及在类似情况下借助辅助系统快速地、有针对性地将知识组件提供给工人。

11.6 "工业 4.0"用户界面的研发范例

由于联网的、分散分布的生产系统呈现越来越复杂的趋势，所以该系统不能简单地交付给工人。在克服复杂性的过程中，要求设计一种符合人体工程学的用户界面，它能较大程度地保证生产率、使用接受度和用户满意度。一个评估用户界面质量的标准就是可用性，它确保了在使用产品时预先设定的目标能否有效、高效并满意地达成（DIN 9241-11）。为了支持用户界面的研发，出现了启发学（Nielsen，1993）、指导方针（VDI 3850）和标准（DIN9 241-110），这些为研发者提供了基础的设计原则，比如符合任务要求、可控制性和可促进学习的。

为了保证用户界面具有较高的可用性，保持结构清晰的、保证质量的研发过程变得更加重要。对于可用用户界面的研发，借助研发过程 Useware（Zühlke，2011）生成了一个已被证明的行动模型，该模型同样可以运用到信息物理系统用户界面的研发中（见图 11-9）。该行动模型由 4 个相互重叠的部分组成，从增加要求到用户界面实现，它对用户界面的研发从结构上进行了划分。在分析阶段，使用环境和用户要求的信息并不依赖于后期的互动和目标平台。在接下来的结构设计阶段，分析结构被和谐化并导入到一个抽象的、独立于平台的操作结构——"使用模型"中。只有在结构设计阶段结束后，用户界面的真正设计才会开始，而结构设计的结果会以具体形式呈现在目标平台上。通过对研发过程早期阶段实施细节的抽象，可以确保中间结果具有较高的重复可用性。

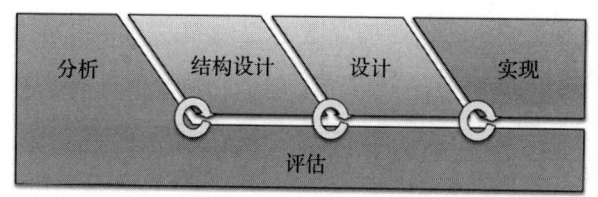

图 11-9 具有 4 个阶段的 Useware 研发过程

我们的目标是以用户为中心开发可用的用户界面，让用户简单、安全、直观地操作信息物理系统。正如之前所讲的，拥有移动的、对环境敏感的用户界面对未来掌控系统的复杂性有所帮助，这是通过积极的信息过滤实现的。然而，设计移动的、对环境敏感的用户界面反过来也为研发带来了挑战。因此，在设计移动的、对环境敏感的用户界面逻辑时，必须考虑环境的影响（适应运行周期）。

为了确保移动的、对环境敏感的用户界面的可用性——这在"工业4.0"中变得更为重要——有必要扩展现有的 Useware 建模方法，即在设计阶段更为仔细地考虑环境的影响。为此，在 Seißler（2013）的文章中介绍了合适的系统方法。其中谈到了 Useware 研发过程中，对适应性建模的详细考虑，这是关于移动的、对环境敏感的用户界面跨平台描述的基本条件。

11.7 跨生产商和平台的用户界面的开发

在开发移动的、对环境敏感的用户界面时，另一个挑战是多样性的终端以及对此可使用的软件平台（安卓、iOS 等）。由此，跨生产商和平台的用户界面的研发变得非常困难。模块化的软件组件被证明是该问题具有前景的解决方案，就像针对消费领域提供的应用程序方案。一般来说，应用程序被理解为智能手机和平板设备上的附加程序。

如今,基本上有三种不同的应用程序设计类型。研发者会根据应用程序情况,选择设计哪种应用程序。应用程序主要分为基于网页、自然和混合型三种形式。

基于网页的应用程序:它是三个设计结构中最为简单的。这种结构相当于一个简单的、移动的网页,它在移动图形显示中是最优的。基于网页的应用程序通过服务器和客户端逻辑进行输出,并通过移动终端的浏览器进入网络。这种程序主要适用于结构化信息的简单呈现。

在实现这些程序时,所使用的网络技术主要有 XHTML、Cascading Stylesheets(CSS)和 JavaScript。HTML 可以实现操作界面的设计;可操作的功能是在 JavaScript 中实现的,其与对应的界面一同嵌入到 HTML 代码中。一经安装,通过对每个浏览器终端的标准化,基于网页的应用程序就会运行。这种内容一致的、独立于平台的呈现具有决定性优势。此外,简单的网络技术加快了研发周期并提高了信息内容的适应性。然而,基于网页的应用程序,其缺点在于对终端功能的调用、访问设备硬件的可行性非常有限。不过通过 HTML5 和适当的 JavaScript 文件已经可以实现对照相机的控制。

自然应用程序:当功能不能通过基于网页的应用程序实现时,自然应用程序就变得很重要。通过对移动终端的传感器和执行器的访问,这为研发者提供了取之不竭的设计可能性。这种应用程序,一方面通过新的互动与用户紧密联系。另一方面,在与信息物理系统的互动中,可以更加高效地支持用户。

自然应用程序必须依赖于平台,也就是说,必须在每个操作系统的编程语言中进行说明。这样,已编译的应用程序可以直接在移动设备的操作系统中运行。

第 11 章 "工业 4.0"时代的人机交互

已证明特别有用的是对硬件的访问。例如在一个自然应用程序中,可以激活相机和 GPS 的接收模块。这同样适用于内置的传感器技术,通过该技术可以在应用程序内部确定移动设备的位置和运动。这也存在着不足:一方面,由于其依赖于平台进行安装,研发成本高和研发过程较贵;另一方面,是其升级方式,比如通过下载获得新版本。

混合型应用程序:包括基于网页的应用程序和自然应用程序的特征,是以上两种应用程序的混合形式。因此在该应用程序中集合了前面两种应用程序的优点。

混合型应用程序由借助网络技术(HTML、CSS 和 JavaScript)开发的应用功能组成,这些功能封装在自然应用程序中并被执行。因此原本的应用程序逻辑不是用专门研发的自然源代码完成的,而是用基于网页的语言执行的。操作系统的自然浏览器组件支持在自然模块内部读取存在于 HTML、CSS 和 JavaScript 中的应用功能。

然而,对于今天移动操作系统的多元化市场,开发适用于不同平台的移动应用程序变得耗资耗时。每一个目标平台都有自己的研发环境、不同的编程模式或语言,而开发应用程序的必要知识必须是提前构建好的。由于缺乏标准化和专有的研发流程,所以过去几年间建立了许多研发工具,即所谓的交叉编译平台(ceoss complier platform),这明显减轻了混合型和基于网页的应用程序对平台的依赖程度及开发难度。原则上,模拟软件的主要作用是将任意高级编程语言的源代码转变为一系列机器命令,即将其转译为机器代码。在移动应用程序使用的交叉平台框架中,为了转译源文件,交叉编译平台将适用于每一个目标操作系统。交叉编译平台的另一个特别之处在于,不是通过传统的、专有的方式,而是借助不同的源文件为不同的移动平台研发期望的应用程序。交叉编译平台的主要研发目的是使用共同的代码库——一种源代码，就可以研发出适用于所有平台的应用程序。

11.8 总结

随着"工业 4.0"的发展，工厂中人的任务和要求范围也发生着变化。每一个工人在未来将承担着更广泛的任务，这些任务体现在信息物理系统中对生产策略的预测、监督和保证。作为信息物理结构中最灵活的部分，工人同样可以通过手工操作参与到自动组织的生产系统中，例如修理或修整和改善。在处理各种各样的任务时，通过移动的、对环境敏感的用户界面和以用户为中心的辅助系统，人们可以获得最佳的支持方案。通过技术支持可以确保人们充分发挥自己独特的能力，并在信息物理整体系统中充当策略的决策者和问题的灵活解决者。在消费品行业建立的互动技术已证实是面向未来的解决方案，因此它必须适应工业现状。除了技术支持措施，还需要实施相应的培训策略，这会使人对"工业 4.0"所要求的跨学科要求有更深的理解。

11.9 参考文献

Dey AK (2001) Understanding and Using Context. Personal and Ubiquitous Computing 5: 4–7

DIN EN ISO 9241-11: 1998: Ergonomische Anforderungen für Bürotätigkeiten mit Bildschirmgeräten. Teil 11: Anforderungen an die Gebrauchstauglichkeit; Leitsätze

DIN EN ISO 9241-110: 2006: Ergonomie der Mensch-System-Interaktion. Teil 110: Grundsätze der Dialoggestaltung

Gorecky D, Campos R, Meixner G (2012) Seamless Augmented Reality Support On The Shopfloor Based On Cyber-Physical-Systems. Proceedings of the 14th International Conference on Human-computer Interaction with Mobile Devices and Services (MobileHCI-12), September 21-24, San Francisco, CA, USA, ACM, 2012

Loskyll M (2013) Entwicklung einer Methodik zur dynamischen kontextbasierten Orchestrierung semantischer Feldgerätefunktionalitäten. Dissertation, TU Kaiserslautern
Nielsen J (1993) Usability engineering. Morgan Kaufmann, Amsterdam, 1993
VDI/VDE-Richtlinie 3850 – Blatt 1: 2000: Nutzergerechte Gestaltung von Bediensystemen für Maschinen
Schmitt M, Meixner G, Gorecky D, Seißler M, Loskyll M (2013) Mobile Interaction Technologies in the Factory of the Future. In: IFAC/IFIP/IFORS/IEA Symposium on Analysis, Design, and Evaluation of Human-Machine Systems
Seißler M (2013) Modellbasierte Entwicklung kontextsensitiver Benutzungsschnittstellen zur Unterstützung der mobilen Instandhaltung. Dissertation, TU Kaiserslautern
Stephan P, Loskyll M, Stahl C, Schlick J (2011) Optimierung von Instandhaltungs-prozessen durch Semantische Technologien. In: Dengel A (Hrsg.) Semantische Technologien – Grundlagen. Konzepte. Anwendungen. Spektrum Akademischer Verlag, Heidelberg, S 403–426
Zamfirescu CB, Pirvu BC, Schlick J, Zühlke D (2013) Preliminary insides for an anthropocentric cyber-physical reference architecture of the smart factory. Studies in Informatics and Control Vol. 22 No. 3
Zühlke D (2011) Nutzergerechte Entwicklung von Mensch-Maschine-Systemen: Useware-Engineering für technische Systeme. Springer, Berlin Heidelberg

第 12 章

把握工业 4.0 的机遇

Henning Kagermann

12.1 引言

德国制造业占德国生产总值（GDP）的 22.4%，是德国经济的支柱。相比而言，美国制造业只占其 GDP 的 11.9%，法国和英国为 10%（Heymann，Vetter，2013）。德国经济每年都会产生极大的贸易顺差。德国工业的这种竞争力在近几年的金融和经济危机中，起到了决定性的作用，然而要想成为有竞争力的工业基地以及领先的工厂设备供应商，就必须不断地将这种竞争力提升到新的水平。当前我们正在迎来第四次工业革命（Kagermann，Lukas，Wahlster，2011）。由于自动化技术、信息通信技术（ICT）的巨大进步，"新经济"的理念正在经历一场复兴。第四次工业革命的特点是通过互联网所能实现的前所未有的连接，通过融合物理和虚拟世界，即网络空间，形成所谓的信息物理系统。虚拟空间被延伸到物理世界中。现在，智能产品不仅能主动控制生产过程，它们还是开展新型服务和创新商业模式的平台。通过基于知识的产品相关服务和围绕强有力的工业核心

第 12 章 把握工业 4.0 的机遇

的新型商业模式，可创造出额外的价值创造动力和就业动力。从时间的跨度上看，许多专家更倾向于谈论工业进化而不是工业革命。然而，第四次工业革命对经济发展和劳动组织的影响与之前的工业革命的影响将是同样深刻的，尽管先前的工业革命的全部影响是在长达几十年的时间里展现出来的。

如果想要确保德国作为生产基地的未来并且保持生产总量的地位，必须在工业 4.0 下实现机械化、电气化和信息化后，迎接和积极塑造下一个创新浪潮。

12.2 第四次工业革命

下一次创新浪潮的基础是物联网、数据网和服务网，也就是"包括一切的互联网"，主体和客体可以同样在其中及时通信。它并不是基于近年来的某个具有颠覆性的创新，相反，自从 20 世纪 40 年代末的第一台电子计算机诞生以来，所需的技术一直在不断地发展——一开始缓慢，然后速度不断增快。计算机处理性能、存储容量和网络容量都经历了指数式的增长，与之相反，相应的成本逐渐递减。根据摩尔定律，计算机的处理性能每 18~24 个月会翻一倍，现在回想起来，摩尔定律是一个自我实现的预言（Mattern，2003）。

但是，性能参数的发展速度不仅仅是以物联网、数据网和服务网为基础的，它还以不同技术的融合为基础，同时，这些技术成本适中，所以得以在一定区域范围内使用（见图 12-1）。

图 12-1 中技术发展的起点是嵌入式系统和高性能微型计算机。由于信息技术中的性能参数是以数十亿的指数式方式增长的，微型计算机可以被集成到所有可能的对象中。此外，随着射频识别技术（RFID）的普及，微型计算机也成了一种基础技术。与此

同时,这些嵌入式系统应配备传感器和制动器。它们可以从所处的环境中收集、处理大量数据,并在此基础上影响环境。它们在尺寸和性能方面的发展与计算机一样,遵循相似的"法规"。由此,对象变成智能对象,环境也成为智能环境。目前,98%的处理器不是安装在计算机里,而是安装在智能对象和不断技术化的产品中。每一辆中级车里有大概150个此类嵌入式系统。

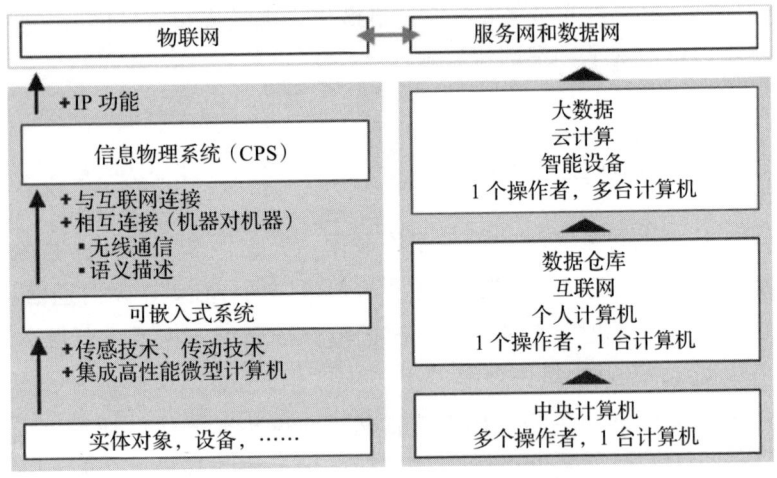

图12-1 融合的技术发展(自创插图)

随着移动通信和无线局域网通信的发展,以及2012年网络协议IPv6的引入,互联网迅速扩张,并大步前进。可供使用的IP地址绰绰有余。嵌入式系统可以随意地通过互联网互联,然后交换数据,并在网络上将它的功能作为服务提供给他人。2013年第三季度,仅在移动网络上就有1.13亿新用户注册,其中,3000万人来自中国,1000万人来自印度,600万人来自孟加拉,400万人来自埃及。数据与语言之间的比例关系已经在过去三年里由1∶1增加到10∶1。到2020年,将会有65亿人和180亿个对象相互联系(Ericsson,2013)。一个"看不见的传

第 12 章 把握工业 4.0 的机遇

统对象的'数字化升级'"将会随之产生（Mattern，2010）：物理世界和虚拟世界融合，物理功能将被数字化对象的柔性功能补充，嵌入式系统将会变为信息物理系统（Geisberger，Broy，2012）。这个信息物理系统将会从现实环境和数字化过程中收集大量数据。以往人们必须亲手收集数据，然后传播给数据载体，这存在相当高的错误率，现在这种新的采集数据的方法可以自动进行。得益于传感技术的不断发展，数据的分辨率也日益精准，这使得对于环境的精密检测成为可能。目前，物理世界的数据不仅容易获取，而且价格也很便宜，这使得它们广泛地使用。

有了云计算后，几乎可以随时检索所有的信息技术资源、软件应用、在线服务甚至业务流程。由于只需要支付使用费用而不需要投入成本，所以人人都使用这些服务。云中心可以说是一个高度自动化、高效的工厂，它能为大量的数据提供价格合理的存储服务。存储在这个"数据工厂"中的数据常常被放在"大数据"这一关键词下进行讨论，最后这些数据还将通过基于相关性和概率计算的智能算法得到改善。人们分析、识别这些数据，生成模型以获取信息，这些信息反过来又可以与新知识相结合：从大数据中可以得到智能数据。基于所得知识又可以发展一种新的创新服务，因此，云计算是这种服务的前提。现在出现了新型的服务架构，它能为生活和业务网的所有领域提供广泛的智能服务，而业务网又能支持一般的跨企业的业务流程及灵活的业务网络。

通过将物联网、数据网和服务网引入工厂，工厂能够与它所处的整个生产环境相连接形成一个智能环境（见图12-2）。生产中的信息物理系统包括智能机器、存储系统和生产设备，它们都可以数字化。从入厂物流到生产、营销、出厂物流再到服务，都可以通过IKT（信息通信技术）相连接。在"智能工厂"中，人、机器和资源非常自然地相互沟通，就像在社交网络中一样。这颠覆了生产逻辑:产品都是可以明确识别、随时定位,并且知道来源、实时状态和到达目标状态的替代性方法。智能产品积极地支持生产过程。毛坯告诉机器,它应该怎样被加工。空间中分布的机器、机器人、运输系统和存储系统是自治的,它们在不同情景和环境下自动控制和配置,并相互协商谁拥有空闲容量。从订货到运输过程,"智能工厂"在纵向上都与每个工厂和企业的企业管理过程相连接,在横向上都与全球分布的价值创造网络相联系。这样,每个公司之间的竞争就变成了企业网络之间的竞争,企业间的合作也会因此增加(acatech,2011;Promotorengruppe Kommunikation der Forschungsunion Wirtschaft-Wissenschaft,2013)。

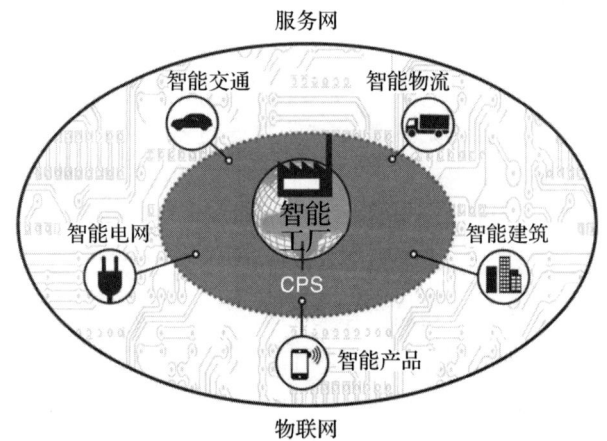

图 12-2 网络化工厂(Promotorengruppe Kommunikation der Forschungsunion Wirtschaft-Wissenschaft,2013)

12.3 德国经济地位的机遇

除了经济挑战,工业 4.0 还将应对生态挑战和社会挑战。通

第 12 章　把握工业 4.0 的机遇

过创新,工业 4.0 保证了德国的成功模式。

12.3.1　经济机遇

工业 4.0 下,生产将会变得高度灵活和高产,同时还将提高资源生产率和使用效率。凭借大量生产产品的低成本,生产个性化产品将成为现实。同时 3D 打印技术的迅速发展也有助于这一目标的实现。数字化光子制造这一概念将在其中起到重要作用。与传统的方法相比,运用光这一工具既可以加工少量的工件,也可以加工很复杂的产品,并且成本都很低(Poprawe,2012)。

应对经济危机或基础设施故障的复原力(即抵抗力和再生能力)将被提高,因为基于智慧数据,我们可以更早地提出更准确的预测。遇到严重的故障时可以直接做出反应,比如通过建立临时的价值创造网。因此,可以更好、更快地拦截住经济危机。

此外,系统内部、系统之间的接口和智慧数据为新型服务业和创新型商业模式挖掘了多样化的潜能——在生产之外也是这样。智能产品不仅积极控制生产过程,它们还是新型服务和创新型商业模式的平台。

最后,专业技术力量的缺失可以得到缓解。比如,老员工的部分工作可以由智能辅助系统来分担,这样也可以延长老员工的工作时间。

12.3.2　生态机遇

通过信息通信技术实现的智能连接,意味着更有效率、更经济的资源利用。比如,在智能工厂中,如机器的启停功能,使用智能方法能够明显减少能源消耗。通过及早识别错误,也可以大大减少废品数。在物流中,通过交通参与者的智能连接,可以更有效地规划路径和提高装载率。此外,只有通过收集大量现实数据和虚拟数据，才能使产品的资源利用情况具有全面的透明度，其中包含在产品生命周期和循环经济中对资源优化有用的信息。

12.3.3 社会机遇

伴随着第四次工业革命，人们的生活质量得以提高。比如，工业4.0不仅意味着能够保证工作岗位，确保减少资源消耗或城市区域的再工业化，而且尤其意味着有更好的工作质量。一方面，通过信息通信技术可以实现生活与工作的更好平衡，并使员工的工作和家庭生活相互协调。生产跟随人类的节奏，每个人决定各自的空闲时间，并将其提供给适用于智能工厂中的工作的社交网络和社交媒体，通过这种方法，人们能够重新回到工作的中心位置。另一方面，为了获得效率和灵活性之间的平衡，员工将不仅仅是"机器操作者"，还担当决策者和协调者的角色。与此同时，工作范围将会跨越学科的界限，每个员工的工作内容的多样性将会增加，适应和学习时间将会缩短。为了应付不断提高的复杂性，员工将通过使用新一代移动、交互的辅助系统来给自己减轻负担——这个系统可以操作、安装、优化及维护信息物理系统的组件。

12.4 智慧数据及智能服务

工业4.0的定位不仅仅是"智能工厂"和"智能产品"，还应该扩展到"智慧数据"和"智能服务"，并由此开发出额外的价值创造潜力和就业潜力。因为当智能产品出厂被顾客使用时，数据的收集和评估仍在进行。当人们将安装在顾客那里的设备中的所有信息拼合起来时，不仅可以对其进行更好的维护，也能得出如何优化顾客使用效果的相关结论（见图12-3）。

第 12 章 把握工业 4.0 的机遇

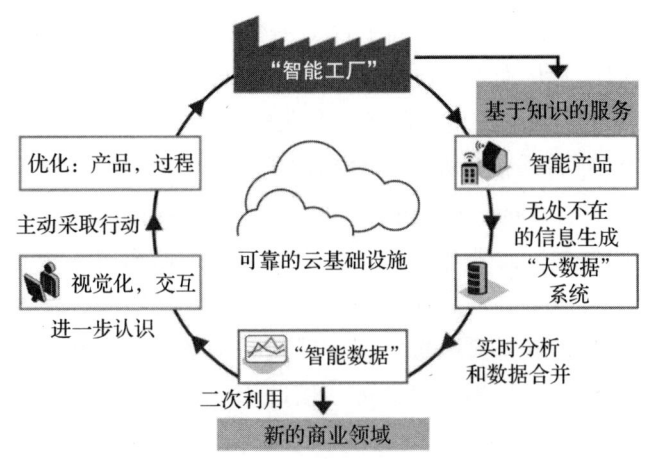

图 12-3 工业 4.0 链（自创插图）

但是，我们还没有实现工业 4.0 的所有可能性。借助于各种各样的传感器，智能产品可以收集和处理来自于现实世界的数据，并将它们作为基于网络的服务提供使用（如实时堵车播报）。作为基于网络的服务，也能够通过执行器直接影响现实世界的进程（如，通过手机上的 APP 放下百叶窗或控制供暖和空调）。结果是形成了一种巨大的世界范围内的"在线－服务－宇宙"，适用于生活中的各个领域：商业、休闲、文化、教育等。因此，生成了前文提及过的物联网、数据网和服务网。

由此，我们将经历一场网络市场的复兴。这可通过语义学技术和云计算成为可能。语义网是将意义关联放在中心位置的。其内容不仅是机器可读的，也是机器可以理解的。在其中，可以更快更高效地搜索到信息。通过搜索引擎我们得到的是高度准确的响应，而不是冗余信息。在一个语义网中，专家可以用专业术语表达他们的见闻，而不需要一个信息技术专家来为他们解释。这样，就可以重复使用语义描述的服务，与增值服务相结合，灵活扩展，也可以在短期内交易（Heuser, Wahlster,

2011）。重要的是，云开放平台上的数据、服务和商业 APP 是容易获取的，从而所有的市场参与者都可以快速简单地开发或者使用基于网络的应用、服务和商业模式。

2006 年首届信息技术峰会提出的"灯塔项目"的愿景就此会成为现实（Hasso-Plattne，2006）——随着产品、商业模式和市场的发展，企业和消费者可以随时随地取用服务、内容和知识。个人股份公司、初创公司和小型企业能够向全世界展示它们的服务，赢得新顾客，还可轻而易举地通过与其他供应商的服务相结合来扩展自己业务。借助于这一创新服务套餐，它们完全可以与大型企业竞争，为自己开拓全新的市场。

12.5 挑战：可接受性

就像在许多其他创新中一样，工业 4.0 的核心挑战是对革新的接受。这种接受与数据的安全性，即如何处理个人的隐私以及技术的开放性有着紧密的联系。

12.5.1 安全性

美国国家安全局的丑闻使得智能网络上的信息安全又成了讨论的话题，经济、政治和社会都对信息技术安全这个话题敏感起来。容易利用的安全漏洞和越来越具有吸引力的安全目标使得网络袭击的数量急剧增加，根据最新的一项研究，44% 的企业一个月至少遭受一次网络袭击（Deutsche Telekom，2013）。受访企业中只有 13% 表示，在互联网上还没有被袭击过。不同的联网系统拥有截然不同的安全性要求。然而，在这种复杂的互联结构中追求持续的安全水平是不可能实现的，但是可以创建一个安全架构，以极高的命中率及时发现行为异常，并且恰当地应对这些异常，比如，替换被操纵或损坏的零部件。在物联网、数据网和服务网中，必须在解决方案的初始阶段考虑安全架构：在设计的开始就要确保安全。此外，还必须在互联网中发展一种新文化，在这种新文化中安全机制的使用应该合乎规定。为了使安全机制能被更广泛地接受，终端用户或者员工的智能装备必须处于最新的安全状态，而且用户无须容忍舒适度的损失。

12.5.2 私密性

大数据不仅提供产品信息，还提供关于人、人的行为及人际关系网的信息。在未来，价值和道德规范方面的考虑仍将在研发产品的过程中发挥越来越重要的作用。当今已经在技术上可行的很多事物，在一些国家里并没有得到推广，就是因为违背了特定的价值观。我们应该在用户层面和整个社会层面讨论价值观，并且在私密性和舒适性之间、在私密性和互联网的巨大经济可能性之间寻找平衡。

12.5.3 MINT 的意义

在一个极度缺乏技术专业人员的背景下，公众围绕 MINT 学科（即来自数学、信息科学、自然科学和技术领域的课程和专业）的意义的讨论日益频繁，其中重点讨论的是教育。不可否认的是，只有成功引起年轻人对 MINT 相关的职业和此领域内的研究的兴趣时，德国才能保证社会富裕。这些受过教育的学术型和非学术型专业力量负责企业中的创新技术发展、专利攻克和发明，并且为增强德国的技术研究地位做贡献。因此，很明显，MINT 在教育的所有阶段都应处于核心位置，必须贯穿整个教育链。早在 2009 年，德国国家科学与工程院就提出了一个相应的战略：在整个教育链上构想一个系统的方法，促进技术和自然科学领域接班人的培养（acatech，2009）。

MINT 教育不仅在教育框架内促进对接班人的培养，从广义上来说，更是一个"社会启蒙"项目：如果没有自然科学和技术的基础教育，我们就既不能理解，也不能评价社会和文化的本质。因此，德国 MINT 论坛在使命宣言中强调，MINT 教育是"公民参与、职业发展和机会平等的前提"（Nationales MINT-Forum，2012）。

这一切都说明了 MINT 教育有多重要：不仅仅是因为专业人员的极度缺乏，还因为，在这个越来越技术化的世界里，MINT 教育是个人发展的一部分。归根到底，还与倍受关注的创新风气有关：对科学技术发展的开明态度。这种态度是参与未来的发展并解决技术问题的社会争端的前提。

12.6 结论

工业 4.0 的特征概念"智能工厂""智能产品"，"智慧数据"和"智能服务"为价值创造和就业提供了巨大的潜力。像德国这样，拥有强大工业核心的国民经济有一个先发优势，因为"智能产品"是基于知识的新型服务平台。有了工业 4.0，就可以保证，在未来德国仍是工业基地，由此可保证经济增长和就业。

然而，我们必须主动把握工业 4.0 带来的变化，但它不仅仅是关于工业政策的问题。在工业 4.0 中也需面对生态挑战和社会挑战：资源利用效率和环境保护、人口结构变化和城市化、民主参与和更好的工作。

相应地，必须广泛地对工业 4.0 这一主题进行讨论，由经济、科学、政治中最重要的利益相关者开展——普通民众也应该参与其中。这样，工会就会尽早参与到工业 4.0 的工作组中（Promotorengruppe Kommunikation der Forschungsunion Wirtschaft-

Wissenschaft, 2013)。由 BITKOM(德国信息技术、通信和新媒体协会)、VDMA(德国机械设备制造业协会)和 ZVEI(德国电气与电子工业协会)创建的工业 4.0 平台以及由德国国家科学与工程院协调的科学顾问委员会现在正在进行商谈。此外,作为其他学科(如机械制造、生产工程学或物流)的推动者和服务提供者,信息技术在这一项目中也是很重要的。

我们选择的道路是正确的。目前,一个由德国国家科学与工程院协调的工作小组正在致力于研究一个名为"基于互联网的经济服务"的未来项目,这个项目是在高科技战略进程内定义的(Bundesregierung, 2012)。通过将跨行业的所有相关参与者的活动相结合及知识转移,到 2015 年初已制定出一个实施方案,将互联网扩建成一个成功的价值创造平台。2013 年的德国汉诺威电子信息及通信技术博览会上,初步建议已提交给了德国联邦政府。德国有机会在企业软件里利用自身强大的技术能力和专有知识,在基于互联网的服务部门里创造价值,并确立"德国制造"数字服务的地位。在数字服务世界里,现实的服务和数字的服务是捆绑在一起的,为此需要一个新型数字化架构。作为"技术基础设施"的一部分,广泛讨论的宽带网络扩建是一个急需实现的必要前提,但这对数字化商业模式的运作来说是不充分的。基于数字架构的平台将会有颠覆性的影响。

由于未来工业社会和服务社会将不再分离,所以必须成功地实施两个未来的项目——工业 4.0 和基于互联网的经济服务,这样才能确保德国经济的竞争力。

12.7 参考文献

acatech (Hrsg.) (2009) Strategie zur Förderung des Nachwuchses in Technik und Naturwissenschaft. Handlungsempfehlungen für die Gegenwart. Forschungsbedarf für die Zukunft. acatech POSITION, Springer Verlag, Berlin, Heidelberg

acatech (Hrsg.) (2011) Cyber-Physical Systems. Innovationsmotor für Mobilität, Gesundheit, Energie und Produktion. acatech POSITION. Springer Verlag, Berlin, Heidelberg

acatech (Hrsg.) (2013) Privatheit im Internet. Chancen wahrnehmen, Risiken einschätzen, Vertrauen gestalten. acatech POSITION, Springer Verlag, Berlin, Heidelberg

Buchmann J (Hrsg.) (2012) Internet Privacy. Eine multidisziplinäre Bestandsaufnahme acatech STUDIE. Springer Verlag, Berlin, Heidelberg

Bundesregierung (2012) Bericht der Bundesregierung. Zukunftsprojekte der Hightech-Strategie (HTS-Aktionsplan). http://www.bmbf.de/pub/HTS-Aktionsplan.pdf. Zugegriffen: 18.12.2013

Deutsche Telekom (2013) Cyber Security Report 2013. Ergebnisse einer repräsentativen Befragung von Abgeordneten sowie Führungskräften in mittleren und großen Unternehmen. www.telekom.com/static/-/198372/2/Sicherheitsreport-2013-si. Zugegriffen: 17.12.2013

Ericsson (2013) Ericsson Mobile Report. http://www.ericsson.com/res/docs/2013/ericsson-mobility-report-june-2013.pdf. Zugegriffen: 18.12.2013

Geisberger E, Broy M (Hrsg.) (2012) agendaCPS: Integrierte Forschungsagenda Cyber-Physical Systems. acatech STUDIE, Springer Verlag, Berlin, Heidelberg

Hasso-Plattner-Institut (Hrsg.) (2006): Nationaler IT-Gipfel. Potsdamer Initiative für den IKT-Standort Deutschland. http://www.hpi.uni-potsdam.de/fileadmin/hpi/presse/dokumente/2006/Potsdamer_Initiative_19.12.06.pdf. Zugegriffen: 18.12.2013

Heuser L, Wahlster W (Hrsg.) (2011) Internet der Dienste. acatech DISKUTIERT. Springer Verlag, Berlin, Heidelberg

Heymann E, Vetter S (2013) Re-Industrialisierung Europas: Anspruch und Wirklichkeit. EU-Monitor Europäische Integration (4.11.2013), S 2-22

Kagermann H, Lukas W, Wahlster WD (2011) Industrie 4.0: Mit dem Internet der Dinge auf dem Weg zur vierten industriellen Revolution. VDI Nachrichten 13: 2

Mattern F (2003) Vom Verschwinden des Computers – Die Vision des Ubiquitous Computing. In: Mattern F (Hrsg.) Total vernetzt: Szenarien einer informatisierten Welt. Springer Verlag, Berlin, Heidelberg, S 1-37

Mattern F, Floerkemeier C (2010) Vom Internet der Computer zum Internet der Computer zum Internet der Dinge. Informatik-Spektrum 33 2: 107-121

Nationales MINT-Forum (2012) Mission Statement. http://joachim-herz-stiftung.de/assets/natmintforum_missionstatement.pdf. Zugegriffen: 17.12.2013

Poprawe R, Gillner A, Hoffmann D, Kelbassa I, Lossen P, Wissenbach K (2012) Digital Photonic Production: High Power ultrashot Lasers, Laser Additive Manufacturin and Laser Micro/Nano Fabrication. International Photonics and Optoelectronics Meetings. http://www.opticsinfobase.org/abstract.cfm?URI=LTST-2012-MTh1A.2. Zugegriffen: 18.12.2013

Promotorengruppe Kommunikation der Forschungsunion Wirtschaft – Wissenschaft (Hrsg.) (2013) Deutschlands Zukunft als Produktionsstandort sichern. Umsetzungsempfehlungen für das Zukunftsprojekt Industrie 4.0. Abschlussbericht des Arbeitskreises Industrie. http://www.bmbf.de/pubRD/Umsetzungsempfehlungen_Industrie4_0.pdf. Zugegriffen: 18.12.2013

第 13 章

物流 4.0
在第四次工业革命背景下对未来物流的规划和管理的展望

Michael ten Hompel

Michael Henke

13.1 引言

在"物联网"这一框架下,21世纪以来,就已经有人提议将信息物理技术引入到物流中。物流以及物联网被看作第四次工业革命最为突出的应用领域,预计在不久的将来,在这一领域将会发生其他行业都难以想象的本质变化。这一方面归功于技术的迅速发展,另一方面是因为许多必要技术和社会方面的挑战都直接或间接地与物流和高效的供应链管理有关。

本文讨论了为什么第四次工业革命会发生在物流领域,以及由此引发的变化。

13.2 物联网在物流领域的愿景

首先,在生产和交易环境更加不稳定的背景下,物流网络的拓扑以及个体物流节点的位置确定（中转站、配送中心等）不能再一成不变。所谓理想的布局也已经不起作用了。物流网及其节点必须要不断适应现状。因此，未来的物流节点应是灵活可移动的。而现有的许多基础设施形式并不符合这一要求。

自主运输工具群将会承担企业内部的运输任务，工作站的安排将可随时更改，运输工具之间可以相互学习。它们的软件代理平台能对任务和路线进行协商，并且相互之间不断地交换所处新站点或仓储区的位置。它们能够进入货架，并将集装箱或托盘入库和出库。

每个货架和每个箱子也都属于信息物理系统（CPS）。仓库中的箱子承担库存管理任务，与仓储区域的标识及运输工具进行交流，控制最小库存量并及时进行补货。

在这种愿景下，几乎没有固定位置的自主运输工具将自动排序，相互合作，构建起一定的先后秩序并组织物流订单的处理。由此，出现了大批的自主信息物流系统、人工智能原则以及属性相似的程序方法。正如在 2000 年之初所构想的那样，传统的基于 RFID 的物联网将拥有眼睛、耳朵、胳膊和腿。

最重要的是以云为基础的管理，在这种管理中可以实现经济目标和企业战略。在这里可以对客户订单进行加工处理、启动订单并管理财务状况。但是当涉及实际执行时，信息物理系统的多代理控制（如智能货箱、货架和运输工具的信息物理系统）将会接管这些工作。它们的任务是，执行超负荷系统的任务，组织社交互动以及主动行动。这同样适用于与人类的通信。在这一设想中，人将佩戴一个"智能设备"，这个设备使他每时每刻都能与周围的信息物理系统通信。借助于软件代理（Avatar），人可以与信息物理系统的社会团体、云进行通信，做出决策，控制自主机器人并与它携手合作。通过 Avatar，人类

第13章 物流 4.0

成了团体中积极的一员，维持着物流系统的运转。

第四次工业革命显示了这一前景的方向，并且物流可能成为最重要的应用领域。一方面，它所带来的革命性变化是由富有远见的力量驱动的，这种力量存在于工业 4.0 的思想中。另一方面，对当今物流的分析性观察显示出了它具有哪些潜力，尤其是在灵活性和可变性方面。

接下来的章节描述了关于物流系统规划和物流管理的一些基本想法，从中可以看出对这种变革的要求。

13.3 规划 4.0 及领导决策层和执行决策层的分离

物流及物料流在工业设备的规划过程中有着特殊的作用。每当涉及对象（商品和货物）在工业环境下的运动时，它都是必要的。通过物体的运动，物料流将所有的东西结合起来，因此是真正意义上经济的"移动实体"。

对于物料流系统的分析性规划主要基于对边际能力的计算——预计在后期操作中可实现的最大输出量，并将其作为单位时间内输送的体积（散装货物）或单位时间内的件数（按件出售的货物）[tHH11]。这一边际能力可以通过统计评估或借助仿真设备得以确定和检验。动态适应性，即如何应对越来越不稳定的工业和贸易环境，也只能在这一界限内才能实现。

"流体静力学悖论"十分形象地展现了极限性能分析所处的困境（见图 13-1）。

在三个不同的容器内注入密度相同的液体，作用在地面上的压力 F 只与受力面积、液柱高度 h 有关。如果这三个容器都具有横截面积为 A 的同等尺寸的出口，则流量相同。这个对于物料流的比喻描述了边际能力：它在一个特定位置（出口处）定义了一个事先规定的最大物料流（流量），并且还不受先前发生的事情的影响。难点在于边际能力的不可控制性（或经济上的不可行）。

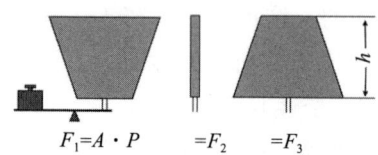

图 13-1　以流体静力学悖论描述物料流规划所处的困境

为了走出这一困境，有必要调整某些位置的物料流。只有这样才能考虑到第四次工业革命的范式。灵活的布局以及不间断地匹配物料流技术性能，必将引出一条从沉重的、需要多年规划和固定安装的传输技术转向信息物理系统的道路，基于自主无人驾驶运输工具群的"腔室式运输系统"⊖便是一个例子。

或者人们还可以使用像"FlexFörderer"⊖那样的解决方案。"FlexFörderer"是一种基于标准化随机排列的信息物理传动技术模块的系统。正如技术解决方案所表明的，通往具有灵活可扩展性的分散自主互连的传动技术模块的道路已经预先确定了。

因此，伴随而来的是，实时区域的决策将不可能通过层级结构来实现。从边际能力的控制和规定到实时调控的转变带来了巨大的复杂性。无限数量的本地互联控制电路的连接是难以通过算法控制的。此外，实时通信的通信密度将会冲破所有界限。但是，仍然要坚信第四次工业革命会带来大量的自主交互信息物理系统（群）。

⊖　"腔室式运输系统"是德国弗劳恩霍夫物流研究所的一项研究（tHO06）。

⊖　FlexFörderer 是德国卡尔斯鲁厄理工学院的物料运输和物流研究院 Kai Furmans 教授的一项研究工作（WIN13）。

第13章 物流4.0

根据德国联邦教育与研究部的精英团队开展的"鲁尔物流效应群体"[⊖]的一个重要发现可以得出以下结论（该结论同时也指明了第四次工业革命的发展方向）：

权力分散和自我组织的程度随（物流）系统的复杂程度而上升。

自2010年以来，上述精英群体便集中于研究物流系统的高效规划及对其动态性能和复杂性的控制。

上述结论适用于所描述的物质物料流，也适用于信息流，当然也部分适用于供应链管理。从综合财务供应链管理的意义上讲，供应链管理也包含资金流。

13.4 供应链管理4.0或标准化未来的困境

物质物料流的标准化与在供应链管理中的流程和流程链的标准化相类似。通过供应链的统一，使得有对比地利用经验知识来对当前或未来的流程进行改善成了可能。任何传统的供应链管理都是基于这一基本思想的。这种一致性（标准化）与预见未来发生的事件这一尝试相吻合，以便当这些事情真正发生时可以用标准化的行为模式来应对它们。这种做法看似合乎逻辑，而且它的表现也类似于物质物料流实时领域中的分散化和模块化概念。与传统的极限性能计算类似，一系列发生的事件是前提条件，这些事件是事先计划好的，但也不是完全确定的。最晚在第一个（非因果的、计划外的）故障发生时，流程链标准化的尝试将被中断或需要一个新的（标准化）行为模式。

[⊖] "鲁尔物流效益群体"是由德国联邦教育与研究部推动的。自2010年，11个研究机构和超过120家企业共同在这个群体中工作，见 www.effizienzcluster.de。

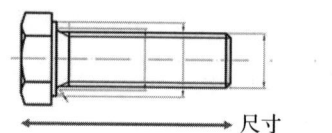 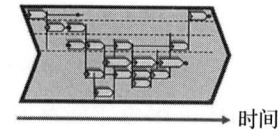

尺寸　　　　　　　　　时间

图 13-2　"标准化的困境"

螺钉的标准化是可以实现的，因为它的尺寸和作用是可以确定的。一个较大的流程链的标准化是可规划的，但是事件的发生时间是不确定的（尽管在一定的程度上是可确定的），因为这将牵扯到未来的事件。

供应链和供应链管理越个性化、越灵活，"标准化"的问题就显得越严重。但在第四次工业革命的标志下，工业的要求恰恰与这种发展截然相反。传统经验的反馈是，人们只需要更快地处理更多的数据，以产生更多更准确的预测并应对变化。这导致了信息量呈指数增长，但并没有形成灵活的反应模式。

供应链管理多次涉及"物流的测不准原理"的关系边界（GtH10），即

越准确地预先规定一个过程，这个过程就越不可能在预定的时间内以规定的形式发生。

就此而言，第四次工业革命也认可不确定的但有可能实现的事件，这证实了未来是不可预测的观点。同时，它相信信息物理系统所做出的决策，并且相信这些决策能够促成专门的以需求为驱动的有效流程链。

随着第四次工业革命的到来，供应链管理的决策领域与机器和物质物料流的实时执行领域将会分离。信息物理系统的自适应管理意味着，所有以实时性为前提的决策都必须在本地信息的基础上被分散地确定。对于决策的多层次性，供应链管理

第13章 物流4.0

系统只接受那些对于总体决策来说必要的信息。这种分离也会导致在未来存储到决策层中的必要特定信息越来越少，如详细布局以及诸如此类的信息。这是物流4.0核心愿景中的一个重要方面，也是一种模式转变。

决策领域与执行领域的分离实现了流程的虚拟化，也优化了基于收敛的数据和未来企业管理层云间通信的协作。

特别地，经济规划将集中在决策层面，并会变得更加合作化。但是，它的目标不会从根本上改变。它的运作与实际的供应链管理、战略和决策计划的实施有所不同。后者是通过按照给定的（企业）战略完成每个参与的信息物理系统的任务来实现的。紧接着，相关信息物理系统将会自动跟踪任务，并与其他信息物理系统进行交互。如果还需要其他的服务（通常情况），信息物理系统将会在云端记录（标准化的）业务对象和服务。业务对象和服务以及所需的流程将"按需"产生。与传统的供应链管理不同，在这里，资源是通过信息物理系统自主地按需分配的。只有通过一个关于目标达成情况的统计报表才能够看出不同。然而仅通过裸眼观察，信息物理系统和传统系统并无不同。

它们的主要目标是提高工业系统和物流系统的灵活性与反应速度，而这两者都可以通过工业4.0来实现。然而，这样的做法效率如何，需要根据具体情况而定。从几个范例可以看出，仍然缺少许多信息物理系统和应用于通信、企业战略的分散化以及异构信息物理系统的任务的创建与执行等方面的软件。

另外，越来越明确的是，僵硬连接的机器及物料流系统不再能满足个性化生产的要求。这也指明了第四次工业革命的方向。

13.5　工业管理 4.0——从自我控制到自我设计（即自我组织）

与第四次工业革命相关的，供应链中的企业自主化信息物理系统和相关物流设备的投入使用将会带来高度的流动性、模块化、兼容性、普遍性和可扩展性。尤其是系统的模块化和普遍性，它们能够使供应链资源分形的横向与纵向自相似性成为可能，这确保了系统的可扩展性，并使得系统能够适应不断变化的要求（NYH10；GRH09）。

分形工厂的这种生产模型是由 Warnecke 开发的（WAR96）。工厂中存在的带有本地控制电路的分散化结构，就是一种分形。这种分形应自主行动并自我优化。从技术角度来说，借助于信息物理系统和现有的自动控制技术，通过对不同任务的适应，在第四次工业革命中能够实现分形工厂。

但是，这样创造出的可转变能力尤其需要及时识别需求的改变，并快速规划和实施工业管理中必要的转变。此外，还需要掌握规划的复杂性，而分散化控制系统能够减少这种复杂性。在此，管理层的任务是：事先为转变的分散化控制系统提供指导方针和决策通道。自我控制能够以这种形式进一步发展成为自我组织。

在未来，生产企业网络的竞争优势将由其对复杂性、复杂技术，连同所必需的专门知识的掌握程度所决定（IAO10）。迄今为止，由于缺乏与供应链相关的变化方面的研究，有必要研发有变化能力的、完整的价值创造网络，并且在供应链管理中建立可转变能力。在技术方面，借助于同步的信息透明度和投入使用的信息物理系统，工业 4.0 为工业管理的转变提供了工具。

第 13 章 物流 4.0

在自主价值创造环节中,供应链越来越分散化,为了能够既分散又快速地做出决策,必须打破规划系统和控制系统中的那些集中的过程、结构和资源。必须开始在大型企业里使用用于生产、物流的自我控制和自我组织的分散管理方法,在中小型企业[⊖]中也一样。在此,要做的第一步是使管理变为以过程为导向,而这一步现在还一直被工业企业中常见的"职权范围的思考模式"所阻碍。为了克服组织上的障碍,分散化决策结构和管理过程的需求必须得到企业控制高层的认可。只有得到了企业控制高层的认可,并且有来自于企业中心战略高层管理者的支持,才能形成用于供应链管理 4.0 的标准化设计框架。对于分散管理的设计需要谨慎。还有必要为自主系统的实际执行层确立以目标值、激励和极限值为表现形式的相互协同的行动框架(从中可以产生每个自主实体的行动通道)。针对工业 4.0 管理定义的规则必须要从一开始就排除那些不确定的或出现在它们协作中的不利影响,以便以这种方式减少沿着供应链形成的局部最大风险。

从面向应用的管理研究中研发出来的合适、全面可评估的工具、方法和概念,作为在管理实践中应用上述规则的前提,体现了"远离中央管理系统"的需求。而存在于工业 4.0 领域内的应用场合的完善程度及其需求,起着决定作用。对此,企业和供应链环境的稳定性有着十分重要的意义,由此可以推断出对可转变能力和自我控制的需求,最终决定系统的灵活程度。随着波动性的增加,整个系统应具有更强的可转变性。因此,工业管理 4.0 系统也有这样的任务,在决策层上识别出对于转变能力和自我控制的需求度,并为了达到自我设计、自我组织的目的创建合适的技术、结构和组织环境。

⊖ 中小企业在工业 4.0 中越来越重要,因为现在不再是以大"吃"小(大企业"吞并"小企业),而是发展快的企业"吞并"发展缓慢的企业。

这些发展代表了一种革命性的变化，其中物流起到了至关重要的推动作用，物流4.0包含了所有必要的技术、工艺和经济方面的内容。

对于供应链管理4.0来说，除了材料和信息流，实际上也应按一贯要求处理财务流，还有必要转化企业的技术、组织和过程。在工业4.0变化的行为层面上，

工业4.0管理模式将典型的管理任务（规划、执行和监控）进行了划分，如表13-1所示。

表13-1 多特蒙德管理模型

	技术 向工业4.0迁移	组织 向工业4.0转换	过程 改变工业4.0管理方式
领导 （规范层面）		人类的角色 新的组织模式	
规划		4.0模型的整体概念设计	
		识别转变需求	
	技术侦察	新商业模式	新的业务流程
	管理技术研发	合理的分散化程度	
		转换模型	
执行		将特定的技术、过程、组织解决方案相互关联	
	技术选择	控制规则	适应业务流程
	对技术适应性的要求	测量和控制设备	执行业务流程
		商业模型	
		研发组织命令	
监控		特征参数的控制	控制业务流程
		监控组织命令	

紧接着，为了最终在工业4.0中实现价值创造活动的转型，企业的管理层必须要处理上述任务。对于这种广泛的变化，需

要调整规划及控制的结构和流程，还需要选择和引入新的自主技术系统，并对这种变化的经济性进行监视和控制。

13.6　人与物流4.0——工业4.0后的"社交网络化工厂"的愿景

随着第四次工业革命的到来，人与机器之间的交互也发生了根本的变化。这使得作为第四次工业革命驱动力的物流领域又将以特殊的方式参与其中。智能终端设备，特别是那些可穿戴的智能设备（如智能数字眼镜）能够让人类越来越强地融入信息物理系统和"社会机器"（BAU13）中去。

"社交网络化工厂"的愿景包括形成社交网络，即将人与机器平等地结合起来。在这种新型社交网络的虚拟世界中，虚拟角色和软件代理将代表人类。

在上述发展背景下，人与机器的交互关系将越来越接近人与人的关系（BOE07）。如今在技术上，已经可以用语言或手势来控制机器。不久后，人们也将与简单的信息物理系统进行互动。在此，沟通不再是单方面的——机器也将与人类进行沟通。

"社交网络化工厂"一词表达了对基于社交网络来塑造工作及其组织的一种矛盾心理。它认为我们在使用数字化技术时要不违背社会利益——处理与第四次工业革命的相互关系时也应是这样（HPN16；NNH16）。

本文从未来数字化工作的发散型研发前景出发。在此，自动化技术将不会决定工作的设计，而会一直与设计空间相关联（HHK16）。使用这种方法，并将其应用在设计和组织数字化工作中，对于未来的生产和物流的设计至关重要。

13.7 参考文献

[BAU13] Produktion: Klaus Bauer, Trumpf: Die ‚Social Machine' ist ein Paradoxon! Produktion Nr. 15, 2013, Verlag Moderne Industrie
[BOE07] Boyd, D.M.; Ellisson, N.B.: Social Network sites: Definition, history and scholarship. Journal of Computer-Mediated Communication, vol 1, no. 13, 2007
[BRO13] Broy, M.: Integrierte Forschungsagenda Cyber-Physical Systems, Projektleitung Prof. Dr. Manfred Broy, www.acatech.de. Zugegriffen: 23.11.2013
[IAO10] Fraunhofer-Institut für Arbeitswirtschaft und Organisation IAO: Studie Produktionsarbeit der Zukunft – Industrie 4.0, S. 19. Fraunhofer Verlag (2010). ISBN: 978-3-8396-0570-7
[GtH10] Günthner, W; ten Hompel, M. (Hrsg. und Co-Autor): Internet der Dinge in der Intralogistik, Individualisierung als logistisch-technisches Prinzip, S. 3-7. Springer (2010). ISBN: 978-3642048951
[HHK16] Hirsch-Kreinsen, H., ten Hompel, M.: Social Manufacturing and Logistics – Arbeit in der digitalisierten Produktion. In: Bundesministerium für Wirtschaft und Energie (Hrsg.): Arbeiten in der digitalen Welt, Januar 2016, S. 6-9
[HPN16] ten Hompel, M.; Putz, M.; Nettsträter, A.: Whitepaper „Social Networked Industry" – Für ein positives Zukunftsbild von Industrie 4.0. Fraunhofer-Leitprojekt E^3-Produktion, Fraunhofer 2016, Download: www.e3-produktion.de
[NYH10] Nyhuis, P. (Hrsg.): Wandlungsfähige Produktionssysteme, Schriftenreihe der Hochschulgruppe für Arbeits- und Betriebsorganisation e. V. (HAB), GITO-Verlag, Berlin (2010)
[NNH16] Nettsträter, A., Neveling, C., ten Hompel, M.: Mensch und Maschine werden zum Team: Plädoyer für eine „Social Networked Industry" in Publicateur Handelsblatt zur Hannover Messe Industrie 2016, April 2016
[tHH11] ten Hompel, M.; Heidenblut, V.: Taschenlexikon Logistik - Abkürzungen, Definitionen und Erläuterungen der wichtigsten Begriffe aus Materialfluss und Logistik, S. 179. Springer, Berlin (2011). 3. Auflage, ISBN 978-3-540-75661-3
[tHO06] ten Hompel, M.: Zellulare Fördertechnik. eLogistics Journal (2006). Doi:10.2195/LJ_Not_Ref_d_tenHompel_082006
[WAR96] Warnecke, H.-J.: Die Fraktale Fabrik. Rowohlt, Reinbek bei Hamburg (1996), ISBN 3499197081
[WIN13] Winkelmann, B.: KIT-Innovation-FORSCHUNG UND ENTWICKLUNG: Der FlexFörderer, www. innovation.kit.edu/english/955.php. Zugegriffen: 1.12.2013

第14章

工业4.0的原动力、前景、方法

Siegfried Dais

"工业4.0"这一概念在很短的时间内成了流行语。尽管这一概念在2013年4月的德国汉诺威工业博览会上才被提出,但今天几乎所有人都在谈论它。

未来的很多设想都与这一概念相关。一部分人认为,工业4.0背后并没有可以称得上是真正从根本上创新的东西。"所有的都已经存在或存在过"是他们对工业4.0的评价。生产技术将会继续革新,也就是说,它会继续线性缓慢地发展。另一部分人则认为工业4.0具备一种潜能,能够在价值创造链的形成方面带来根本的革命性转变,而这种转变是我们至今未曾想象过的。作者比较支持第二种观点。

本文的标题表明我们现在处于工业4.0发展的开端,并且这种发展将很有可能被看作第四次工业革命。

互联网推动了这一发展。正如之前的一些技术发展一样,互联网正以一定的速度在一定的范围内改变这个世界。现在,对于任何人来说,信息都是触手可及的,人们可以简单迅速地获取信息。

迄今为止，网络的发展可以分为四个阶段。

❑ 网络 0 阶段代表了文档的联网。IP 协议使得对世界上任意一台计算机的直接访问成为可能，网页服务器和浏览器软件也让人们能够访问链接文档。尽管这时候支持联网访问的逻辑关系还是一种简单的"一对一"模式，即一个信息源对应一个接收者，但这却是产生新的商业模式和新型企业的触发点。代表企业包括雅虎公司（Yahoo!）、网景公司（Netscape）、美国在线（AOL）和思科公司（Cisco）。

❑ 网络 1.0 阶段代表了企业的联网。从网络 0 阶段的"一对一"模式的简单逻辑关系中发展出了"一对多"模式。Java 和 XML 语言为这一发展提供了技术支持，它们可以实现计算机系统之间的程序和数据的交换，并且这种交换是不依赖于平台而独立实现的。

❑ 网络 2.0 阶段实现了人与人之间的互联。每一个人都可以与其他人进行实时通信，也就出现了所谓的"多对多"模式。

❑ 如果现在将物品（也称为技术对象）变为自主的互联网参与者，也就产生了网络 3.0 阶段，即物及服务联网。网络 2.0 带来了新的社会协作形式，而网络 3.0 则给技术协作带来了全新的价值。这方面的技术在原则上并非遥不可及。除了"机器对机器"（M2M）这种通信方式，这里指的主要是有关语义的技术，这些技术使得计算机使用者能够识别信息内容，并对其进行分类整理。

在过去的 20 年里，互联网技术平台上出现了很多新的企业，它们大都非常成功。它们都放弃了传统的商业形式，使用了全新的商业模式。这些企业在短时间内释放出了巨大的潜力，

第 14 章　工业 4.0 的原动力、前景、方法

这从它们的股票市值就可以看出来。在 2013 年秋天，它们的市值达到了 6000 亿欧元。与此相比，法兰克福股市 DAX 的企业市值大约是 7600 亿欧元。上述数值均是估计值。

再来看看工业 4.0 行业。在现今的世界里，我们实现了实物和服务网络的互联，也实现了商业模式的互联，我们有理由相信，在工业中也能实现相似的发展。未来将会出现新的"玩家"，它们的成功能够证明那些迄今为止被人们推崇的范式是荒谬的，它们将会用新的商业模式来满足顾客利益。然而挑战在于，尤其是对那些惯用传统思维的人来说，要预测出未来哪些商业模式会特别受欢迎，这几乎是不可能的。

物及服务联网将会继续以不可想象的速度在技术系统和实物的世界中发展，而互联网就是以这一速度将人类连接起来的。1995 年，57 亿人口中有 0.7% 相互连接，也就是大约 4000 万人。10 年后，65 亿人口中已经有了 15% 的人口相互连接，大约 9 亿 7500 万人。这意味着用户人数增加了 9 亿 3500 万！在 2015 年，人口将增长至 73 亿，而连接率将达到 75%，到时候将会有 55 亿人口在线，大约比 2005 年多 45 亿！

根据目前的估计，到 2015 年将会有大约 66 亿件物品实现与互联网互联。其中大部分是 PC、笔记本电脑、智能手机和智能电视，简而言之，就是那些属于纯数字或者虚拟世界的设备。但是，真实世界中的 2.7 亿件物品早就已经实现了互联，如电表、安全系统、交通工具或远程医疗设备。这一数字将会急剧增加，因为企业的目标是：让尽可能多的技术设备和系统具备联网能力，以能够提供对顾客有利的新型服务功能。

在进入物及服务联网世界的道路上，我们已经具备了良好的技术基础。许多产品已经具备了嵌入式电子设备，也就是微型计算机，它能够收集传感信号，并且控制执行器。下一步就

是将这些嵌入式系统进行联网。如果传感器也能够成为联网世界中的独立参与者，那么将会形成真正的推动力。总而言之，从技术角度来说，这更像是一种渐进式的发展。

在这种信息物理系统中，单位时间内产生的数据数量自然会大幅增加。几十年前，一台计算机的计算能力还需要由许多用户来分担，在未来，将会是许多台计算机为一个用户工作。它们几乎会无休止地产出数据，而这些数据则会越来越准确地描绘出真实世界的数字图像。现在面临的挑战是，如何实时分析这些数据，以便立刻识别并提取相关内容。笔者认为，只有将物联网与对联网数据的实时分析能力相连接，才能实现物及服务联网。

通过物联网及服务中的数据，如何才能产生新的客户利益？要做出哪些改变？一方面，即使隔着很远的距离，我们也可以实时调用那些关于"物品"的信息，这样就可以建立起一个完美的实时追踪系统。当今的物流系统就实现了这一点。在未来，通过将许多物品的数据相结合，并将不同领域的数据相联系，能够产生新的知识，为顾客带来利益。然而，这些有价值的信息和知识大多是不容易被发现的，它们分散地隐藏在大量的数据中。只有通过系统化的数据挖掘才能让它们易于识别。

远程医疗中的一个例子是：通过分析多名患者的症状、治疗模式和治疗效果能够生成对每个患者来说最合适、最优化的治疗建议，从而显著提高治疗质量。

在工业 4.0 的工作领域中我们也会看到类似的经历。前提是要能访问一个尽可能全面的数据库。而要想成为"数据的主人"，也要满足这一前提条件。对于大多数人来说，这肯定还不是习惯的思维方式。

正如开头所强调的，我们已经具备了用于实现物及服务联

第14章 工业4.0的原动力、前景、方法

网的技术基础。技术只不过是推动者,它的发展是渐进式的,而不是革命式的。变革的深度和速度将由新的商业模式来推动,这一点从实现了全世界几十亿人的连接就可以看出。

现在,不同的领域都开始将物品进行联网。对于致力于交通工具的联网,其关键词就是智能移动;对于致力于能源生产商和能源消耗者的联网,其关键词是智能电网;对于建筑物中传感器和执行器的连接,其关键词是智能家居和智能建筑;对于整个工业价值创造链的连接,其关键词就是世界公认的智能工业和智能制造,或德国工业4.0。

在各个领域中,如交通、能源和工业价值创造领域,将会出现多种系统平台和服务平台,而这些领域特有的平台又将会实现跨领域互联。于是将会产生一个"系统的系统",如图14-1中间的圆圈所示,这是因为各个领域在逻辑上并不是相互无关的,智能工业的物流平台与智能交通平台相互影响,智能电网平台和智能建筑、智能工业的平台也相互影响。因此,无论如何,未来世界的结构很可能就是图中所显示的那样。

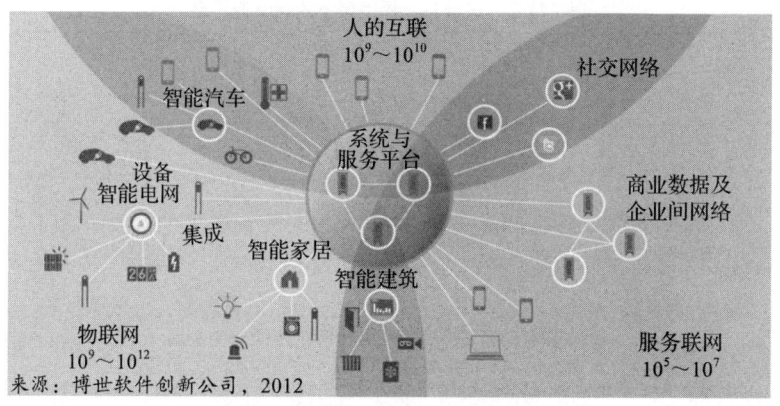

来源:博世软件创新公司,2012

图14-1 各个领域的互联系统,将这些系统连接到一个更高级的系统中去

工业4.0描述的只是未来互联网中的一个方面。图14-2清晰地展示了第二个方面的示意图。在物联网层面上要探讨的各个横向主题与其应用领域并无关联，在物联网层面能够实现几十亿件物品相连且它们能被远程控制。对于应用层面，也就是对于服务联网来说情况也是类似的。这里的关键词是语义技术（用于信息加工，这样计算机就能读取信息并对其进行进一步加工）、云计算、服务运行平台等。

其中一大挑战是，如何将各个横向主题的特点结合起来，使其可以组合成一个连贯的整体解决方案。好消息是，在其他应用领域中，有很多来自全世界的志同道合者。或者批判地说，不管有没有工业4.0，未来的互联网都将继续发展。在未来，如果想抓住机会，就必须要积极地参与新的工业价值创造链的设计。

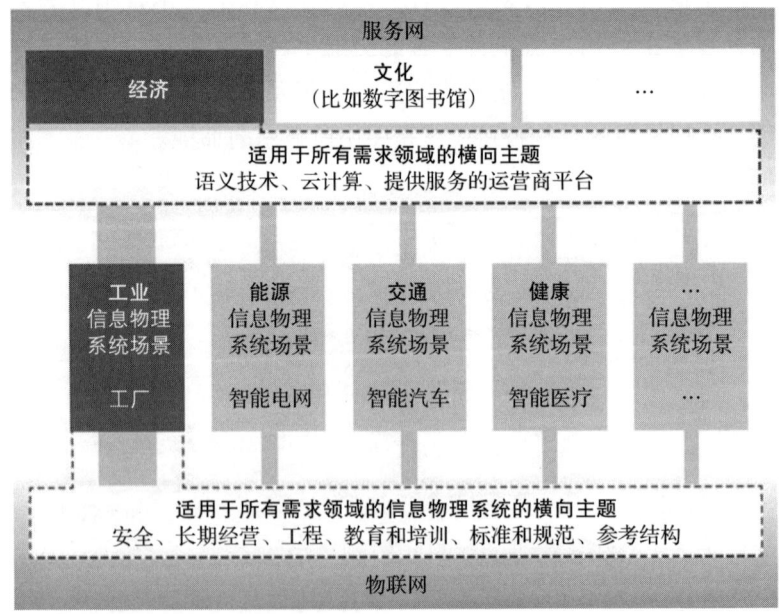

图14-2　未来的互联网[1]

第14章 工业4.0的原动力、前景、方法

在未来的世界中,智能工厂的生产环境、物流、订单处理以及产品研发和流程研发都将成为整体相连的价值创造链的一部分。

在智能工厂中,材料、机器、仓储系统和物流系统直接相互通信。描述价值链实时情况的所有数据都可以直接使用,并可以用于优化对价值流的控制。根据给定的规则,在尽可能低的层面就可以做出决策,而不再需要在自动化金字塔的顶端进行。

企业的所有价值创造阶段不仅会被纳入网络,还将跨越企业的界限,与其他企业形成新的价值创造网络。

工业4.0平台的领导者做出以下的定义和展望时,眼前会出现上面的未来景象。

"工业4.0这一概念代表了第四次工业革命,它是在产品的生命周期中组织和控制整个价值创造链的新阶段。这一周期会越来越专注于顾客的个性化需求,它是由一个观点延伸出来的,即一个订单包括从研发生产到为终端客户配送产品再到回收的过程,其中也包括相关的服务。

基础是,连接创造价值的所有参与方,从数据中推导出每个时间节点的最优价值创造流的能力,实现所有信息的实时可用。

通过将人、对象和系统相连接,形成了动态灵活的价值创造网络,它能实现跨企业的自我组织,并能根据不同的标准,如成本、可用性和资源消耗等,进行优化。"[2]

在这一表达中提到了组织和控制价值创造链的新阶段,尽管针对的是整个生命周期,但并没有提到革命性的新生产技术。随着价值创造链的转型,这些都可能出现,但这并不是首要的

出发点。

工业 4.0 并不是 CIM（计算机集成制造的）的延续，因为工业 4.0 的愿景意味着根本的范例转变。

- ❏ 实施路线将会从中央计划和控制向分散化自我控制转变；预先计划的呆板的生产系统将会转变为自动组织的生产单元；由组件和加工机器、产品和物流人员组成的专门的互联网络将会支持这一理念的实现。
- ❏ 那种固定的价值创造链将会一步步地被价值创造网络的专有组织所取代。在此，智能产品将会积极地支持生产过程。智能产品了解自己的运行状态，知道在已经进行的加工步骤中可能出现哪些偏差，在此基础上再去处理接下来的生产步骤。智能产品还知道，它们是为哪些顾客生产的，并且能操控物流，使自己顺利到达顾客手中。
- ❏ 自我控制使得产品的个性化更容易实现，这对于大批量生产商来说是一种理想情况。
- ❏ 员工的投入将变得更加灵活，不再有固定的考勤制度。根据一定时间内所需人数以及可用员工的人数，将会对工作进行分配。
- ❏ 在未来动态的、能实现自我构建的价值创造网络中，人类仍然会发挥核心作用，因此有"生产应遵循人的节奏"这种说法。
- ❏ 一方面，实现对价值创造网络的组织和控制，也就是说，要使得所有的信息都实时可用，这是进入上述新阶段的前提。另一方面，只有当计算机能够识别需要交换的信息的内在含义并对其进行归类时，才会出现能够进行实时优化和自我组织的复杂的价值创造网络。因此，未来生产网络的所有单元都应该提供一种服务，即对特征和

第14章 工业4.0的原动力、前景、方法

数据信息用语义技术进行描述,这是非常重要的。
- 通过这些语义技术,由计算机提供的服务也可通过计算机进行交易、可扩展,并能与增值服务相结合。而且通过研究项目Theseus[3]可知,德国在语义技术上已经拥有了杰出的科学基础,这是最大的优势。
- 一个不容轻视的挑战是保证联网应用的安全性和稳定性,并且要为物及服务联网准备安全可靠的云基础设施。这不仅与现有的技术相关,还涉及法律和政治的框架条件。
- 如果上面所说的范式转移取得了成功,那么将会产生新的商业模式,相关的受益者也会接受并支持这种新的模式。

若将与工业4.0概念相关的愿景列入迄今为止的工业革命次序当中,将会得到以下结果。

在第一次和第三次工业革命中,机器处于焦点地位。首先使用机器产生力量,然后使用电子设备控制机器。第二次工业革命的主要目的是,优化价值创造链的组织和控制,也许第四次工业革命也是这样。在有限的工作空间内,流水线使得生产效率得到了最优化,工业4.0旨在优化整个价值创造链,而不受内容和空间的限制。因此,我们可以说,工业4.0是有一定破坏潜力的。

在进一步展开描述工业4.0的框架前,有必要再对这一项目的历史情况进行说明。

机械制造、工厂的基础建设以及工业生产是筑就德国在当今世界中位置的重要基础。在这一背景下,德国经济科学研究联合会与国家科学与工程院(acatech)联合开展了一个名为"确保德国成为未来的生产基地"的项目。其中,经济科学研究联合会是德国核心的创新政治型咨询委员会,主要为继续发展和实施德国高新科技2020服务。在2012年10月,一个由科学

界和工业界的代表组成的工作小组提交了详细的研究建议,他们最终将该建议命名为"未来项目工业4.0的实施建议",并于2013年在汉诺威工业博览会上对其进行了报告与展示。

只有当机械制造、电子工业和信息与通信技术行业共同面对这一挑战时,才能挖掘出未来工业4.0项目的潜力。因此,德国工业中的大多企业都十分支持德国信息技术和通信新媒体协会(BITKOM)、德国机械设备制造业联合会(VDMA)、德国电气和电子制造商协会(ZVEI)。工业4.0这一共同平台在当今处于一个跨行业的商业地位,为了进一步扩展内容,德国成立了一个工作小组,这个小组是由一个科学咨询委员会支持的,目的是实施双重战略——使德国成为机器和设备的供应商领头者,同时也成为使用这些设备的领头者。

德国所描述的工业4.0世界并不具有颠覆性,而是在一个发展革新的过程中逐渐形成的,即使最后的结果可能具有破坏性。因为这取决于现存的基础设施建设以及能否在每个发展阶段创造出剩余价值。

只有在重要的工作领域取得进步时,工业4.0才能取得成功。从作者个人的角度来看,以下问题是至关重要的:

- 如果产品能够自己从企业的生产设备运输到顾客手中,那么在价值创造过程中,可以产生哪些优势?如果工作组件能根据上一步加工步骤自己决定下一步加工步骤,将会产生哪些优点?
- 由数以百万计的实体联网形成的世界范围内的价值创造网络是安全可靠的,并具有高度的可用性,那么它到底是什么样子?
- 如何保护那些与网络互联但是自身不足以抵御外来攻击的应用?

第14章 工业4.0的原动力、前景、方法

❑ 当联网的企业受到不同国家的法律的制约时，如何制定涉及数据保护的法律条约？
❑ 未来工作的设计和组织又是什么样的？

显然，仍然需要完成基础工作。尽管如此，德国的工业环境仍然具备较好的先决条件，在工业4.0的建设中扮演着领先角色。这是由于德国在研发创新型生产技术以及制造相应的机器设备方面具备很高的能力。在2012年，德国设备和机械制造的营业额达到约2070亿欧元，这反映出了德国工业的成功[4]。

另外，德国还持续不断地将这些新技术应用在本土的工业生产中。在2012年，生产和加工领域的企业总营业额达到13 000亿欧元，成为德国经济的重要支柱[4]。

然而，全球的生产技术竞争日趋激烈，尤其是来自欧洲的竞争者，它们给德国本土工业带来了压力。同时，工业生产必须要适应越来越复杂多变的市场状况。为了满足人们日益变化的需求，未来的工业将要满足这样的要求，即在较短的交货期内以大批量生产的成本实现个性化产品的生产。

德国企业，尤其是汽车行业和工业技术行业的企业，在嵌入式系统方面都处于领先地位，用于控制复杂商业过程的软件也是业内顶尖的。这些优势应当加以结合利用。在此，需要通过增强信息与通信技术（IKT）、电子技术和机械制造行业的合作，促成这一转换系统的形成。这一点在政治上也得到了认可，因此，工业4.0成了高新战略的未来项目之一。

但是，德国绝不能相信只有自己在前沿行进。除德国外，其他国家也将物联网和服务视为未来生产的战略挑战。

目前，欧盟正致力于推动在生产中发展物及服务联网的创新和实施。为此，欧盟已经投入了约90亿欧元作为支持[5]。

美国在2013年也为生产研究投入了22亿元的资金预算。

中国也计划成为国际高端生产设备领域的技术领先国,为此,政府投入了总计约 1.2 万亿欧元的国家预算[5]。

结论:如果想要长期维持领先地位,德国需要有更多的创造力和更高的生产速率。要想实现成为工业 4.0 方案的供应领头者和市场领头者这一目标,就必须在科学和工业领域相互合作、相互信任,并向着同一个目标进发。

参考文献

[1] Bericht der Promotorengruppe Kommunikation der Forschungsunion Wirtschaft – Wissenschaft. http://www.forschungsunion.de/pdf/kommunikation _bericht_2012.pdf, zugegriffen: 08. Januar 2014
[2] Blog Plattform Industrie 4.0. http://www.plattform-i40.de/blog/was-industrie-40-f%C3%BCr-uns-ist, zugegriffen: 08. Januar 2014
[3] THESEUS-Forschungsprogramm. http://theseus.pt-dlr.de, zugegriffen: 08. Januar 2014
[4] VDMA (2013) Statistisches Handbuch für den Maschinenbau. VDMA Verlag, Frankfurt
[5] Abschlussbericht des Arbeitskreises Industrie 4.0. http://www.forschungs union.de/pdf/industrie_4_0_abschlussbericht.pdf, zugegriffen: 08. Januar 2014

推荐阅读

机·智:从数字化车间走向智能制造

作者:朱铎先 赵敏 ISBN:978-7-111-60961-2 定价:79.00元

本书创新性地以"取势、明道、优术、利器、实证"五大篇章为主线,为读者次第展开了一幅取新工业革命之大势、明事物趋于智能之常道、优赛博物理系统之巧术、利工业互联网之神器、展数字化车间之实证的智能制造美好画卷。

本书既从顶层设计的视角讨论智能制造的本源、发展趋势与应对战略,首次汇总对比了美德日中智能制造发展战略和参考架构模型,又从落地实施的视角研究智能制造的技术和战术,详细介绍了制造执行系统(MES)与设备物联网等数字化车间建设方法。两个视角,上下呼应,力图体现战略结合战术、理论结合实践的研究成果。对制造企业智能化转型升级具有很强的借鉴与参考价值。

推荐阅读

工业APP：开启数字工业时代

作者：何强 李义章　ISBN：978-7-111--62246-8　定价：79.00元

本书创造性地引入系统工程方法，应用系统思维来认识和研究工业APP以及工业APP生态，系统性地阐述了工业APP生命周期过程，为广大读者清晰呈现如何将工业技术知识与经验显性化、特征化和软件化形成工业APP，并广泛重用，实现个体知识价值体现与价值倍增的完整场景。

本书既阐明了工业APP发展的理论基础和工业APP驱动制造业核心价值向设计端迁移的重要性，又以航天、航空发动机等领域案例，说明工业APP对于开启数字工业时代的重要意义，非常具有启发性和说服力。本书理论与实践融合，条理清晰，对推动我国工业APP技术、产业与应用的发展具有指导性。